转型经济背景下企业间(B2B)品牌资产的来源路径、形成机理及溢出效应

卢宏亮　著

南开大学出版社
天　津

图书在版编目(CIP)数据

转型经济背景下企业间（B2B）品牌资产的来源路径、形成机理及溢出效应 / 卢宏亮著. —天津：南开大学出版社，2016.9

ISBN 978-7-310-05230-1

Ⅰ.①转…　Ⅱ.①卢…　Ⅲ.①品牌－企业管理－研究－中国　Ⅳ.①F279.23

中国版本图书馆 CIP 数据核字(2016)第 230524 号

南开大学出版社出版发行

出版人:刘立松

地址:天津市南开区卫津路 94 号　　邮政编码:300071

营销部电话:(022)23508339　23500755

营销部传真:(022)23508542　　邮购部电话:(022)23502200

*

天津泰宇印务有限公司印刷

全国各地新华书店经销

*

2016 年 9 月第 1 版　　2016 年 9 月第 1 次印刷

260×185 毫米　16 开本　13.375 印张　256 千字

定价:58.00 元

如遇图书印装质量问题,请与本社营销部联系调换,电话:(022)23507125

本书受到国家自然科学基金项目“转型经济背景下B2B品牌资产的来源路径、形成机理及溢出效应”(71302065);中国博士后基金“基于消费者视角的要素品牌资产影响因素及其形成机制研究”(2014M550179)资助。

序　　言

大约20年前，我去美国访学，接触了B2B（组织间）营销，之后又将相关资料带回国内。那时在国内，该领域的研究并不多。一转眼，新世纪已经过去了16个年头，中国的B2B营销发展已日趋繁荣，并受到了众多营销学者的“青睐”，许多学者都将此作为研究方向。当下，在B2B营销研究中，B2B品牌绝对是一个热点和关键点，它对于提升我国工业企业整体实力，实现经济的换挡转型非常必要。在这样的背景下，东北林业大学经济管理学院卢宏亮副教授出版该著作很是及时，应了时代发展和理论发展的需要。

一提到品牌，人们首先会想到琳琅满目的消费品，其实在这些消费品背后“隐藏着”许多工业品，即B2B产品。这些产品有些已经实现了品牌化，如杜邦莱卡、利乐包装、英特尔处理器等，而大多数尚未拥有品牌意识，更谈不上品牌资产。因此，如何帮助这些企业树立品牌化信心，找到发展品牌战略的路径，明确品牌化的收益就显得格外重要。宏亮的这本著作很好地解决了上述问题，具有重要的理论和实践意义。

该书探究了中国本土情境下B2B品牌的价值创造过程，澄清了B2B品牌资产的来源（前因）、作用机理（转化）及其溢出效应（后果），以“企业顾客感知的供应商整体形象”为切入点，基于“态度—行为”研究范式、整合营销研究方法以及品牌价值链条理论，将品牌资产研究的认知视角与关系视角统和在一个研究框架中，构建了中国本土化B2B品牌资产模型，内容可谓系统全面。该书运用了网络民族志、访谈等质化研究方法来发展假设，并结合了规范的统计研究方法对提出的假设进行实证检验，方法选用科学，数据资料详实，是一本兼顾理论深度与规范性的好著作。

宏亮是我的博士生，摆在大家面前的这本著作《转型经济背景下企业间（B2B）品牌资产的来源路径、形成机理及溢出效应》脱胎于他的博士论文，是他进入南开大学B2B营销科研团队后开辟的独立且重要的研究领域。在此之后，团队其他成员又对该领域做了大量研究，先后获得了两项国家自然科学基金（其中卢宏亮独立主持一项）。这说明，研究B2B品牌资产非常必要，研究内容在国内也是领先的。欣喜的是，宏亮工作后仍然坚持在做B2B品牌化研究，发表了大量有含金量的学术论文，在该领域已初露锋芒。真心地希望他以此书出版为契机，再接再厉，有更多好成果问世。

李桂华

2016年6月3日于 南开大学商学院

前　言

在B2C(企业对消费者)市场中,品牌是企业获取竞争优势的重要资产已是不争事实。然而在相对理性的B2B(企业间)市场中,品牌的作用力“似乎”没有B2C市场那么强大,因此尚未受到业界和学界的广泛重视,特别是在转型经济背景下的中国。但是,随着全球化竞争的加剧和我国B2B市场的发展,品牌在帮助民族企业参与国内国际竞争并获取竞争优势的过程中扮演越来越重要的角色。在经济全球化和市场规范化的背景下,传统的中国式“关系”在B2B交易过程中的作用也会随之减弱。

品牌是否受到重视与其创造的价值直接相关,而品牌的价值可以用品牌资产来衡量。然而,遗憾的是,在比较丰富的品牌及品牌资产的相关文献中涉及B2B情境的文献却相对较少,现有理论很难科学有效地指导企业实践。B2B与B2C情境存在差别,若毫无转化地将B2C品牌理论运用到B2B情境中,则在理论和实践上很难说通。同样,脱胎于西方文化和发达经济体的理论框架在中国文化和转型经济背景下是否同样适用仍需考证。因此,探究中国本土情境下B2B品牌的价值创造过程,即澄清B2B品牌资产的来源(前因)、作用机理(转化)及其溢出效应(后果)在理论和实践上都非常必要。

从理论界公认的“顾客视角”来看,采购商如何看待供应商品牌以及供应商品牌能给其带来何种价值都关系着供应商能否通过品牌获取竞争优势。而与B2C市场注重产品品牌不同,B2B市场更加注重公司品牌的整体形象,企业品牌形象是B2B品牌资产的重要来源。因此,本书以“企业顾客感知的供应商整体形象”为切入点,基于“态度—行为”研究范式、整合营销研究方法以及品牌价值链条理论,将品牌资产研究的认知视角与关系视角统和在一个研究框架中,构建了中国本土化B2B品牌资产模型(CB2BE),并将该模型拆分为B2B品牌形象(公司形象)线索模型、B2B品牌资产来源模型以及B2B品牌资产溢出价值模型等三个子模型加以研究。

本书通过文献回顾、深度访谈、网络民族志等质化研究方法,梳理出影响供应商公司品牌形象的前置因素,针对B2B品牌资产的特征,归纳了B2B品牌资产的来源因素,即品牌形象、品牌人情、品牌满意及品牌忠诚,并将B2B品牌资产的溢出价值划分为市场绩效、财务绩效及管理绩效等三个方面。通过对各变量之间的关系进行梳理,本书提出了17条研究假设,并以中国B2B企业内的采购人员为调查对象,收集了309份有效样本,最后运用“SPSS17.0”“LISREL8.70”等软件对相关研究假设进行了实证检验。结果显示,15 条假设得到了数据支持,2 条假设未能通过检验。

针对 B2B 品牌形象线索模型,本书得出了如下结论:第一,有形产品和无形服务都会正向影响企业顾客对于供应商公司形象的感知,但相对而言,无形服务在 B2B 情境下更加重要;第二,B2B 情境下的理性企业顾客也有参照群体,但与个体消费者模仿明星、偶像以获取精神价值不同,企业顾客将业界的领军或榜样企业作为自己的参照系,在参考采购商品内容信息(如技术参数、性能)的过程中,获取功能价值和经济价值;第三,社会形象对于供应商品牌形象感知的影响没有得到支持,这可能是企业顾客更加了解供应商社会责任行为的动机,并将其作“利己归因”的缘故。

针对 B2B 品牌资产来源模型,本书得出如下结论:第一,B2B 品牌形象,作为实现 B2B 品牌资产的“真情路径”,既对品牌忠诚有直接影响,还通过品牌满意对品牌忠诚有间接影响;第二,品牌人情,作为实现 B2B 品牌资产的“人情路径”,对品牌忠诚没有直接影响,品牌人情需要经过品牌满意的传导间接对品牌忠诚起作用,这说明:中国人的人情观多带有功利色彩,没有情感上的满意作支撑,它很难直接导致行为上的忠诚,同时“安全”因素也是导致品牌人情没有直达忠诚路径的重要因素;第三,B2B 品牌形象对品牌人情有正面影响,品牌人情是建立在个人层面的“信任”机制,而品牌真情是建立在组织层面的“信任”机制,二者具有互补关系。

针对 B2B 品牌资产溢出价值模型,本书得出如下结论:第一,品牌忠诚对于企业顾客的财务绩效有直接影响,供应商品牌对企业顾客财务绩效的辐射效应主要表现在为其带来稳定的现金流;第二,品牌忠诚对于企业顾客的市场绩效有影响,强势的供应商品牌会帮助企业顾客获得更多的潜在市场或维持现有市场;第三,品牌忠诚对于企业顾客的管理绩效有影响,忠诚于某供应商品牌可以帮助企业顾客实现管理目标。

针对 CB2BE 全模型,本书得出如下结论:第一,公司形象和品牌忠诚是 B2B 企业应该关注的核心变量,因此从公司品牌视角理解和规划品牌战略对于 B2B 企业来说至关重要。同时,品牌忠诚的核心作用要求买卖双方应该建立持续性的合作关系;第二,B2B 品牌资产是一个时序累积的结果,B2B 品牌资产的累积始于良好形象的塑造,经历人情资产、品牌满意和忠诚的提升过程后,最终达到企业顾客资产提升的目的。

最后本书针对上述结论,给出了具体的管理启示。供应商应该以公司品牌“伞”为支撑,实施方案营销、榜样营销、关系营销、跨位营销以及联合营销等策略。

目　　录

第一章　引言

在商品选择日益丰富、消费者愈加成熟以及竞争越发激烈的市场环境中，品牌正发挥着无可比拟的作用。强势品牌及其创造的良好形象能帮助顾客区分不同产品，明确企业在功能、质量以及其他价值传递过程中的承诺；强势品牌也能为企业获取更多的客户、溢价购买以及口碑宣传，帮助其获取或维持更多的市场份额。因此，可以说品牌是“价值传递”的重要载体。这在 B2B 情境（Business to Business 是指企业间的购买，与企业对消费者的购买，即 Business to Consumer 情境相对）也不例外（Kotler& Pfoertsch，2006；卢宏亮和李桂华，2013）。

品牌的价值通常由品牌资产来衡量。在驱动品牌资产的众多因素和来源中，品牌形象无疑是最为核心的一个（Biel，1993；Keller，1998）。积极的品牌形象有助于在客户心目中形成良好的印象，进而影响其购买意向，最终会影响企业的总体效益。在群体理性决策的 B2B 环境中，企业顾客（采购商）及终端消费者（下称消费者）如何看待供应商品牌（又称 B2B 品牌①）？与 B2C 环境相比，B2B 品牌形象的作用机理是否会发生改变？品牌形象与品牌资产的关系如何？B2B 品牌能给企业顾客及消费者带来何种价值？这些问题都关系着供应商能否以及如何通过品牌获取竞争优势。

第一节　研究背景

当下，中国处于转型阶段的市场不仅为我们研究企业间营销问题提供了良好的现实背景，也为构建本土化的企业间营销理论提供了千载难逢的机遇。本书正是考虑了当下 B2B 品牌在国内外的发展现状以及全球化竞争趋势的客观要求，选择“构建本土化 B2B 品牌资产模型”这一重要理论问题开展研究，以期为民族 B2B 企业开展有效的品牌营销活动提供借鉴。本节将分别对 B2B 品牌研究的现实背景及理论背景进行详细描述。

① 注：本书用“B2B 品牌”的概念来统称在企业对企业的商业活动中，用于生产其他商品或服务的商品和服务的品牌。这个概念等同于相关文献中出现的“企业品牌”、“工业品品牌”等概念。若无特指，“品牌”的概念是针对消费者市场（consumer market）而言的，是指“B2C 品牌”。

1.1.1 现实背景

1.1.1.1 B2B 品牌化尚未受到业界的普遍重视但会越来越受到重视

一提到品牌,人们多会想到消费者(B2C)市场上琳琅满目的品牌,例如香奈尔、可口可乐、麦当劳等。这些 B2C 品牌价格不菲,而消费者却愿意花大价钱去购买,这就体现了品牌的价值。然而,一提到工业产品或 B2B 产品,人们就会想到"冷冰冰"的机器、零部件、原材料,这些东西也需要品牌吗?答案是肯定的。在英特(Interbrand)公司 2013 年评出的世界最有价值的品牌榜中,有许多 B2B 品牌,其中包括 IBM、微软、英特尔、甲骨文、思科等。这一事实说明,B2B 品牌也能成为世界上最强有力的品牌,B2B 行业的领军品牌同样可以占有较高的市场份额并享受溢价(Mudambi,1997)。

在 B2B 营销过程中,品牌的作用力之所以不明显。这可能与一个"错误假设"有关,即品牌只适用于企业与个体消费者之间的关系而不适用于企业间关系(Webster,2000)。品牌带有"非理性"成分,对于基于理性判断做出购买决策的企业顾客影响"似乎"不大(Rosenbröijer,2001)。因此,只有弄清 B2B 品牌如何发生作用以及 B2B 品牌如何为采购商和消费者创造价值,才有助于从根本上转变 B2B 品牌不受重视的现状。

B2B 品牌化会日益受到业界的重视,这与几个因素不无关系。一是工业产品的商品化(commoditization)趋势越发明显;二是消费者变得越来越成熟和专业,受过教育的消费者喜欢购买含有"成分品牌"①的商品并愿意为此支付溢价;三是 B2B 交易中网络化和信息化水平越来越高。研究显示,在线购买者通过使用各种线索来减少购买决策风险,品牌就是重要线索之一(Hunter 等,2004);四是在 B2B 领域发生的大量兼并、收购活动迫使企业意识到品牌化的战略性(Lambkin&Muzellec,2010);五是有效的品牌战略可以为 B2B 企业带来实实在在的利益(Bendixen 等,2004),成功塑造了特富龙(Teflon)、凯夫拉(Kevlar)以及莱卡(Lycra)等知名 B2B 品牌的美国杜邦(Dupont)公司实现了 200 多年基业长青;六是 B2B 企业向 B2C"跨位"倾向日趋明显,许多企业既是 B2B 市场的供应商,同时也生产消费品。例如,世界领先的工业技术及服务供应商博世(BOSCH)集团既生产紧急制动系统、柴油系统以及充电式冲击扳手机,也生产家用电冰箱。总之,在 B2B 情境下,强势品牌也是一种能够帮助企业获取持续竞争优势的关键性资源(Gordon 等,1993),甚至是"唯一"资源(Kotler&Pfoertsch,2007)。

---

① 所谓成分品牌,又称要素品牌或内置品牌(ingredient brand)是指产品的主要成分或配方具有独特的品牌识别,是 B2B 领域最具前途的品牌化战略之一。

1.1.1.2　民族企业参与全球竞争需要 B2B 品牌的强大助推力

低成本、低价格曾是我国企业参与国际竞争的优势所在。在经济全球化背景下，我国企业所谓“低价生产要素”的比较优势正在被许多周边国家、拉美国家所超越，单纯依靠劳动力成本、原材料成本等资源成本优势已经无法为其赢得发展空间，我国企业需要在国际化背景下探索新的发展道路。在国家“十二五”规划中，增强自主创新能力、提升制造业的核心竞争能力作为加快转变经济增长方式的重要支撑和手段，已摆在国家战略的突出位置。中国企业需要经历一次重要转型，这种转型不仅局限在技术层面，打造世界性品牌才能实现从“OEM(Original Equipment Manufacturer，原始设备制造商)”到“ODM(Original Design Manufacturer，原始设计制造商)”再到“OBM(Original Brand Manufacture，原始品牌制造商)”的跨越。

欣喜的是，在中央电视台(CCTV)的广告中，我们看到了一些 B2B 品牌，如徐工、中联重科、玉柴动力、潍柴动力、三一重工、时风发动机、长城润滑油、昆仑润滑油、统一润滑油等。由此可见，我国 B2B 企业的品牌意识已初见端倪。这些 B2B 企业很清楚，他们要想与卡特皮勒(Caterpillar)、西门子、通用电气、杜邦、博世等国际知名的 B2B 企业竞争，就必须得到品牌的支持。

然而，不是所有的 B2B 企业都有品牌化意识。许多企业甚至认为“不做品牌做关系照样赚钱”，何必还要花钱来建设品牌呢？不可否认，“关系”在中国的文化背景下非常重要，但“国际”背景让许多“关系”失去了发生作用所赖以生存的土壤。中国式的关系以及由此派生出来的“灰色营销”不是放之四海而皆准的通则，而品牌则是全球通用的名片。当下，全球一体化进程正在加快，跨国采购已成为一种潮流。国际知名的 B2B 企业依靠其强大的品牌在我国 B2B 市场上“攻城掠地”。反观民族企业的营销实践，却仍然停留在依靠“无名产品”和“亲密关系”打天下的初级阶段。随着中国经济的转型，中国社会正由“熟人社会”向“陌生人社会”转变，原来适用于熟人社会的人情规则当下是否还有效尚无定论；另外，企业运作的规范化(招标公开、价格透明)使得中国式关系的作用日趋隐形(卢宏亮和李桂华，2013)。“关系”的作用即使存在，其作用究竟有多大？中国企业间的购买决策究竟是出于“人情”还是“真情”，这些问题的探究都非常必要。

1.1.1.3　品牌化会给 B2B 企业带来实实在在的利益

与 B2C 营销类似，有效的品牌战略可以为企业带来实实在在的利益。根据联合国发展计划署统计，虽然一些具有国际知名度的工业品品牌在全球品牌数量中所占的比例不足 3%，但其市场占有率却高达 40%，销售收入超过 50%。经过改革开放 30 多年的发展，中国已经成为了“世界工厂”，我国生产的许多产品在产量及生产技术方面已经居于世界领先地位。据统计，我国有二百多种产品产量居世界第一位，其中钢铁产量占到全球四成,是世界第一产钢大国;炼油产业居全球第二;化学工业产品有六万多种,多种产品产量居世界之首;有色金属行业中十种有色金属连续七年居世界第一;中国还是全球占主导地位的稀土资源生产和出口国①。然而这些行业的销售收入及利润状况如何呢?微乎其微。国际营销大师米尔顿·科特勒在谈及中国制造业时给出了答案:"中国企业需要从品牌上获得30%的利润而不是10%-15%的市场加工费。"

因此,对于B2B企业而言,品牌化远非为企业创造知名度或对企业顾客作出承诺那样简单,而是一种价值创造过程,它可以帮助供应商,也可以帮助企业顾客,还可以帮助消费者实现多环节价值的传递。

总之,B2B品牌及品牌化是商品化、信息化时代的必然选择,是参与全球化竞争的必由之路,是民族企业获取竞争优势的必然选择,是我国经济转型和产业升级的必然要求。

1.1.2 理论背景

1.1.2.1 B2B品牌管理研究尚留大片空白

从现有研究来看,关于品牌管理的相关研究大多集中在B2C领域,少数谈及服务品牌,而涉及B2B品牌(或工业品品牌)的更是凤毛麟角。直到2008年,菲利普·科特勒和德国B2B品牌管理专家弗沃德教授合著的一部B2B品牌管理专著《B2B品牌管理》中文版才得以面市。2010年9月,二位作者再次联袂奉献了一部专著《要素品牌战略:B2B2C的差异化竞争之道》。而在此之前,该类著作在国内几乎没有。

从检索的期刊文献来看,国际著名的营销类期刊如Journal of Marketing, Journal of Marketing Research几乎没有刊载过有关B2B品牌的文章;在B2B营销核心期刊Industrial Marketing Management上也只能检索到数十篇该主题文章,而且该类文章大量出现还是在2000-2010年期间,例如Journal of Brand Management, 2004,(11),5; Journal of Business & Industrial Marketing, 2007,22(6); European Journal of Marketing,2010,(44),5先后出版专刊论述B2B品牌问题。这说明,一是B2B品牌管理研究尚存大片理论空白亟待开发;二是进入新世纪以来,B2B品牌管理理论正处于快速发展期。

我国的B2B品牌研究从2000年以后才刚刚起步,较国际上B2B品牌研究滞后了20余年(王毅,2006)。从国内期刊的检索来看,与B2B品牌高度相关的文献资料更是数量有限。既有文献"引介"色彩较浓,纯粹从中国的管理实践出发开展的特色

① www. hxchem. net/newsdetail13445. html 2011-3-20

化研究很少。因此,对 B2B 品牌管理展开研究具有重要的理论价值。

1.1.2.2　有关 B2B 品牌资产研究尚存重大缺陷

如上文所述,现有的 B2B 品牌管理文献十分匮乏,研究 B2B 品牌资产的文献就更加少见。但在 B2C 品牌资产领域,相关研究却非常丰富。B2B 市场与 B2C 市场在品牌资产建设方面存在哪些差异?具有较强研究背景和研究对象特征的 B2C 品牌资产理论哪些可以直接转化到 B2B 领域,哪些需要做出调整,哪些需要补充?能否找到统一的研究范式对在经济总量中占主导地位的 B2B 市场展开研究?这些问题的解决无疑将具有重要的理论价值。

菲利普·科特勒和弗沃德教授的两本著作确实具有开创性,但其著作更多地是运用一些案例在说明 B2B 品牌化成功的经验。不同企业的经营领域及成长路径不同,资源禀赋及生存环境各异,导致了从这些案例中提取的有用经验缺乏“外部效度”。因此,归纳出一般性的 B2B 品牌资产模型,概括 B2B 品牌资产的生成机制及作用结果,非常必要。同时,其著作在论及 B2B 品牌资产(或称品牌权益)时,也只是将阿克(Aaker)脱胎于 B2C 市场的品牌资产“四维度”论,即感知质量、知名度、品牌联想和品牌忠诚介绍给了读者,并没有具体分析这些维度在 B2B 情境下的适用性以及这些维度之间的关系。这说明,二位作者比较认同 B2B 与 B2C 市场在品牌资产的驱动因素上存在共性,但认同的原因以及是否存在差异并没有论述。

国内学者王毅(2006)针对高科技 B2B 企业品牌成长的影响因素及作用机制展开了研究,并通过实证研究检验了其提出的品牌成长机制模型。在他的博士论文中,提到了沟通、感知、信任和承诺的品牌成长过程,也涉及了品牌价值的载体,如产品、服务、人员、形象、企业等,但其直接将上述载体作为引起沟通前的输入性信息加以考虑,即假设这些背景性信息都已存在,并且各种信息源没有轻重主次之分。在输出端,模型停在了“品牌承诺”层次,没有再进一步向前伸展,即考虑品牌承诺会给企业或其他利益相关者带来何种价值。因此,B2B 品牌资产研究还有许多未知领域值得探讨。

1.1.2.3　品牌形象与品牌资产之间的关系研究尚需梳理

在产业界有这样一句话:“没有人因为购买了 IBM 而被解雇”;同样,在国际贸易中也有一句话:“如果没有良好的品牌形象,即使报价再低也无法成交”。由此可见,品牌形象在 B2B 营销中的重要性。

品牌的价值体现在品牌资产上,而品牌资产的构成维度中品牌联想尤为重要。同时,品牌形象与品牌联想高度相关。Aaker 在论述品牌资产时,将品牌形象定义为品牌联想的组合。Biel(1992)认为品牌形象是消费者连结品牌名称的联想,主要是经由广告、包装、企业识别、公共关系及促销活动所提供的信息,经过认知处理后在顾客心中产生的品牌联想。然而,以往的 B2B 品牌管理研究似乎忽略了"感知""想象""印象"等概念,认为 B2B 的购买决策是完全理性的,严密的群体决策体系会适时地将一切情感因素过滤掉,事实果真如此吗?"购买中心"成员会一下子由"人类"变为"机器人"吗(Pickton&Broderick,2001)?若非如此,那么品牌形象与品牌资产之间究竟存在何种关系?这种关系会不会因为购买情境的独特性而发生某种变化?这些问题都亟待研究和证实。

1.1.2.4　B2B 品牌资产与品牌绩效之间的关系亟待研究

按照安德森和纳罗斯(Anderson&Narus,2003)所言,品牌资产的提升可以反映在消费者的偏好性行为方面,例如更加愿意尝试产品或服务、在更短的时间内达成交易、购买某产品或服务的可能性增加、愿意增加购买需求、愿意支付溢价、对价格增长不太敏感以及试用竞争者产品的动机减小等。上述忠诚意向或行为都是 B2B 品牌带给品牌所有者——供应商的品牌绩效。受到 B2B 营销双向视角(dual perspective)①的影响,如果换一个角度看,使用 B2B 品牌能给交易的另一方——企业顾客带来何种绩效呢?而这种顾客视角是供应商和企业顾客都非常关注的,企业顾客看重的是实实在在的利益,而供应商看重的是 B2B 品牌的溢出价值,即给自己带来价值的同时也给客户带来何种价值。企业顾客看重的品牌绩效往往就是供应商营销的着力点或诉求点。因此,B2B 品牌不仅影响着企业顾客的行为,也关系着企业顾客的利益。

第二节　研究主题与研究意义

1.2.1　研究主题

通过前述相关理论及实践背景的阐释,本书认为,在竞争全球化、产品同质化以及营销信息化的背景下,企业塑造良好的品牌形象至关重要。良好的品牌形象可以帮助供应商获取竞争优势,也可以帮助企业顾客简化购买决策、降低购买风险。因此,在 B2B 情境下,品牌形象对买卖双方都有重要价值,品牌的价值需要用品牌资产来衡量,品牌资产的高低直接关系着供应商能否将品牌作为获取竞争优势的手段。然而,在 B2B 领域,品牌未能受到足够重视,B2B 品牌以及 B2B 品牌资产方面的研究仍然存在重大缺陷。因此,无论从理论研究角度还是从实践指导价值来看,在 B2B 情境下对品牌及品牌资产理论进行梳理,构建 B2B 品牌资产模型,弄清 B2B 品牌资

① 企业间营销中常用的双向视角是指就同一维度向"买卖双方"搜集相关信息以得出更加真实的结论。

产的“来龙去脉”,对于完善和丰富该领域的研究成果,更好地指导我国 B2B 企业品牌建设实践都大有裨益。

据此,本书提出的研究主题是:基于采购商感知形象视角,将品牌理论运用到 B2B 营销背景下,在系统梳理 B2B 品牌、品牌资产、品牌形象以及品牌绩效理论的基础上,以认知心理学、整合营销以及“品牌资产链条”等理论为支撑,并以网络民族志获取的采购商品牌形象感知信息为凭据,以 B2B 情境下独特的“公司品牌形象”和偏好性行为的结果“品牌忠诚”为“关键变量”,构建出 B2B 品牌资产模型,以此来研究:

(1)企业(公司)品牌形象的来源线索;

(2)B2B 品牌资产的构成要素及生成机制;

(3)品牌形象与品牌资产各维度之间的关系;

(4)品牌忠诚与品牌绩效之间的关系。

1.2.2　研究意义

本书基于“采购商感知形象”视角构建 B2B 品牌资产影响因素及绩效结果模型并进行实证检验,具有如下实践意义及理论意义。

1.2.2.1　实践意义

第一,本书旨在提升品牌在企业间营销(B2B)过程中的作用力。在我国 B2B 营销过程中,供应商品牌的作用力尚不明显。中国的 B2B 企业在品牌建设方面与杜邦、英特尔、波音等世界著名 B2B 企业存在巨大差距(Kotler&Pfoertsch,2006)。本书旨在帮助民族 B2B 企业看到差距,理解 B2B 品牌的价值创造过程,树立品牌意识,以塑造强有力的世界性品牌。

第二,本书旨在改变我国企业间营销实践中的某些“错误观念”。在规范的市场经济环境尚未建立的情况下,仍有许多企业将关系营销庸俗地理解为“吃喝营销”“灰色营销”。灰色营销观念在某些领域的“成功运用”致使许多供应商(特别是一些中小企业)认为,与产品、“关系”等维度相比,品牌不是 B2B 营销诉求的重点。有鉴于此,本书将“人情(关系路径)”与“真情(认知路径)”作为实现 B2B 品牌资产的双重路径纳入到一个模型中,通过实证检验探求当下产业界究竟认同哪条“路”。相关结论有助于民族企业认清产业环境,修正既有观念,增强紧迫感,提升其规范化运作水平。

第三,本书以 B2B 情境下“独特”且“关键”的“公司形象”为切入点,通过网络内容分析和访谈法归纳了影响供应商公司形象的“线索源”,构建了 B2B 品牌形象线索模型,有助于供应商从更广阔的视角了解 B2B 品牌价值的来源,从而制定多样化的营销策略。

第四,本书从顾客视角研究供应商品牌资产的提升能否以及如何影响企业顾客的经营绩效,有助于企业顾客认清供应商品牌在自身价值形成过程中的作用机理,也能让供应商从交易等式的另一端理解品牌投入的价值,进而为企业间的联合互动提供理论支持。

1.2.2.2 理论意义

与企业间营销实践相比,我国企业间营销理论研究十分滞后,特别是 B2B 品牌理论方面的成果几乎空白。因此,本书的理论价值包括:

第一,有助于形成特色化的 B2B 品牌理论。在 B2C 市场上,品牌早已被认为是企业最重要的资产之一,是降低市场交易成本的重要工具,而 B2B 营销领域刚刚意识到品牌化的重要性。从现有研究来看,B2C 品牌问题研究较多,而 B2B 品牌的相关文献相对较少。成熟的品牌管理理论多是以 B2C 市场为基础展开论述的(Aaker,1991)。由于 B2C 与 B2B 在众多方面存在差别,若将两个领域的理论毫无转换地加以运用,则在理论和实践上都说不通。因此,本书在区分及深刻理解 B2B 与 B2C 市场差异的基础上,探究 B2B 品牌资产的构成维度及前因后果,对于理解品牌资产在 B2B 情景下的作用机制,实施有针对性的品牌战略十分必要。

第二,有助于形成系统化的 B2B 品牌理论。谈及品牌价值,最直观的体现是产品在有品牌时与无品牌时在市场效益上存在的差异,这种差异可以用“品牌资产(Brand Equity)”来表示。尽管品牌作为企业的一种资产而日益受到重视,但现有研究多是理论推演,认为品牌在 B2B 领域会很重要,但对于 B2B 品牌价值的发生机理及其对绩效的影响尚缺乏系统研究,相关实证研究更是匮乏(Low&Blois,2002;Mudambi,2002;Shipley&Haward,1993)。因此,B2B 品牌资产如何概括与衡量?影响 B2B 品牌资产的前置因素包括哪些?B2B 品牌资产在购买决策中的作用机理是什么?B2B 品牌资产的提升可以带来何种绩效?这些问题的解释和验证可以丰富现有理论,使之更加系统和完善。

第三,有助于形成本土化的 B2B 品牌理论。国外相关研究多是以西方发达的产业环境作为背景展开的,相关结论能否“移植”到中国的产业环境尚存疑问。以我国产业顾客作为研究对象对相关理论和研究假设进行实证检验,是中国本土化营销管理理论的有益探索,有助于弥补由于我国和欧美国家管理情境的差别而形成的理论“鸿沟”。

第三节　研究框架、研究方法及创新点

1.3.1　研究框架

针对该研究主题，本书的研究内容包括六个部分。首先是对理论及实践背景、研究意义进行概述，然后将进行相关领域现有文献的回顾与评述，接着提出本书的理论模型及构建机制，然后进行实证研究设计和调研，并根据搜集的数据对模型进行检验，最后提出研究对策及管理启示。具体阐释如下：

第一部分：引言。针对 B2B 品牌研究的现实背景及理论背景进行详细描述，论述 B2B 品牌资产研究的理论意义及实践意义，确定本书的研究主题、研究方法，提出本书的创新之处。

第二部分：文献回顾。从国内外现有理论文献中，搜集 B2B 品牌、品牌形象、品牌资产、品牌绩效等方面的相关理论，理顺各种理论和方法的优点、缺陷、理论贡献、适用条件以及它们之间的差异，提出在 B2B 情境下需要补充和改进的内容，确定本书的研究定位。

第三部分：模型构建。首先阐述本书概念模型构建的理论基础；然后将整体模型划分成三个子模型，即基于企业层面的品牌形象线索子模型、B2B 品牌资产来源子模型及 B2B 品牌资产溢出价值子模型，分别论述三个子模型的变量构成及构建机制，最终整合为中国本土化 B2B 品牌资产整体理论模型，并提出相关研究假设。

第四部分：实证研究设计。基于本书提出的中国本土化的 B2B 品牌资产前置因素及绩效结果模型，本书设计了合理的、可操作的实证研究方案。具体包括：

(1)量表的设计与完善。借鉴其他同类研究中规范量表，结合专家意见、深度访谈及网络信息内容分析结果对量表进行设计和完善，并进行预调查；

(2)调查过程描述。确定调查对象、调查流程、抽样方法、样本量、样本框、预调查等；

(3)正式调查。介绍正式调查的方式、过程控制方法及数据收集情况；

(4)介绍本书将采用的数据统计分析方法和工具。

第五部分：基于收集的数据对概念模型进行检验和分析。

首先，在样本信息验收合格的基础上，采用 SPSS17.0 软件对数据进行信度、效度及探索性因子分析(EFA)，来检验和修正本书构建的 B2B 品牌资产模型的因子结构；

其次，利用 Lisrel8.70 统计软件对数据进行验证性因子分析(CFA)，验证整体概念模型与实际数据的拟合程度；

再次,运用 Lisrel8.70 统计软件对数据进行结构方程路径分析;

最后,运用 SPSS17.0 软件以及四步回归法验证“公司形象”和“品牌忠诚”的中介作用。

第六部分:研究总结与讨论。首先根据数据结果提出本书的研究结论,针对这些结论提出管理启示;然后对本书的理论及实践贡献进行总结;最后提出研究不足以及未来研究方向。

根据上述研究内容,本书的逻辑框架结构如图 1.1 所示。

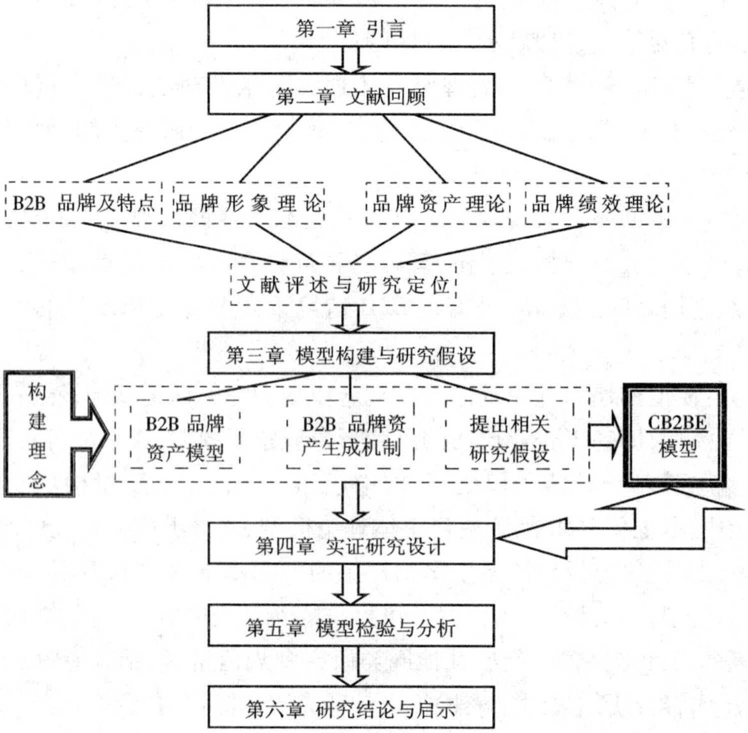

图 1.1　论文的框架结构图

(资料来源:本书自制)

1.3.2　研究方法

在科学研究的途径中,演绎和归纳作为推理的形式发挥着重要作用。演绎从前提假设出发,认为如果单个前提是真实的,并具有整体的完整性,且推理也是正确的,则结论必然是可信的;归纳从观察到的实在(事实或数据)中得出新的概括的经验过程,它并不依赖于以前的知识,但可以根据发生错误的概率对概念进行判断。经验主义将研究看做是纯粹的归纳过程,从特征事实开始的研究过程,然后升华为理论,继而形成法则。但是,科学的研究路径应该将演绎和归纳结合在一起。演绎提供了前提的必要含义,这可以是一般性的原理、法则、原则或者事实,而归纳则检验前提的有效性或可应用性。孤立地使用一种方法都会在理解问题的过程中留下严重的裂痕。演绎可以将已知事物加以组织并推演出新的关系,但因为它缺乏对理想假设是否符合发生事实的评价手段,因此将其作为新知识的唯一来源是不充分的。而归纳不能使用既有知识,因而它是低效的,且总是存在着错误的概率。科学探索必须依赖于对于演绎法和归纳法的运用,两者之间持续的相互作用,才构成了科学的研究路径。

本书正是沿着科学的研究路径,使用定性与定量相结合的研究方法,综合采用各种研究手段,针对本书提出的问题进行研究。本书前期拟采用内容分析(网络民族志)、文献回顾和深度访谈法,以梳理理论脉络,编写量表。运用正式问卷收集相关数据后,拟采取统计分析方法对数据进行分析处理,验证模型及相关假设。具体的实施方案如下:

本书从当下中国工业企业品牌作用力不强以及品牌意识较弱的客观现实出发,归纳出本书的研究主线——转型经济背景下中国 B2B 品牌资产的来源路径及溢出价值;然后通过文献回顾,梳理 B2B 品牌、品牌形象、品牌资产、品牌绩效等方面的相关理论,确定本项目的研究重点,对供应商品牌形象、品牌资产及品牌绩效进行维度划分;在回顾文献和网络内容分析(网络民族志)的基础上,将演绎过程模型化,明确潜变量之间的关系,初步构建 B2B 品牌资产前置因素及绩效影响的理论模型。聘请 B2B 行业专家和营销学教授通过德尔菲法(Delphi Method)对理论模型进行改进和优化。为此,本书前期研究工作涉及到的质化研究方法包括网络信息内容分析(网络民族志)、案头研究法、深度访谈法以及德尔菲法等,涉及的内容分析软件是 QSR NVivo 8.0。

问卷调查法。将潜变量进行操作化定义,设计并开发量表。对搜集和占有的有关 B2B 品牌理论与方法的研究文献进行梳理,进行初步对比研究和探索。本书将邀请企业管理者和专家学者分别组织小组座谈会,每次座谈会邀请 6 人,座谈 2-3 次,每次 2 小时。通过初步探索,对现有品牌形象、B2B 品牌资产及品牌绩效理论和模型进行对比,理清现有理论的特点、使用条件和主要缺陷,对各潜变量进行操作化定义;同时,提出并归纳影响我国供应商品牌形象的主要因素,特别是在信息化环境下有哪些新的因素,在网络内容分析的基础上设计调查问卷。

根据调查问卷设计访谈提纲。提纲问项要与问卷保持一致,确保提取信息的可对比性。使用问卷及访谈提纲实施信息采集。采集后录入相关软件,并进行统计与结构方程模型分析。根据研究假设的需要,本书在对调查信息验收合格的基础上,用统计软件 SPSS17.0 对被调查者的基本特征做信度、效度检验和探索性因子分析(EFA)。再使用 LISREL8.70 对结构方程外部模型进行验证性因子分析(CFA),并对内部模型进行路径系数分析,从而得出供应商品牌形象(公司形象)、B2B 品牌资产及 B2B 品牌绩效(溢出价值)关系的相关结论。

1.3.3 研究创新点

第一,“顾客导向”的新诠释。“顾客导向”是营销管理理论中的一个重要理念。如何将这种理念落实在具体的营销实践中是一个值得思考的问题。本书从“企业顾客感知形象”视角审视 B2B 品牌资产及品牌绩效的有关尝试正是“顾客导向”理念在企业间营销中的具体运用。无论是从企业实践还是从理论研究方面都具有重要意义。

另外,本书实现了“顾客导向”与“企业导向”的相互结合。B2B 背景下的顾客也是企业,因此基于企业视角和顾客视角的品牌资产研究在此实现完美结合。但这种理念尚未有研究提及,因此具有重要的理论意义。

第二,“感知形象视角”的新尝试。关于影响 B2B 品牌资产的前置因素的文献大多集中在价格、产品质量、服务、物流等方面,无法形成系统的理论框架,也无法体现 B2B 交易更加关注“公司品牌”的现实。企业顾客感知形象视角站在更高层次,将产品、服务等其它要素视为构成公司品牌的组成部分加以研究,进而从企业层面透视 B2B 品牌资产的驱动因素。

第三,以网络民族志及内容分析获取的信息为基础,理清影响供应商品牌形象的相关维度。在方法使用上,本书引入了网络民族志及内容分析,辅之以文献回顾、深度访谈等质化研究方法形成研究框架;再通过问卷调查搜集相关数据,并采用因子分析、结构方程分析等统计分析方法对研究假设进行实证检验,以加深对于供应商企业品牌形象、B2B 品牌资产和 B2B 品牌绩效三者之间关系的理解。

第四,将 B2B 品牌资产理论进行了扩展和延伸。品牌资产理论源于消费者市场,该理论能否与 B2B 营销情境相适应,B2B 品牌资产的构成因素及相互关系如何,B2B 品牌资产的提升可以导致何种营销绩效,这些问题在现有理论中都无法找到清晰答案。本书不仅研究影响 B2B 品牌资产的“前因”,而且还研究 B2B 品牌资产的“后果”,并针对转型时期中国的产业环境,构建了清晰完整的本土化 B2B 品牌资产(Chinese Business to Business Brand Equity,简称 CB2BE)理论模型。

第二章　文献综述

本章旨在通过搜集 B2B 品牌、品牌形象、品牌资产、品牌绩效等方面的相关文献，理顺各种理论和方法的优点、缺陷、理论贡献、适用条件以及它们之间的差异，提出在 B2B 情境下需要补充和改进的内容。

第一节　B2B 品牌及特点

2.1.1　B2B 营销与品牌化

2.1.1.1　B2B 品牌化的必要性

在 B2B 营销现有文献中，最初的争论是品牌在企业间购买过程中能否起到重要作用，换句话说，B2B 有必要搞品牌吗？B2B 营销学者在早期也经历了一个“摸索过程”，如表 2.1 所示。

表 2.1　B2B 营销学者早期对于品牌化的研究

研究者	研究对象	研究焦点	研究发现
Saunders&Watt(1979)	人造纤维产品	消费者的品牌感知	在 B2B 市场中使用品牌命名战略会让人迷惑(mixed)(针对终端消费者所做的研究)
Sinclair&Seward(1988)	木材产品	产品命名战略及其对产品差异化的影响	在 B2B 市场中使用品牌命名战略会让人迷惑(mixed)
Vyas&Woodside(1984)	纺织纤维、铁路设备、电气工具、化学品	获取材料的决策过程	企业顾客愿意为优于竞争对手的供给物支付溢价
Gordon, Calantone&di Bendedetto(1993)	电力产品	组织购买	品牌对于组织购买决策及供应商品牌忠诚非常重要
Mudambi et al.,(1997)	精密轴承	产业品牌的价值源及其对购买决策的影响	品牌让企业供给物得以区分开来；品牌包括有形及无形属性
Hutton(1997)	电脑、复印机、传真设备、软盘	组织购买	品牌化影响买家的溢价支付、推荐同一品牌下其他产品的意向

续表

研究者	研究对象	研究焦点	研究发现
Michell, King&Reast (2001)	工业产品	在产业市场中品牌价值与公司声誉及信用的关系	品牌价值与感知质量、形象及市场领导地位有关
Mudambi(2002)	精密轴承	品牌化的重要性及公司声誉对于不同类型顾客的重要性	公司声誉对于忠诚和非忠诚市场的影响有差别
Bendixen et al. ,(2004)	中压电力设备	理解品牌与配送、价格、技术以及备用件的可用性等要素的相对重要性	品牌会起作用,但价格及配送更重要

(资料来源:Cretu, A. E. , Brodie, R. J. , The Influence of Brand Image and Company Reputation Where Manufacturers Market to Small Firms: A Customer Value Perspective[J]. Industrial Marketing Management, 2007,(36):230-240.)

品牌可以被视为供应商向企业顾客传递的有关某种特性、利益或服务承诺的必要载体(Keller,2003;Kotler,2000)。Baumgarth(2008)认为,"产品"和"关系"是B2B营销差异化战略的两个主要来源,但随着理论和实践的发展,品牌在B2B营销中会越来越重要。Anderson和Narus(2004)提出品牌在B2B市场同样起到识别产品并使之与竞争对手区分开来的作用。Mudambi等学者(1997)认为,在B2B市场上拥有同一功能和绩效标准的产品很多,差异化很难实现。但事实上市场中的领导者维持着较高的市场份额甚至享受着溢价。其假设就是品牌是差异化的基础(Saunders&Watt,1979)。Kotler和Pfoertsch(2007)认为,B2B品牌化与B2C市场一样重要,强势品牌及其暗含的质量承诺可以为企业提供权力去获取溢价。B2B品牌化及品牌管理将会变得愈发重要,甚至可能成为唯一持续的优势源泉。

差异化的核心是产品属性不容易被竞争对手复制,并且在顾客看来这些"差异点"非常重要。品牌化的消费品可以实现品牌在实体产品、服务、渠道、人员、组织等不同领域间的延伸,而差异化是将一种产品与其他产品区分开来的主要成分,也是品牌化的基础(Alexander, et al,2009)。这种差异通常与产品的属性或绩效相关,但也与无形的形象感知相关(Keller,2003)。在顾客的头脑中,一个品牌与其实际功效之间的联想越新奇,产生的态度越有可能指导顾客的产品感知及其购买行为(Farquhar,1989)。品牌化的目的是在顾客头脑中建立一定水平的品牌认知和品牌知识,进而增强重复购买信心并简化购买程序(Keller,2003)。根据Webster和Keller(2004)的观点,品牌经理应该去设计和传播企业重要的差异点,如技术能力或企业品牌声誉,以此来创造差异化及顾客价值。因此,在B2B营销中,品牌代表了多维的价值承诺而不仅仅局限于表征产品的功能及绩效(McQuiston,2003)。

B2B 品牌化的重要性还与企业顾客的购买特征高度相关。从组织购买行为(organizational buying behavior, OBB)相关文献来看,企业顾客通常非常理性,与一般消费者相比,他们更加关注产品的功能、质量、交付(物流)、服务以及价格(Shipley&Howard,1993)。但 Hutton(1997)认为品牌仍会在企业购买过程中扮演重要角色,特别是在有风险的情况下。李桂华,卢宏亮,刘峰(2010)认为,B2B 购买涉及金额巨大,潜在风险较高,购买行为更为专业,购买过程也更加正式。因此,企业的购买决策需要由多部门人员协作完成。当企业产生购买需求时,除了专门的采购人员之外,还有其他人员(如经理、技术专家等)参与,于是形成一个非正式的跨部门决策单元(Decision Making Unit, DMU)——购买中心(buying center)。购买中心通过获取、传递、分享和处理有关企业购买的信息来运作,最终做出购买决策并承担购买风险。

1972 年,Webster 和 Wind 提出了经典的购买中心成员角色模型。他们认为,企业购买中心成员角色可以划分成五种类型:使用者(user)、影响者(influencer)、购买者(buyer)、决策者(decider)和把关者(gatekeeper)。在这个存在不同角色的非正式机构中,组织及个人的目标交织在一起,形成一个"参照框架(frame of reference)",这个框架指导着购买中心内部各成员的行为以及对其他成员行为的解读。个人的参照框架决定着供应商的选择标准(Webster 和 Wind,1972)。Bendixen, Bukasa 和 Abratt(2004)发现,DMU 不同角色成员对品牌资产持不同的价值判断。与"把关者"相比,"使用者"认为品牌非常重要。技术专家是购买中心内唯一将品牌视作比价格更重要的群体。他们更了解产品的功能属性并对降低风险更加敏感。Bendixen 等人还给出了相关证据,证明了一些 DMU 成员会对某些品牌产生情感偏好。

周军和胡正明(2004)提出,在消费者越发理性,产品的同质化严重,市场竞争已经超越了单一产品竞争的情况下,工业品品牌有逐步升温之势。于亚丽(2007)提出,随着市场竞争程度日益激烈,品牌在工业品购买决策中的影响力越来越大,已经成为工业品营销中不可忽略的因素。

总之,从国外相关研究来看,大量理论文献及企业间营销案例表明,品牌会在企业购买中扮演重要角色(Hutton, 1997; Mudambi, Doyle, Wong,1997; Hague&Jackson, 1994; Michell, King&Reast, 2001; Mudambi,2002; Low&Blois, 2002; McQuiston,2004; Lynch&de Chernatony, 2004; Webster&Keller,2004; Bendixen, et al.,2004; Blombäck, 2005; Van Riel, Pahud de Mortanges, 2005; Glynn, 2007; Baumgarth, 2008)。但品牌是否会在中国的产业环境中同样发挥重要作用,也就是说,我国 B2B 企业的品牌意识如何,涉猎的并不多。现有的研究多是理论推断,缺乏实证支持。品牌化以及品牌资产的作用会随着特定环境的变化而存在差异,在发达市场经济背景下产生的理论未

必适用于市场经济不成熟的发展中国家。

2.1.1.2 B2B 品牌与公司品牌

在早期的 B2B 品牌研究中,学者们没有特别说明 B2B 品牌究竟是产品品牌还是公司品牌(如 Michell, King 和 Reast, 2001; Mudambi, 2002; van Riel 等,2005; Bendixen, et. al, 2004; Thompson, Knox, Mitchell,1998)。例如,Mudambi(1997)等人在提及“品牌联想价值”概念时,并未清晰地说明其所谓的品牌价值究竟产生于与产品品牌有关的联想还是与公司品牌有关的联想。Michell, King 和 Reast(2001)的文章主要研究工业产品制造商如何感知产品品牌化价值,但在论述影响品牌忠诚的潜在因素时,却涉及到了许多公司品牌形象要素,如可靠性、销售关系等。更让人费解的是,Thompson 等人(1998)在文章中直接注明,本书不区分产品品牌和公司品牌。

品牌理论认为,品牌战略存在一个企业品牌背书(endorsement)的“连续统一谱”,在图谱的一端是所谓的企业“伞品牌战略”、企业品牌战略或“名牌屋(branded house)战略”。企业品牌战略是指利用公司品牌向利益相关者释放信号以创立和维持企业的良好声誉而进行的系统计划和实施程序(van Rial 和 van Bruggen,2002)。在“连续统一谱”的另一端是所谓的产品品牌战略或“品牌之家(house-of-brand)”战略,宝洁(Procter & Gamble)是这一战略的积极运用者。产品品牌战略是指使用一个与其企业名称相独立的品牌名称来标识一个或一类供给物的品牌战略(Blombäck, 2005)。

在 B2B 营销领域,人们似乎更加看重公司品牌的整体形象。对个人消费者而言,产品品牌通常比公司品牌更重要,这可从商标设计和媒体广告中看出来;而企业顾客却恰恰相反,供应商的公司品牌和公司声誉常常比产品介绍更有影响力(Mudambi 等,1997)。Van Riel 等学者(2005)以及卢宏亮等(2013)都认为,就直接效应而言,B2B 市场中的公司品牌似乎比单个产品品牌更重要。但产品品牌不仅对人们的行为倾向产生直接影响,而且还间接地通过公司品牌产生影响。Biehal 和 Shenin(1998)认为,公司品牌比产品品牌更能激起对产品特征、利益等方面的品牌联想。Keller 等学者(1992)把企业的可靠性(corporate credibility)定义为顾客相信企业愿意而且能够提供满足顾客需求和期望的产品和服务的程度,企业品牌能够增强对企业可靠性的感知,并有助于在企业提供的不同产品类别间进行品牌延伸。Mudambi 等学者(1997)的研究表明,供应商的总体声誉等无形特征在理性和系统的决策过程中更为重要。

Gordon(1993)等学者认为这种差异有两方面深意。第一,公司名称和声誉而非产品品牌是供应商主要诉求点;第二,在 B2B 背景下,品牌忠诚等同于企业忠诚,公司品牌处于 B2B 品牌战略的核心地位。因此,企业顾客对于供应商的评价不仅包括产品的功能，也包括企业内部成员的技能、态度、行为、交付速度、售后服务以及沟通模式等方面。正如凯勒所言：B2B 品牌化是将企业作为一个整体，创建积极的公司形象和声誉，良好的品牌声誉将给企业带来更多的销售机会和更多的利润（凯勒，2009）。

为什么企业顾客更加看重企业或公司品牌？Aspara 和 Tikkanen（2008）在回顾了 B2B 品牌、组织购买行为、服务营销、关系营销、社会网络、人员销售等理论的基础上，澄清了 B2B 情境下企业品牌比产品品牌更重要的原因，那就是，企业顾客最终基于公司品牌形象/感知来评价、衡量并做出购买决策。图 2.1 从企业顾客评价供应商企业时的总体感知入手，分析了企业顾客看重公司品牌而非产品品牌的原因。

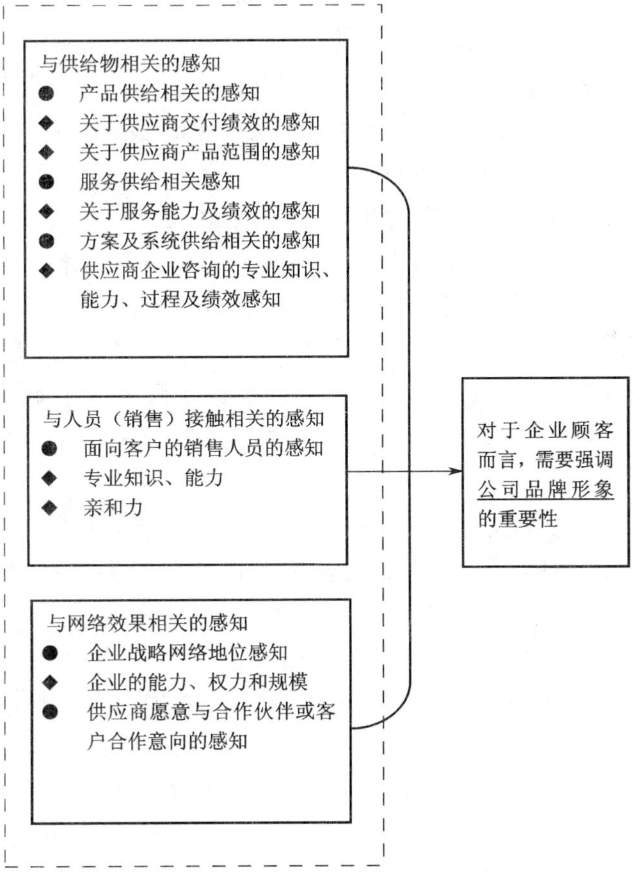

图 2.1　企业顾客在评价供应商企业时的总体感知

（资料来源：Aspara，J. & Tikkanen，H.，Significance of Corporate Brand for Business-to-business Companies. The Marketing Review，2008，8（1）：43 – 60.）

企业顾客对供应商进行评价时，不仅看重产品本身性能，还非常关注产品的交付

(配送)情况。交付情况包括:订货的方便性、交付时间、交付规模、交付适当性、可靠性、准确性、弹性、责任感以及紧急订单处理等(Kumar, Motwani,1995; Michell, King, Reast,2001; Bendixen, et al.,2004; Mudambi, et al.,1997)。这些与产品配送相关的因素高度影响着企业顾客对于公司整体形象的感知,而不仅仅是对产品形象的感知。同样,对于产品可供选择的范围也是左右企业顾客购买决策的重要方面,即能否实现"一站式购买(one stop shopping)"也会影响企业顾客对供应商公司形象而非产品形象的感知。因此,在与产品供给相关的感知方面需要强调公司品牌形象的重要性。

服务是企业顾客考虑的又一个重要的非产品因素。传统的B2B服务包括:安装服务、维修及操作(maintenance repair and operation, MRO)服务、技术服务、现场支持服务、产品研发、设计、测试支持服务、更新(升级)服务以及金融服务等。有时上面提及的交付(配送)也作为服务的内容之一。服务的本质在于买卖双方的互动。在服务过程中,企业顾客感知到的是供应商的公司形象而非产品形象(De Chernatony, Segal-Horn, 2003; Dobree&Page,1990)。

有时,企业顾客也依据供应商提供的各种解决方案或系统来评价供应商(Davies&Hobday, 2005; Davies等,2004; Sawhney, 2006)。具体而言,企业顾客非常重视:(1)供应商是否了解企业顾客的业务以及有过处理相同或类似问题的经验;(2)咨询过程质量及对客户的问题、需要及要求进行分析、识别、界定、分类等方面的建议;设计/定制各种综合产品/服务/安装项目以满足服务需要,解决问题以及满足各种要求的能力;(3)在实施/安装/整合的终端产品/服务/安装项目过程中的协调绩效。

在许多情况下,买卖双方需要人员的交流和互动,面向客户的销售人员的专业知识、技能、亲和力以及社交能力直接关系着企业顾客对供应商公司形象的感知(Doney&Cannon, 1997; Chang, 2006;Jap, 2000)。

最后,企业顾客也会根据供应商的战略网络地位来评价公司形象。企业网络特征包括:相对于其他企业开展的特殊活动、专业知识、技能、资源、能力、相对权力以及规模等(Thorelli,1986; Anderson, Hakansson&Johanson, 1994; Brito&Roseira, 2007)。对于不同类型企业的网络形象感知和评价是基于他们所承担的不同网络角色而定的,如材料提供商、零部件生产者、原始设备制造商(OEM)、支持服务提供者、生产性服务提供者、中间商、使用者等。

网络方法(network approach)涉及到关系营销范畴。实际上,企业顾客需要与供应商之间建立合作式、伙伴式关系。换句话说,企业顾客经常将供应商视为朋友,愿意与之协调、互补以实现各自目标,愿意进行关系投资,愿意接受供应商的影响并依赖供应商,愿意与之开诚布公地沟通,愿意控制自己的行为,减少机会主义倾向

(Brock Smith&Barclay,1997)。但企业顾客的这些前期心理准备必须以供应商“善意”的表现为基础。也就是说,供应商也必须具有“互利共赢”的意愿,并且高度守信(trustworthiness)。因此,供应商的公司形象在企业顾客看来非常重要。没有企业愿意与一个言而无信的企业合作,即便它的产品性能很好。

Balmer(1995)指出,公司品牌与产品品牌存在一些差异,具体体现在:首先,企业品牌建设是企业 CEO 的首要责任,而产品品牌则主要由品牌经理负责;其次,企业品牌能潜在地影响多类利益相关者,而产品品牌则主要聚焦于购买者;再次,企业品牌直接源于组织体系,并与多类利益群体产生沟通,而产品品牌则主要源于具体产品或服务。而 McQuiston (2004)认为,对于工业产品来说,品牌化是一个多维概念,它不仅包括企业顾客对物质产品的看法,也包括后勤(logistics)、顾客支持(customer support)、公司形象(corporate image)和与产品相关的政策(policy)等。因此,公司品牌应该传递包括产品功能在内的“多元化”价值。

有效的公司品牌管理可以为买卖双方提供更多利益。对供应商而言,一系列产品可以从公司品牌形象中受益。这一点在 B2B 背景下尤为重要。在 B2B 市场中,产品品牌的生命周期很短,除了功能以外,想要创造差异点比较困难。除此之外,管理公司品牌在节约成本方面十分有效(De Chernatony&McDonald,1998)。

同时,企业顾客对供应商的忠诚可以覆盖到企业产品、渠道成员等整条供应链(Gordon,1993)。Michell 等(2001)强调在商业化市场中,运用公司品牌比使用个别产品品牌更容易成功。不考虑市场因素,企业声誉可以提高企业价值并让竞争者难于模仿。对于企业顾客而言,与拥有良好企业形象的供应商建立合作关系意味着长期的、持续的价值增值过程而非针对某一产品或服务的短期收益。

综上所述,本书以“公司品牌”为核心变量,将产品、服务、交付、人员等其它变量视为构成企业品牌形象的影响因素加以研究,进而从企业层面透视 B2B 品牌资产的驱动源。

2.1.2　B2B 与 B2C 品牌的差异

从研究情况来看,关于 B2C 市场品牌问题研究很多,研究 B2B 市场品牌问题的文献却相对较少。现有的品牌管理文献多是以消费者市场为基础展开论述的(Aaker,1991)。由于 B2C 与 B2B 在众多方面存在差别,若将两个领域的理论毫无转换地加以运用,则在理论和实践上都说不通。因此,区分 B2B 与 B2C 的市场差异,并在深刻理解这种差异的基础上实施品牌战略十分必要。

关于 B2B 与 B2C 的市场差异,Gilliland 和 Johnston(1997)给出了一个研究框架。他们认为,二者在“背景条件”“营销沟通”及“心理条件”方面存在差别。当然,上文提到的公司品牌和产品品牌是 B2B 与 B2C 市场最重要的差异。本书将其视为 B2B

与B2C市场在产品维度上存在的导向差异(如表2.2所示)。

表2.2 基于B2B与B2C市场差异的B2B品牌特征

	消费者(B2C)市场		企业间(B2B)市场
背景条件	低	风险认知(品牌敏感度)→	高
	款式/自我表现	产品-市场驱动(品牌的作用机制)→	功能/技术
	个人	购买程序(品牌价值内涵的丰富度)→	集体
营销沟通维度	传统媒介	媒介(品牌传播手段)→	交互式/人员沟通
	形象	沟通内容(品牌传播内容)→	技术/技法
心理维度	社会风险	风险类型(品牌的"减压"功能)→	经济绩效风险
	冲动性购买	感性与理性(品牌情感)→	理性分析
	外部:偶像/身边人	参照群体(品牌参考集)→	外部:业界领袖 内部:专家
产品维度	产品导向	品牌诉求重点→	企业导向
	产品及其联想	品牌价值传递→	产品、服务、交付、人员等

(资料来源:根据现有文献自制而成)

2.1.2.1 背景条件

购买情境是影响企业购买的一个重要要素。购买情境因素可以划分为三种类型,即与企业相关要素、与产品相关要素和与个人相关要素。购买的新奇度、购买情境的复杂性和购买的重要性是影响采购中心成员购买决策的重要变量(Johnston&Bonama,1981)。购买的新奇度是指缺乏相同或类似产品购买经验的程度(McQuiston,1989)。20世纪60年代,Robinson,Faris和Wind认为企业购买根据购买的新奇度可以分为三类:新任务(New task)、修正再购(Modified Re-buy)和直接购买(Straight Re-buy)。与其他两类购买相比,新任务的复杂程度更高,采购者的感知风险更大。在B2C背景下,Heiman,Bowman和Wright(2000)的"动态品牌选择"理论指出,当消费者步入一个新的消费领域时,选择一个失败品牌的概率却很小;而他们却容易在自己熟悉的消费领域选择不知名品牌,也就是说,对于熟悉领域的不知名品牌的感知风险会降低。在B2B背景下,Heide和Weiss(1995)的研究表明,由于"组织记忆(organizational memory)"的存在,有丰富经验的购买者更倾向于购买知名品牌。这种差异提醒我们有必要深入研究品牌对企业购买行为的影响。

与产品相关的特定要素如感知风险、时间压力和购买类型可能影响供应商企业品牌的创建。反过来,这些因素也会受到供应商品牌形象和声誉的影响。购买的产品技术越复杂,采购商的感知风险越大。因此,一个价值高、技术复杂并在生产过程中发挥重要作用的采购标的物，将引起较高程度的风险感知（Michell,2001）。

McQuiston（1989）把购买的重要性定义为“采购品对组织获利能力及生产效率的影响程度”。所购产品的重要性会影响企业顾客对供应商的品牌感知。Valla（1982）将购买产品划分为日常采购品、生产过程重要投入品和战略性产品。这种划分有助于理解在购买过程中企业顾客感知风险的变化。因此，企业顾客购买战略性很高的商品时，在卷入程度和频率方面都要比一般消费者大得多。对于特定产品类别购买的高卷入度直接与企业顾客的品牌敏感度正向相关。

许多学者的研究已经涉及到企业购买复杂性的两个领域：一是购买情境的复杂性；二是产品的复杂性。McQuiston（1989）将购买的复杂性定义为“企业若想对于产品准确评价所需要获取的信息”。他同时指出，一般情况下，复杂的购买情境会导致购买中心成员感知的不确定性增加。Bendixen 等（2004）认为，品牌化在复杂购买情境下的作用更为明显。在复杂的购买情境下，采购者需要对产品或服务能否取得预期绩效承担一定风险。因此，企业顾客必须找到能够传递产品和服务绩效信号的载体，品牌就是一种载体。事实上，在采购过程中参与的人数很多也会增加程序的复杂性。购买中心成员可能来自不同部门，每个成员只在某个（些）领域有专长。因此，供应商必须重视每个购买中心成员的心理动向，品牌必须传递一个更加广泛的涵义（Brown，Bellenger&Johnston，2007）。

由此可见，要想研究 B2B 品牌及其作用机理，首先要进行情境定位，不同情境在复杂性以及重要性方面存在差异，品牌的作用力度也会存在不同。正如 Mudambi（2002）所说，品牌化并非对所有企业、所有顾客或所有购买情境都同等重要。品牌在传递价值的过程中扮演的角色受到各种因素的影响，这些因素包括品牌化对企业的重要性和购买的感知风险。

在 B2B 市场中，产品的科技含量要明显高于 B2C 市场。企业购买更加关注产品的功能特征，特别是供应商许诺的产品功能。企业购买“似乎”遵循一种“线性－理性”思维，要有客观的、可衡量的标准。从购买程序上看，企业购买要严格遵守从问题识别到购后分析的一系列流程。在 B2C 市场上，产品是“生活方式”导向的，消费者在购买商品时总是有意或无意地关注商品与其自身形象、价值观或社会认可是否一致。因此，消费者购买遵循“循环逻辑”。

McQuiston（2004）将品牌视作对消费者和企业顾客的承诺，但在 B2B 和 B2C 情况下，品牌作用机理存在差别。在一种产品满足消费者基本物质需求后，品牌承诺的作用趋于“隐形化”，即熟悉的品牌可以提供给消费者一种“情感上的安全”；在 B2B 市场上，品牌代表着“多维”承诺，涵盖因素包括产品物质特征、增值服务和企业声誉。

在 B2B 市场上，购买者有着更高的风险感知水平，因此更倾向于购买知名品牌；

与消费者相比,企业顾客进行品牌评价时更加强调产品有形的、可量化的、功能性收益,而消费者则看重款式和自我表现因素。B2B 品牌评价及选择过程是由购买中心(团队)来完成,而 B2C 品牌决策则由个人或家庭成员来完成。因此,B2B 品牌应该传递包括送货时间和维护服务等在内的更加广泛的涵义以"说服"利益相关者。

综上所述,现有理论更倾向于将企业购买者视为"理性"顾客。至于是"有限理性"还是"完全理性"尚未作充分说明。如果企业顾客是趋向于"完全理性"(纯粹理性在现实中并不存在),那么品牌的感性或情感方面就很难发挥作用,公司形象和声誉就会退而居其次。但如果企业顾客趋向于"有限理性",那么品牌的理性和感性方面就都会起作用。另外,在 B2B 品牌应该传递"多元价值承诺"方面,理论界已基本达成共识,而本书定位于"公司品牌"研究正与该理念相契合。

2.1.2.2　营销沟通维度

Gilliland 和 Johnston(1997)认为,B2B 营销与 B2C 营销的内在差异引发其在营销沟通工具选择上的不同。虽然 B2B 营销和 B2C 营销都需要依靠不同的沟通手段来宣传其品牌。但是,由于 B2B 产品与 B2C 产品在功能、技术水平以及决策程序方面存在差异,因此,营销沟通战略也需要作适当调适。

B2B 营销常见的营销沟通手段包括:销售促进、贸易展览、商业杂志、促销材料、公共关系和人员促销等。由于目标市场专业性强且购买决策过程复杂,B2B 品牌沟通常常需要借助更为直接的面对面方式,将有关产品的详细信息传递给企业顾客,因此人员销售对 B2B 营销而言至关重要。O'Hara(1993)强调贸易展览可以提供面对面销售的平台,是人员销售最好的补充。Parasuraman(1981)发现贸易展览仅次于网络销售,在企业顾客购买决策中排在第二位。

B2B 营销学者发现,不同营销沟通手段的相对重要性会随着产品类型、购买情境和购买阶段的不同而变化。Lilien(1983)发现,对于技术复杂且顾客卷入度高的购买项目,贸易展览最为有效。Patti(1977)认为,人员销售适用于所有购买情境和购买阶段。虽然没有人员销售重要,但技术文献也是一种重要的促销手段(Jackson 等,1987)。De Chernatory 和 MC Donald(1998)对各种营销沟通手段进行了排序,销售促进最重要,然后是贸易杂志广告、贸易展览、技术研讨、促销材料、直邮广告,最后才是在报纸、电视或广播上作广告。由于 B2B 产品技术的复杂性以及企业顾客渴望与供应商建立长期关系,人员销售在品牌沟通过程中扮演重要角色。

虽然 B2B 营销很少使用广播或印刷广告,但广告在销售代表无法联络的情况下仍然起作用(Jackson 等,1987)。Gilliland 和 Johnston(1997)提出,在 B2B 品牌沟通过程中是否使用广告应视企业顾客的背景情况(如情感性反应/理性反应,外部影响者等)而定。Turley 和 Kelly(1997)对比了广告在 B2B 服务和 B2C 服务中的差异。

按照一般的可接受的观点，企业顾客是理性的，或者假设“理性”的成分在B2B背景下更明显。而Petty和Cacioppo(1986)认为，关于企业顾客不受感性影响的假设存在局限。相反，感知和情感要素在营销沟通中必须加以考虑。

综上所述，学术界对品牌的感知或情感因素是否在B2B情境下发挥作用尚存疑虑。但是，现实情况是，越来越多的B2B广告出现在荧屏上、网络上。另外，不同的营销沟通手段需要整合在一起，传播一致的公司形象，才能使得顾客心目中的印象更加鲜明、持续。

2.1.2.3　心理维度

当组织或个人决策风险很高或企业顾客对品牌更加敏感时，购买中心成员会利用“群体决策”来分担特定风险(Hutton，1997；Mitchell，1995)。Valla(1982)指出，购买中心的特征(如人数、决策程序、人际关系)是决定感知风险水平的重要因素。高度结构化的采购程序可以抵消部分社会心理风险。李桂华，卢宏亮，刘峰(2010)将购买中心内部成员角色划分为决策单元、参谋单元和信息单元，同时赋予给这三个单元以合法性力量、专家力量和信息力量，并提出B2B购买决策实际上是这三种力量“博弈(其中就包括风险分担)”的结果。

从心理学角度讲，个体风险最小化或回避倾向在企业购买过程中是一个重要的刺激因素(Qualls和Puto，1989)。而消费者在感知风险的广度和性质方面与企业顾客有差异。消费者容易受到个人或群体风险的影响。消费者购买的负面影响大多集中在个人层面，虽然有时涉及耐用品购买时，会对家庭产生一定影响。

Hawkins，Best和Coney(2004)区分了五种感知风险类型，即社会风险、财务风险、时间风险、努力风险和绩效风险。其中，财务风险、时间风险和努力风险从广义上讲是与浪费或效率损失相关的经济风险；社会风险是指因一次购买活动无法被社会同伴接受而承担的损失；绩效风险是指所购商品未能达标而导致的风险。Assael(1987)强调当企业顾客从事技术复杂或不熟悉的产品采购时，绩效风险影响会增加。Midgley(1983)考虑不同产品类型对风险的影响。他将产品划分为功能型、享受型和象征型，虽然所有类型产品都存在不同水平的经济风险，但对于功能型产品来说，绩效风险更加重要。

总之，在企业购买过程中，也存在一定的社会风险，即购买行为无法赢得DMU成员的支持。但与消费者购买相比，社会风险对企业购买的影响“可能”并不明显。当然该结论在中国的“关系社会”中是否成立，尚未考证。而经济风险和绩效风险是影响企业购买的两个重要因素。在B2B背景下，品牌作为风险的“减压器”，可能在减少社会风险方面发挥一定作用，但与消费者市场相比，B2B品牌更大的作用体现在对经济和绩效风险的规避方面。

在B2C背景下，消费者既购买生活必需品也购买奢侈品，而企业购买者很少购买奢侈品。消费品彰显自我的属性和个体决策程序容易导致冲动性购买。但在企业购买中作出冲动性购买的可能性很小。企业购买决策方案要在组织内部个体间以及买卖双方之间充分讨论(Minett,2002)。产品的技术特征和群体购买决策程序导致了“理性”产出。

企业购买者更加关注产品价格、质量、绩效和服务。购买中心不同成员都可以就这些指标进行估计和衡量。同时，与企业购买决策相关的风险驱使采购者请教非正式的个人信息源(De Chernatony&McDonald,1998)，包括与销售代表接触或者利用其他人际关系。最后，在B2B领域，因为存在长期合作式关系，企业顾客面临着说服其自身和其他利益相关者的挑战(Minett,2002)。

综上所述，企业顾客比较理性，他们不会“奢侈”，也不会“冲动”。他们在购买时需要对供应商的整体情况，包括产品、价格、服务、交付等各个方面做出详尽评估，然后再做出判断。这就需要找到一个可以综合评价供应商“实力”及“表现”的载体，品牌形象无疑是一个好的选择。

在B2C市场中，“参考群体”和“意见领袖①”的概念曾被广泛研究(如Bhattacharya,Rao&Glynn,1995;Schouten&Mc Alexander,1995)。而在B2B领域中涉猎较少。根据社会比较理论，参照群体实际上是个体在形成其购买决策时，用以作为参照、比较的个人或群体。个体对某些商品的偏好是参考其他人的建议或使用情况形成的，人们倾向于将自己与参照者进行比较来实现自我评价和自我提升。意见领袖是在组织成员中，其行为和意见能够对其他成员有强烈影响的人(Webster,1970)。从B2C相关文献中可以看出，消费者依赖意见领袖来减少特定的购买风险(Sheth和Venkatesan,1968)。B2C营销专家强调意见领袖的作用，甚至将其作为“背书人”与营销沟通整合在一起。

Webster(1970)认为在B2B背景下，“意见领袖”的影响很小。但他的研究结论是以对50位采购商进行定性访谈得出的，因此受到了学界的置疑。尽管如此，韦伯斯特的研究也表明，“意见领袖型”企业通常具备一些特征，如规模较大、热衷于新品研发、高层管理者有进取心并且业绩良好。Martilla(1971)认为口碑传播在B2B营销领域的应用可以反驳韦伯斯特的观点。他尝试将消费品的“接受”过程应用到B2B营销领域。在验证的过程中，Martilla发现，在B2B领域确实存在意见领袖，并且意见领袖在购买决策中发挥重要作用。需要强调的是，采购者不仅从企业内部意见领袖

---

①　意见领袖又叫舆论领袖，是指在人际传播网络中经常为他人提供信息，同时对他人施加影响的“活跃分子”，他们在大众传播效果的形成过程中起着重要的中介或过滤的作用，由他们将信息扩散给受众，形成信息传递的两级传播。

那里搜寻信息和建议，也从竞争对手那里获取相关资讯。进而，他也提出了意见领袖具备的一些特征，包括感知专家力及与在产业相关文献或贸易杂志上出现的频率。这与李桂华，卢宏亮等(2010)提出的在中国的产业环境下“专家力量 > 信息力量 > 合法性力量”的结论不谋而合。

相关研究表明，在 B2B 背景下探讨参照群体问题具有战略意义。Fiegenbaum 和 Thomas(1995)认为，参照群体在 B2B 背景下以“战略小组”的形式存在。他们通常是一些在各自产业内拥有“最佳实践”的精英企业。通过组织间信号传递和模仿，一个战略小组内的成员企业会调整其战略行为到一个合适的小组参照点(group reference point)。与此同时，战略小组作为其他企业的参照基准，也积极地调整自身战略。因此，参照群体具有规范和比较两大功能，前者是指建立一定的行为标准并使其他企业遵从这一标准；而比较功能是指企业把参照群体作为评价自身或其他企业的出发点。Massini, Lewin 和 Greve(2005)发现，与缺乏创新的企业相比，创新型企业更多地考虑差异化基准，并且这些企业经常比较、竞争甚至寻找与其他创新型企业的差异。相比而言，大多数企业都喜欢将自己与更广泛的群体作比较并且“随大流”。因此，创新型企业倾向于选择“不同”的参照群体，而缺乏创新的企业却没有这种倾向。

总之，作为社会网络节点一部分的企业顾客在进行购买决策时，就不得不考虑内外群体的影响，内部专家的品牌意识会影响整个购买导向；同样，“谁”在与这家供应商从事业务往来，也会影响顾客企业对于该供应商品牌形象的认知。因此，有必要将“使用者形象”引入到 B2B 品牌形象感知中来。

2.1.3　总结与启示

本书通过“中国知网(CNKI)”对“B2B 品牌”“供应商品牌”及“工业品牌”等三个关键词进行搜索，非常遗憾，仅有几篇“学术性”文献，论述的层次仅限于实施 B2B 品牌化的意义和作用(阎志军，2008；刘鑫，姜含春，2010)或介绍某种 B2B 品牌化的理念(楼尊，2009)。在仅有的两篇实证性文献中，李桂华，卢宏亮(2010)基于采购商视角，以品牌关系为中介，系统论述了供应商品牌溢出价值与采购商重复购买意向之间的关系。从国外相关文献来看，学者们对于 B2B 营销中品牌的重要性已经达成共识。同时，也认同 B2B 品牌具有自身特征。从总体上讲，高价值、高风险使得企业顾客非常看重供应商的公司品牌而非产品品牌，这与企业间的利益关系高度相关。因此，B2B 品牌不能只传递有形产品方面的信息，同时还应考虑内化在企业供给物中的所有支持性信息。例如，CISCO 公司曾经增加投入，提高在防火墙和网络安全工具等方面的支持性服务水平，以此带动产品销售。

除此以外，在背景、心理、营销沟通等方面，B2B 与 B2C 市场存在本质差别，导致了 B2B 品牌与 B2C 品牌也有所不同。在背景条件方面,由于企业购买通常与较大风险联系在一起,因此 B2B 营销者应使用品牌作为一种降低企业购买者感知风险的机制。与此同时,相对于"自我表现"因素,B2B 购买者更加强调技术要素,至于"情感因素"在 B2B 情境下究竟发挥多大作用,现有研究未能给出明确结论。最后,B2B 营销者有必要弄清购买中心成员对于品牌化的反应及品牌对于群体决策的累积效果。

在心理维度上,虽然企业购买者主要考虑经济和绩效风险,但营销者仍有必要将品牌看作是降低社会风险的重要工具。除此之外,B2B 品牌的诉求点不在于激发采购商的冲动性购买,因为购买中心成员都非常"理性"。至于在现实中决策者能否做到绝对理性,现有文献没有过多涉猎,因此我们姑且认为 B2B 品牌代表着"有限理性"选择的结果。最后,B2B 营销者应充分考虑意见领袖和参照群体的作用,增加与业界领袖的合作,通过业界领袖的榜样作用促进自身品牌认知和传播。同时,顾客企业的内部专家也应被纳入品牌管理的范畴中。

在营销沟通方面,在 B2B 背景下,品牌价值的传递许多是通过人员交互作用的方式来实现的。这与 B2C 背景下使用传统媒介进行传播的方式存在很大不同。因此,B2B 营销应该更加注重"人"的作用。在品牌的信息传递方面,品牌不仅代表"硬"因素,即强调产品的功能和问题解决能力,同时要兼顾"软"因素,即强调个性及无形属性。许多事实证明,B2B 购买者同样也会受情感因素的潜在影响。在上世纪 80 年代,IBM 的一句宣传语"你决不会因为买了 IBM 而被解雇",不知打动了多少企业顾客的采购经理。这说明:本书的焦点概念——品牌形象在 B2B 领域也非常重要。

第二节 品牌形象理论

一般来说,品牌经常被定义为名称、术语、标志、符号或设计的同义词。但从更深层次来看,品牌的概念范围应该更为宽泛。例如,Kapferer (1992)将品牌描述成"生动的记忆",从而将品牌与心理维度连结起来。从这个角度看,品牌是建立在人与有形(或无形)的实体特征相互作用的基础之上,这些实体(例如商品、服务、个体或者组织)由品牌来代表。因此,品牌可以被解释成为一种基于受众感知的无形资产(Aaker&Joachimsthaler, 2000; De Chernatony&Mc Donald, 1998; Garrity, 2001; Grace&O'Cass, 2002; Nilsson, 1998; Riezebos, 2003)。品牌代表了与被识别个体有关的想法,联想和形象,例如其名称、商标、标语、颜色和设计。它通过受众的感知来定义,并且通过实体周围的传播而产生和保持。品牌传播可以代表许多事物,包括人。正如 Olins (1989)所说:"企业就是一切,企业做了一切,传播给所有与企业交易的人"。因此,从定义来看,品牌不限于某个市场或某种具体的产品形式。

2.2.1　“形象”的含义

要研究“品牌形象”,首先应该明晰“形象”的概念及内容。从字面上理解,“形象”由“形”和“象”两个字构成。秦启文和周永康(2004)在《形象学导论》中专门对“形”“象”和“形象”三个字、词的古代来历、含义进行了考证并得出结论为:“形象”一词从历史上看,主要有三层含义:首先是指人、物的相貌形状;其次,是指能够作用于人们的器官,使人们产生印象、观念、思想及情感活动的物质;最后是具体与抽象的统一,也是物质与精神的统一。而“形象”从现代意义上看,是人们在一定条件下,通过听觉、视觉、触觉等感觉器官,对他人或事物由其内在特点决定的外在表现的总体评价和印象。可以说,上述结论从形象是什么、形象如何形成的、形象在什么条件下形成、谁对谁产生形象的问题进行了解答,是目前国内学术界所见不多的对“形象”本质含义进行高度概括的定义(张春河, 方芳, 2007)。

罗长海(2002)也对形象问题进行了哲学层面的解析。他认为“形象”可以分为五个层次,即个体形象、类形象、组织形象、艺术形象和创造形象。其基本观点和内容如下:

形象的第一层含义是指人的相貌、物的形状。这种具有特定形状的客观个体给人留下的视觉表象,就是该个体的形象。这种形象实质上是客观个体的静止形象;

形象的第二层含义是指“类”形象,即将感官获得的各种现象材料进行归纳整理,去伪存真,将那些和本质相一致的感觉表象归为一类,形成一个相应的“类”形象;

形象的第三层含义是指组织的象征或者组织形象。是指组织作为一个复杂系统所表现出来的整体特性,如组织的社会宗旨、精神氛围、各种关系等。这种组织的特性既不是各个组成要素共同特征的抽象,也不是简单重复各个组成要素的性质;

形象的第四层含义是指符合理想或理念要求的感性表象,即主要不是通过科学或哲学做到的,而是主要通过艺术创造而塑造的艺术形象,是艺术家审美理念、审美理想的感性再现;

形象的第五层含义是指符合理想本质的客观存在。而最能体现这层含义的就是企业形象。企业形象包括个体形象和类形象,但企业形象本身是一种组织形象,这种形象不同于国家政府之类的组织形象。如果说艺术形象实现的是“理想和理念转化为感性存在”,那么企业形象实现的就是“理想和理念转化为客观存在”。现代企业充分展示了人类改造自然界的本质力量,本质上体现了一种创造形象。

国外学者将“形象”翻译成“image”,龙成志(2009)查阅了牛津和韦氏字典以确认“Image(形象)”的准确含义。

牛津字典(Oxford Advanced Learner’s Dictionary)对Image的定义为:

(1)个人、组织或产品给大众的印象。

(2)人或事物看起来像是在脑海中所呈现的画面。

(3)以照片或塑像的形式复制人或事物。

(4)透过相机、电视或计算机反射的影像,看起来有如镜子反射。

(5)以虚构的字或措辞形容事物。

韦氏字典(Merriam Webster Dictionary)则将 Image 定义为:

(1)对人或物的再造或仿造;特别是对具体外形的仿造。

(2)利用光学(例如镜片或是镜子)或电子仪器制造出视觉上极为相像的对象、利用摄影技巧所产生出的相似对象。

(3)极相像、非常像别人的一个人。

(4)有形或可见的图像、古色古香的、梦幻般的外形。

(5)心里对实际上不存在事物的想象、由团体成员的意见及基本态度与定位的象征所形成的心理概念。

(6)鲜明或生动的图像或描写。

(7)一种通俗的观念(例如个人、习俗或国家),特别是藉由大众传播媒体所突显的。

(8)相当于特定领域的数学函数(例如 Homomorphism)所得到的一套价值标准。

2.2.2 B2C 品牌形象理论

2.2.2.1 品牌形象的概念

自 20 世纪 50 年代品牌形象概念被提出以来,经过半个世纪的发展,品牌形象日益受到学界的重视。不同学者基于各自的研究目的,对其进行了不同的定义。

Aaker 和 Biel(1993)认为,品牌形象是消费者头脑中与某个品牌相联系的属性集合和相关联想。Keller(1993)定义品牌形象为消费者对一种品牌的感知集合或者说是消费者记忆中的品牌联想的集合。Biel(1993)认为品牌形象是消费者对品牌的联想,这种联想通过对公司形象、产品和服务形象及使用者形象的联想来体现,对于不同的品牌可能不完全具备这三个子形象,每个子形象在整体形象中的作用可能也不一样(Biel,1993)。范秀成,罗海成(2003)从综合的角度出发将品牌形象定义为消费者对品牌的总体感知和看法,是品牌资产的重要组成部分。

同时,荷兰鹿特丹品牌资本有限公司的首席顾问,兼任伊拉斯谟大学品牌管理中心主任的 Rik Riezebos(2003)认为,品牌形象是指"公众对某事物或某人形成的刻板看法",是"消费者群体共同拥有的主观、心理影像"。

美国市场协会(AMA)给出的"品牌形象"定义为:品牌形象就是一种品牌在人们

心目中的各种感知(perception)联想的集合;是品牌个性(brand personality)和品牌存在(brand being)的状态、特性、本质等的可能并不准确的脑海图景(mirror reflection);是人们对品牌的各种看法、情感和期待。美国市场学会给出了品牌形象的综合性定义,有的强调品牌在顾客心目中的感觉形象,有的强调品牌带给顾客的感知联想的事实,有的则包含个人的主观价值判断。

从现有文献来看,品牌形象的本质是顾客在外部刺激物的作用下,根据经验、推断、想象而对品牌形成的总体感知。同时,品牌形象与品牌联想高度相关,孤立的事物很难在头脑中形成稳定的印记,而经过联想加工后的印象则更加稳定。人们在看到某种品牌时,总是喜欢将其与生活中相关的信息联想在一起,并通过逻辑或非逻辑思维进行梳理以形成长期而稳定的记忆。因此,可以说,品牌联想是形成品牌形象的基础,品牌形象是认知与情感的结合。同时,品牌形象与品牌资产之间也有着密切的关系,良好的品牌形象有助于累积企业的品牌资产。

2.2.2.2　品牌形象的特点

罗子明(2001)对品牌形象的特征进行了总结,认为品牌形象主要有多维组合性、复杂多样性、相对稳定性以及可塑性和情境性等特点。

多维组合性是指品牌形象不是由单维或两三个指标所构成,而是由多种特性所构成,并受多种因素的影响。例如,供应商的品牌形象既包括产品质量、价格、企业规模、网络方位等“硬”条件,又包括服务、物流、善行等软性维度。

复杂多样性是指由于企业及其产品市场覆盖率的差别、产品信息传播效果的差异,以及顾客的特点不同等,造成顾客对企业和产品的认知、理解,以及使用情况不一样,从而使品牌形象在不同时间、不同地点呈现多样性的特征。

相对稳定性是指品牌形象在一段时期内会保持稳定。符合顾客愿望的企业理念、良好的产品品质、优质的服务等因素,是品牌形象保持稳定的必要条件。由于赢得顾客长期的喜爱,优秀的品牌能够保持其形象长久稳定,例如,卡特彼勒结实耐用的重型机械,IBM 蓝色巨人,贝尔公司科技创新、不断进步的形象等。

可塑性是指通过企业的努力,可以按照企业的意图建立品牌形象,改造原有的品牌形象、增加品牌内含的新特征,甚至于重新塑造品牌的形象。罗子明(2001)还举了 IBM 企业形象的例子,在 70 年代以前,一直是高质量商用设备的代表者,80 年代初,企业进入了严重的危机时期,顾客的评价是“大”“全”“笨”,经过痛苦的改革和品牌形象再造过程,现在的 IBM,重新回到了开创科技先锋、提供高品质服务的品牌形象。

易碎性是指在特定的条件下,不管是一些重大的事件,或是一些轻微细小的事件,都可能完全迅速地改变原有的品牌形象。例如,丰田轮胎事件、三鹿“三聚氰胺”

事件以及双汇“瘦肉精”事件都对当事企业造成了难以挽回的负面影响。

2.2.2.3　B2C 品牌形象模型

在 B2C 品牌形象研究中,有比较丰富的研究模型。龙成志(2009)将其划分为消费者行为视角、认知心理学视角、营销传播视角以及品牌资产视角。实际上,这几种视角并没有严格的界限,不同视角之间交叉在一起,只有综合考虑顾客认知、顾客购买决策的影响因素及内外部顾客的沟通等方面才能体现品牌形象作用的全面性。因此,“综合”前三种理念的品牌资产研究视角最为全面,也是品牌理论发展的必然。从总体上,我们将其分为两大类,一是非品牌资产视角的研究,另一类是品牌资产视角的研究。

非品牌资产视角的研究很多,例如 Park、Jaworski 和 Deborah(1986)提出了品牌概念管理框架(Brand Concept Management),并对品牌概念与产品概念(Product Concept)进行了区分,认为品牌概念反映了与品牌联系的一般性意义,而产品概念相当于产品构想(Product Idea)。Park 等人认为,“消费者需要”是影响公司进行品牌概念选择的重要因素,因此品牌概念应界定为基于需要的概念(Needs-based Concept)。品牌概念的选择包括功能性概念、象征性概念和体验性概念,它们对应着满足消费者对品牌的功能性需要(Functional Needs)、象征性需要(Symbolic Needs)和体验性需要(Experiential Needs)。Kapferer(1992)从企业和消费者“互动”的角度提出了品牌形象认同要素模型。将品牌视为传达者的图像,包括外显形体和内在性格;消费者对品牌的反应则是接收者的图像,包括外在反映及内在自我形象。Davis(2002)认为可以从产品物理特征、功能利益、情感利益和自我表达四个方面对品牌形象进行测量。

国外一些经典模型是将品牌形象作为品牌资产的组成或驱动成分加以研究的,代表性的模型有克里斯南模型、贝尔模型、凯勒模型、阿克模型等。

(1)克里斯南(Krishnan)模型。克里斯南主要关注品牌资产(Brand Equity)方面,因此他研究的焦点也在针对品牌名称反映和激发的一系列联想上。从品牌联想数量、联想偏好度、联想独特性和联想来源等四个方面考察品牌联想(卢泰宏,周志民,2003)。

联想的数量是指经过长时间的努力,消费者建立的一系列各种品牌的联想。其中,一些与品牌特征和品牌利益有关,另一些则与顾客的经历(或经验)有关。

只是拥有联想的数量还不行,因为这些联想中包括积极和消极的联想。因此,必须评估积极与消极联想的相对数量。联想的偏好,就是说明品牌相对喜好性的共同尺度,它是净的积极认知想法(积极的联想数量减去消极的联想数量)。

与其他品牌共享一些联想会使得某个品牌成为品类的代表而非它自己,也就是说,被泛化了。因此,品牌需要一些可以使其从品类中脱颖而出并在顾客心目中独树一帜的独特联想。

顾客可以通过多种线索了解产品,并形成联想。联想来源主要有直接品牌经验(使用过)和间接品牌经验(广告)。其中,直接经验联想与个人相关度更高、更加确定,也更加生动。因此,直接经验品牌联想会累积更高资产。对于间接经验而言,还可以划分为企业可控和不可控来源。相比而言,顾客更相信企业非可控的来源,例如口碑。因此,在口碑基础上形成的品牌联想就成为品牌形象和品牌资产的标志。

克里斯南(Krishnan)对这四个方面进行了实证研究,通过测评高品牌资产和低品牌资产的区别,结果显示顾客联想的差别和品牌外部资产指标是一致的,从而能洞悉每个品牌的强势和弱势部分。

(2)贝尔(Biel)模型。Biel(1993)在 Krishnan 联想网络记忆模型基础上提出了自己的理论模型。他认为品牌形象可分解成公司形象、使用者形象和产品自身形象,而描述品牌形象的起点是顾客对品牌相关特性的联想。联想则分为"硬性"和"软性"两种属性。

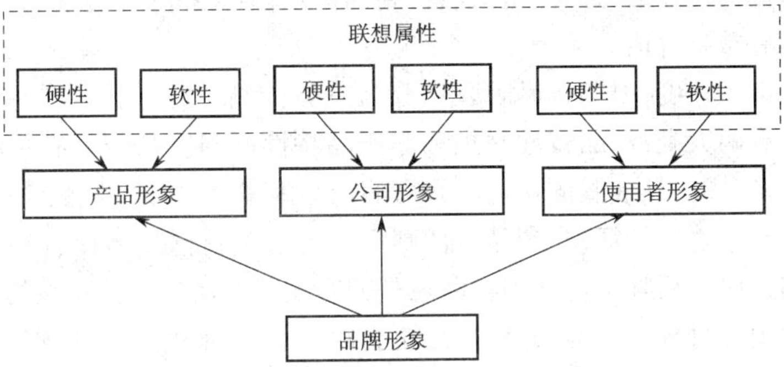

图 2.2 贝尔模型结构图

(资料来源:根据相关理论自制而成)

所谓"硬性"属性,是对品牌有形的或功能性属性的认知。例如,对于轿车而言,相关的硬性特征就是马力强劲、启动快。这种硬性属性对于品牌而言十分重要,如果某品牌一旦对某种功能属性形成"独占",其他品牌往往很难再以此属性进行定位,一些市场领导者品牌往往都在某些功能性属性方面取得了垄断地位。但是,硬性属性已不再是形成品牌差异的唯一因素。而"软性"属性反映品牌的情感利益。因为,这种情感利益一旦建立,也很难为人所模仿。消费者将有关公司的各种信息和使用公司产品的经验组合为公司形象,这是品牌形象的重要部分。其构成要素主要包括:革新性、历史延续性(如企业历史、规模等)以及给消费者的信赖感。使用者形象指品牌使用者的人口统计特征等"硬性"特征与包括使用者的个性、价值观和生活形态等"软性"特征。产品形象是与产品本身功能或所带来的利益特征相对应的品牌特性。此外,产品产地、包装等也是产品形象所包含的内容。

任何品牌都存在这三种形象。但是,不同类型的产品,这三种形象的重要程度相差很大。首先,贝尔模型的重要缺陷是没有考虑三种形象之间的关系及对于不同类型产品各种因素孰轻孰重。其次,在不同文化背景下,这三种因素对品牌形象的贡献也是有差别的,例如在中国,因为消费者现阶段仍然相对更关心产品的功能和绩效,公司形象让中国消费者感到更有信心,因此,品牌的公司形象是否会比其他两种形象更加重要呢?再次,这三种形象是否可以代表所有的顾客感知形象线索,是否还有一些重要因素没有在贝尔模型中体现出来?

(3)凯勒(Keller)模型。凯勒从建立基于顾客的品牌资产角度把品牌知识分为品牌知晓度和品牌形象两个部分。他认为品牌形象是顾客与品牌的长期接触形成的,反映了顾客对品牌的认知、态度和情感,同时也预示着顾客或潜在顾客未来的行为倾向。品牌联想从总体上体现了品牌形象,决定了品牌在顾客心目中的地位。因此,通过分析品牌联想结构来揭示品牌形象,有助于考察品牌营销的直接效果,揭示出单靠绩效指标和以往的行为模型无法得到的信息,对于指导企业的营销战略、特别是品牌战略具有重要价值。

从联想的类型角度,凯勒将品牌联想分为三类:产品特性、利益和态度。产品特性的品牌联想有两大类:产品特性联想和非产品特性联想。与产品有关的特性是指消费者寻求的、完成产品或服务功能所必需的产品因素,具体来讲就是决定产品功能水平和特质的产品物理特征;非产品特性则主要有五类:价格、使用者和使用情境形象、感觉和体验,以及品牌个性。利益联想是顾客赋予产品或服务特性的个人价值和内涵。利益联想又可分为三类,分别是与功能性利益、象征性利益和体验性利益相关的联想。功能性利益是产品或服务的内在优势,通常与产品有关的特性相关;象征性利益是产品或服务的外在优势,通常与产品无关的特性(尤其是使用者形象)相关;体验性利益则是消费产品或服务的感觉,与产品的两种特性都相关。而最高水平和最抽象的品牌联想是态度联想,它是顾客对品牌的总体评价。

概括而言,凯勒模型是把品牌形象看作一个较为综合的概念,通过品牌联想来反映,而品牌联想可以从产品特性、利益、态度等方面进行考察。

(4)阿克(Aaker)模型。阿克的品牌资产模型是在品牌形象基础上发展起来的。该模型认为品牌资产包括五个方面:品牌认知/知晓、品牌感知质量、品牌联想、品牌忠诚以及其他专有资产。

品牌知晓/认知度(Brand Awareness)是指品牌为顾客所知晓的程度;品牌感知质量(Perceived Quality),是指消费者对某一品牌的总体质量感受或在品质上的整体印象;品牌联想(Brand Association),是指消费者由品牌而产生的印象。通常,品牌会使人们联想到产品特征、消费者构成、消费者利益、竞争对手等,其联想内容因品牌不同

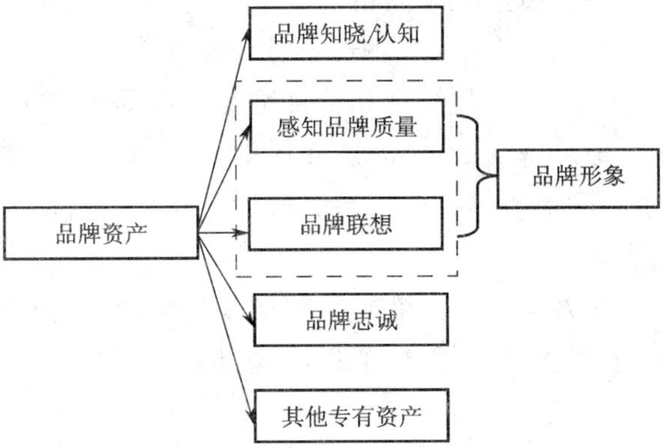

图 2.3　阿克品牌资产模型

（资料来源：根据相关理论自制）

而各异。消费者通过对不同品牌产生不同的联想，使品牌间的差异得以显露；品牌忠诚（Brand Loyalty），是消费者对品牌偏爱的心理反应；其他专有的品牌资产（Other Proprietary Brand Assets），是指那些与品牌密切相关、对品牌竞争优势和增值能力有重大影响、不易准确归类的特殊资产，一般包括专利、专有技术、分销渠道等。此外，品牌联想的资产价值还表现在它能揭示品牌延伸的依据，能创造有利于品牌为消费者所接受的正面态度。

Aaker 认为品牌形象由品牌联想和感知质量构成。品牌联想是在顾客记忆中任何与品牌相关的事物，可以区分为产品形象和企业形象两大类，但两者内涵有差别。具体而言，包括产品特性、国家或地区、竞争者、产品档次、生活方式和个性、名人和人物、使用者和顾客、用途、相对价格、顾客利益、企业能力等多个方面。Aaker（1996）进一步阐释，产品形象的内涵主要在产品本身的特性上，提供顾客价值的组合，而企业形象则注重公司的能力与形象，提供顾客可靠、保障的信赖感。Aaker 认为，广告宣传等传播工具的主要目的，首先是使消费者产生联想，然后产生差别化认知和好感，最后产生购买欲望。同时，由于绝大部分联想会与消费者利益或价值相关联，而这又是消费者购买与放弃购买的依据或缘由。所以，品牌联想能提供消费者选购的理由。

Aaker 品牌资产模型为我们提供了一个将品牌形象与品牌资产联结在一起的“近乎完美”的纽带。该模型给我们两个重要启示：（1）品牌形象是品牌联想和品牌感知质量的结合；（2）品牌形象是品牌资产的重要组成部分。

阿克模型在理论界得到了广泛的认同，当然该模型也存在一点缺陷：首先，该模型没有说明品牌资产各构成维度之间究竟是何种关系。也就是说，品牌形象作为品牌资产的一个组成部分，它与品牌知晓以及品牌忠诚在逻辑上是何种关系。因此，阿克对于品牌资产的解构尚未完全，仍然有完善的必要。其次，阿克模型并没有对品牌形象的线索要素进行系统梳理,只是简单列举了一些与品牌联想有关的因素。

国内学者范秀成(2002)提出了品牌形象综合测评模型,将品牌形象分为四个维度,即产品维度、企业维度、人性化维度和符号维度。罗子明(2001)从理论上将品牌形象划分为五个方面,即品牌认知、产品属性认知、品牌联想、品牌价值和品牌忠诚。许多学者也做了基于不同情境的模型检验。但从总体来看,都是对上述模型的引用或介绍,突破性的内容较少。

综上所述,国内外学者从不同角度对品牌形象的概念、特点及构成进行了研究,成果非常丰富。这些成果虽然脱胎于 B2C 情境,但对于 B2B 研究仍然具有重要启示。

第一,品牌形象的概念内涵基本得到了确认。

第二,品牌形象是一个“多维度”构念(construct),可以从不同角度进行研究。

第三,现有文献对于不同文化背景下的顾客对于同一品牌的形象认知差别方面作出了探索,如原产地形象问题。但是,不同群体特征下的消费者形象问题研究不多。个体消费者与处于组织群体中的顾客会不会在品牌形象认知方面存在差别呢?这个问题尚未在 B2C 品牌形象文献中得到答案。

第四,系统化的实证研究仍然十分必要,特别是针对品牌形象与品牌资产关系的实证研究存在缺陷。

第五,上述模型大多没有提到具体的品牌形象的构成要素(贝尔模型提及一些),更没有研究各个因素如何影响整体品牌形象(江明华等,2003)。

总之,上述四个模型都是基于品牌资产视角进行的品牌形象研究,其中凯勒模型、贝尔模型和克里斯南模型更多地是从品牌联想的角度来解读品牌形象。只有阿克模型明确将品牌形象(感知质量与品牌联想)作为品牌资产的重要构成加以研究。因此,要研究品牌资产与品牌形象之间的关系,阿克模型更为适用,同时它也是学术界运用最为广泛也是最被认可的一个模型。但在品牌形象的构成要素方面,阿克模型要逊色于贝尔模型,因此在 B2B 品牌形象子模型时,我们更多地借鉴贝尔模型涉及的变量,但该模型中提及的变量是否适合中国的情境,我们将通过探索性研究予以证明;而在 B2B 品牌资产模型中,我们将借鉴阿克模型的核心变量,但也会做适当改进。

2.2.3　B2B 品牌形象理论

如上文所述,B2B 品牌更多地指向公司品牌而不是具体的产品品牌。因此,B2B 品牌形象是指公司品牌形象。目前,公司品牌的研究日益受到学界和业界的重视。Dacin 和 Brown(2002)指出,公司品牌有两个核心概念:企业形象与企业联想。企业品牌联想描绘了企业顾客对于企业的感知,是基于心理学“联想网络记忆模型”提出的重要概念。Brown(1998)进一步将企业联想的含义深化,指出企业品牌联想是包含“企业形象”“公司声誉”等概念含义在内的“集成式”术语,企业联想涵盖了人们对企业的信念、心情、感情、评价及有关企业的其他任何形式信息的认知。可以看出,企业品牌联想的主体是所有利益相关者,企业联想涵盖的范围更大。

Levitt(1967)调查了一些声誉很好的企业与不知名企业相比所具有的品牌优势。他尝试研究供应商的高品牌可信度和高品牌美誉度如何影响采购商的购买决策,也就是所谓的“资源效力(source effect)”。确实,对于复杂的工业产品或原材料来说,供应商良好的品牌形象和声誉对于采购商潜在购买决策有正面影响。更具体来讲,高品牌美誉度的供应商更有机会通过购买决策的“初试阶段”,顺利进入采购商“拟采购企业名录”(Levitt,1967)。莱维特还发现,在一个重要程度更高或风险更大的情境下,假如不同供应商提供的商品在其他方面没有显著差异,这时采购商决定购买或拒绝某一产品就会受到供应商资源可靠性的影响。因此,供应商品牌战略应聚焦于塑造积极的企业形象,让企业顾客看到供应商品牌背后所代表的“实力”。

公司形象在西方营销文献中得到了充分研究。Easton(1966)认为企业形象是建立在企业层面上的总体印象(collective impressions)。在这些印象中,一些源于客户与企业的亲身接触(personal contact),一些源于传闻(hearsay),一些源于大众媒体传播,还有部分源于不受企业所控制的心理倾向。Enis(1967)认为企业形象是个人对企业的全部感知及相互关系的总和,是顾客为便于整体思考而对企业的高度抽象与简化。在对企业现状“被动”认知的基础上,学者后来对企业形象的内涵加入了消费者“主动”期望的成分。如Pharoah(1982)指出公司形象是顾客对企业的期望、态度和感觉,Barich 和 Kotler(1991)则认为企业形象是个人或团体对企业的信念、态度及印象的总和。尽管企业形象定义的文字表述不尽相同,但仔细研究其内涵,有几点共同之处:(1)企业形象客观存在于客户的心智中,而并不能由企业完全决定和控制;(2)企业形象的来源非常广泛,可能是企业的产品或服务,也可能是企业中的某个人或是企业的某种举动;(3)从心理学视角对企业形象进行定义已成为主流,因此企业形象更多地是顾客企业对供应商企业整体的一种“感知”(Carlson,1963;Gronroos,1984),是心智“图景”或企业的“画像”(Hardy,1970),或者是关于目标企业的“联想和意义”(Martineau,1958)等。

2.2.4　品牌形象线索理论

为了合理地说明认知活动中人脑与客体相互作用直至形成与客体相符的映像或观念,认知心理学引进了“信息”的概念。朱宝荣(2004)认为,正是信息这一中介,才有可能使映像(心理映像表征)或观念(命题表征或产生式知识表征)与客体之间达成相符或一致。

从B2C相关理论来看,由于消费者的非专业性,无法从纯粹的技术角度去衡量大多数产品的质量或价值,他们只能凭借直觉去感知某种产品。因此对于个体消费者而言,他们需要运用一些非技术指标对拟购产品做出判断,这些"指标"即是线索(cue)。与此相对,在B2B市场中,企业顾客非常专业,买卖双方关系较密切,信息不对称程度降低。那么,企业顾客在购买时是否也需要依据"线索",即某些指标来做出购买决策呢?答案是肯定的。

首先,从B2B购买的产品特点来看,这些产品一般价值昂贵(特别是战略采购情境下),采购者为此需要承担巨大的购买风险,因此购买前顾客企业需要搜集大量的相关线索以供决策;其次,由于买卖双方关系密切且顾客企业对拟购商品的技术特征比较了解,因此技术性指标,即技术线索在B2B购买决策中的地位更加突出;再次,虽然买方在购买时信息相对充分,但与供应商对商品信息掌握程度相比,买卖双方之间仍然存在着一定程度的信息不对称,因此顾客企业既需要基于技术线索来判断,也需要获取非技术线索以帮助决策;第四,现实中的B2B购买决策是由"人"来完成,理性的决策者不可能通过主观臆断或冲动去判断,相反主观判断的过程需要相关信息的支持。

Brunswik等(Wolf,2005)从社会心理学角度,把线索看作是一种客观环境与主观个体相互作用的产物。他们认为,当决策者对一个未知或不确定的事物作评估判断时,常常采用、透过或参考对该决策者已知或确定的线索体系来对事物进行判断,环境的信息只有通过这一线索体系进入个人的意义框架才能得以被个人所认知。

2.2.5 B2B品牌形象的影响要素

基于B2B背景,Persson (2010)总结了6个品牌形象的维度,即品牌熟识度、产品解决方案、服务、物流、关系以及企业层面,并验证了这些维度与溢价购买之间的关系。和B2C品牌形象研究一样,企业层面与产品层面都被视为品牌形象的构成因素。作为维度研究,这无可厚非,但按照Washburn(2002)以及Yoo(2001)等学者的观点,如果我们将构成因素转化为驱动因素进行研究,则有利于从发展和演进的角度来理解问题。于是,将品牌形象的构成维度转化为前置因素对于理解B2B品牌形象的"形成机制"非常必要。同时,由于B2B品牌主要是指公司品牌,因此在B2B情境下企业层面与产品等其他层面很难被等同视之。公司品牌形象应该被视作结果变量,而产品表现、服务表现等因素应该是支撑公司品牌形象的驱动因素。现有的B2B品牌管理及公司品牌文献涉及到的前置因素有如下几个方面:

(1)产品表现。在B2B品牌管理的相关文献中,产品维度常常被概念化为企业提供的核心供给物或企业生产的物品。一些更加具体的名词如产品质量、价值、特性、创新、可靠性、证明(Proven)、一致性、绩效以及容易安装或升级(Beverland et al.,

2007；Mudambi,Doyle&Wong,1997；Kuhn,Alpert&Pope,2008；van Riel et al.，2005）都是这个维度的相关因素。在新兴领域重点提出的一个概念将产品定位于能解决顾客问题的一套方案而非物质产品本身（Vargo&Lusch,2004；Beverland et al.，2007；Ballantyne&Aitken,2007）。这种观点认为，顾客不是仅仅购买单独的产品或服务，而是为了得到解决其问题的以产品和服务捆绑形式存在的一揽子“方案（solutions）”。定制化（customization）及使用价值（value in use）也是产品维度强调的重点。

（2）服务表现。可能是由于过分关注产品的缘故，现有的B2B品牌资产文献都将服务作为核心物理供给物品的一部分加以认知。一系列专业性B2B服务类型在现有文献中得到提及，如技术支持、设计、培训、金融服务、研发支持、信息服务以及售后服务等（van Riel 等，2005；Kuhn，Alpert&Pope，2008；Mudambi，Doyle&Wong，1997）。在产品同质化倾向严重、竞争日益激烈的今天，服务变得越来越重要。从某种角度说，每一份价值都是服务的产物，每一个企业都是服务企业（Ballantyne&Aitken2007）。

（3）交付（物流）表现。交付维度的联想主要处理从流通速度到可靠性、可用性、订购便利性以及付款方式等（Wiedmann,2004；Mudambi,Doyle& Wong,1997）。其中物流的可靠性是至关重要的因素，它牵涉供应商的能力，这种能力关系着能否尽量减少客户生产线的中断成本。

（4）人员表现。对于许多B2B交易而言，买卖双方需要坐下来面对面交流，因此沟通无疑成为决定企业顾客满意度高低的重要因素。当采购的产品技术非常复杂或价值非常昂贵时，企业顾客就倾向于与供应商建立一种“增值式（value-added）”关系。企业顾客的购买决策不仅仅建立在对产品自身功能的评价上，也包括对于供应商内部人员的服务技能、态度、行为、沟通模式等方面的评价上（Gordon et al.，1993）。所有与供应商的接触都会间接地影响企业顾客对供应商品牌形象的感知以及品牌知识的积累。若供应商边界管理人员能表现出较高的技能水平，则有助于提升企业顾客对其产品和服务质量的满意度。

（5）关系表现。B2B品牌管理也非常重视关系维度。有些研究没有将其视为品牌形象的一个维度或是驱动因素，也有些研究将关系认定为品牌形象的结果（Han&Sung,2008）。Beverland 等（2007）将“信任”“适应”等概念看作品牌形象的构成要素。Persson（2010）认为，“服务维度”与“关系维度”有些相近，但服务可以是短期或交易导向的，也可能是长期导向的，而关系必须是长期导向的。

2.2.6　B2B公司品牌形象构成

与企业层面相关的联想有些非常抽象，而有些确实与企业高度相关，如历史、规模、财务稳定性、受欢迎程度、声誉、经验、网络、个性、原产地、成功与否以及可信度等

(Mudambi, Doyle&Wong, 1997; Hutton, 1997; Kim et al., 1998; Michell, King&Reast, 2001; Keller, 2000; Taylor et al., 2004; McQuiston, 2004; Creru&Brodie, 2007; Kuhn, Alpert&Pope, 2008)。公司品牌相关文献也对此做了充分研究。王海忠和赵平(2008)用"德才兼备"来概括公司形象,"才"是指公司的专有能力。Keller 和 Aaker(1992)将"专有能力(Expertise)"定义为公司生产和传递产品或服务的能力。Brown 和 Dacin(1997)也认为企业能力(corporate ability)是公司品牌的重要构成。Gurhan 和 Batra(2004)则用"创新力"来代表"才"的含义。Kotler 和 Keller(2006)把这一能力称为"专家权",并认为它是制造商处理与经销商关系时使用的重要权力;为了强化与经销商的关系,制造商需要不断开发新的专有能力。李桂华,卢宏亮,刘峰(2010)认为,购买中心成员中的专家力量大于合法性力量及信息力量,购买专家非常看重供应商的能力。总体而言,能力是公司品牌形象的重要构成之一,它体现为制造力、创新力、研发力等。

但学术界对公司形象的另一面"德"的界定却出现了很大的分歧(王海忠,赵平,2008)。Brown 和 Dacin(1997)认为企业社会责任(CSR)可以用来表征"德",即公司面对重大社会、道德、伦理问题所表现出的品行。在行为上表现为企业支持慈善事业、关注合法权益、捐助社会公益、保护环境和建设社区等。Keller 和 Aaker(1992)则用"诚信"(trustworthiness)来概括"德",即公司的诚实、可靠、对顾客需求敏感程度等。在 B2B 领域,Ganesan(1996)用"善意"(benevolence)反映制造商对零售商的"德";而 Anderson 和 Weitz(1989; 1992)则用"公平性"(fairness)反映制造商与经销商之间的相互行为品德。

本书认为,"社会责任"不是品牌形象的构成要素,它是品牌形象的驱动因素,而诚信才是品牌形象的重要构成。首先,正如王海忠和赵平所言,不同研究者选择了不同利益关系人,侧重于"德"的不同方面。从公众角度看,社会责任便是"德";从商业合作伙伴看,公平性、友善等也是"德"。Keller 和 Aaker(1998)认为,公司在社会公德(如关注环境、社区介入等)上的表现,影响它针对消费者、经销商等的具体营销行为。因此,公司社会责任不是与"才"并行的"德",而是公司品牌形象的前提变量。其次,随着企业公关营销手段的发展,社会责任更多地被认为是一种企业包装或自我宣介的手段,其目的是为了让消费者和企业顾客更加信任它,从而实现重复购买或持续合作的愿望。因此,本书接受王海忠和赵平(2008)、Keller 和 Aaker(1998)的观点,认为在 B2B 买卖关系中,"诚信"比"社会责任"更能反映其"德"。

品牌信任是在中国文化中衡量品牌关系质量的一个基本指标。何佳讯(2006)把信任定义为:消费者对品牌行为按照自己期望发生的认知和感觉程度。对于信任内涵的具体构成,可以认为中西方有一致的方面,即为诚信(含诚实和善意)和可靠两个维度(何佳讯,2006)。

van Riel(1995)认为,当人们越来越依赖(企业)形象作出主观决策时,企业建立良好的信誉就愈加重要。van Riel(1995)的论述中包括了"声誉"这个独立于"形象"的概念,尽管它们之间的逻辑关系非常紧密。B2B 购买更多地与关注财务等与企业相关的事实而非产品事实相关。因此,企业声誉管理是一个值得关注的领域,它直接关系着企业的竞争力。Hall (1992)甚至认为,在有形产品和竞争者有形资产同质化倾向明显的情况下,公司声誉等无形资产将会成为获取竞争优势的差异诉求点。

企业形象与企业声誉之间的关系一直存在争议。余明阳和刘春章(2009)认为,品牌承诺可以被认为是品牌形象,一个品牌向顾客传达了什么样的形象,就相当于做出了什么样的承诺,而品牌声誉则相当于品牌经常兑现其承诺。因此,品牌声誉是品牌形象的一致性。这种一致性表现为:(1)时间上的一致性。品牌形象在时间维度上,只有保持前后一致,品牌声誉才能建立起来;(2)空间的一致性。品牌形象必须与品牌的实际情况相一致,才能建立品牌声誉。在国外文献中,关于二者的关系,有两派观点。一派认为声誉是品牌形象的一部分。而另一派认为,形象是声誉的驱动因素。例如,Dowling (2001) 将企业声誉定义为个人对于企业形象持有的一种价值"构念(construct)"。这意味着,形象是由许多不同的印象和联想构建的,无论是积极的还是消极的,或多或少与企业的供给物或人员相关;声誉是对形象是好是坏的一个概括或摘要。因此,从 Dowling 的观点来看,公司声誉是人们头脑中的形象或价值系统的结果。这就表明,一个企业会有许多形象或声誉,因此对于一个企业而言,要实现良好的声誉就必须了解哪些主要的价值因素驱动着的声誉,虽然企业可能无法改变这些价值因素,但企业可能改变人们的观念(Dowling,2001)。这种观点恰当地解释了声誉的由来,但 Dowling 似乎忘记了,对于一个从未与某企业有过业务往来的企业顾客,他们头脑中可能不存在某种形象,但是其他人群传播的该企业的声誉却塑造了顾客头脑中的形象。因此,企业声誉只是个体对于企业的一种印象,而这种印象塑造了企业形象。总之,企业声誉是企业形象的一部分。

良好的声誉可以减少感知风险和不确定性,进而提高供应商的可信度,因此,声誉应该是"诚信"的一个表征。Dowling (2001)进一步提出,对于顾客而言,企业声誉是风险的减压器,特别是在企业顾客从未购买过某供应商产品时,或者只有买卖成交时才能评估其(通常是指服务)质量时,它可以被视为履约保证金。

总之,我们认为公司形象包括两个方面:能力和诚信。能力是指供应商生产和传递产品及服务的能力,研发能力和创新能力;诚信是供应商在企业间合作中表现出的真诚、信守承诺、公正和坦诚等。正如 Baumgarth(2007)所说,品牌承载了许多方面,既有功能、情感成分,也含有"品牌信任"的成分。本书的研究重点是企业形象,而不是具体的诚信或能力维度,因此我们将企业品牌形象作为一个整体概念进行操作化定义。

第三节　品牌资产理论

虽然品牌资产是20世纪80年代提出的最流行和最有潜在价值的营销概念之一,但不同研究出于不同目的对品牌资产的概念做出了“差异化”解释。至今,学界尚未就B2B品牌资产的概念及评估达成共识,大多数研究者认为品牌资产应该是品牌所具有的独特的市场影响力。

2.3.1　品牌资产理论概述

Keller(2003)认为,品牌是一种特殊的无形资产,要想对其价值进行识别,研究的侧重点应放在理解如何建立、测量和管理品牌资产(Brand Equity)。当下,品牌资产是理论界的研究热点,相关成果可谓汗牛充栋。

美国营销科学研究院(Marketing Science Institute, MSI)将品牌资产定义为品牌的顾客、渠道成员、母公司等对于品牌的联想和行为,这些联想和行为使产品可以获得比在没有品牌名称的条件下更多的销售额和利润,同时赋予品牌强大、持久和差别化的竞争优势。Farquhar (1989)认为品牌资产是指与没有品牌的产品相比,品牌给产品带来的超越其使用价值的附加价值或附加利益。从上述定义可以看出,有无品牌在带给企业利益方面存在差异,这种差异可以体现在市场方面(销售额),也体现在财务方面(利润)。

Aaker(1991)认为品牌资产是指与品牌、名称和标识等相关的一系列资产或负债,可以增加或减少通过产品或服务带给企业或顾客的价值。由此可见,品牌带给利益相关者的价值可以为正(资产),也可以为负(负债);品牌资产不仅能给品牌的拥有者(企业)带来价值,还可以为“顾客”带来价值。

Shocker等(1994)从两个视角界定品牌资产,从企业角度看,即有品牌产品比无品牌产品获得的超额现金流;从顾客角度看,即产品物质属性所不能解释的在效用、忠诚和形象上的差异。

总体来看,由于人们出于各自的研究目的对品牌资产的概念进行解释,因此理论界尚未就品牌资产的概念达成共识。但有些观点是可以确定的,一是品牌资产有正有负;二是品牌资产是描述品牌价值及成因的有用工具;三是品牌资产是品牌主体长期营销努力的结果;四是品牌资产可以为企业带来财务、市场等价值;五是品牌资产不仅对品牌主体,即企业有价值,也会对顾客、渠道成员、母公司等其他利益相关者产生影响。

2.3.2 B2B 品牌资产模型

与 B2C 相对成熟的品牌资产理论相比，B2B 品牌资产研究还非常薄弱，成型的品牌资产模型比较少。现有模型多是以 B2C 品牌资产模型为基础，结合 B2B 市场特征对模型进行的改进。

2.3.2.1 Mudambi 等提出的品牌价值风车(pinwheel of brand value)模型

品牌资产用来衡量品牌价值。在 B2B 营销理论中，组织购买行为(OBB)理论指出，组织/企业顾客的购买决策经常受到供应商的企业形象和声誉的影响(Kauffmann，1994)。以 OBB 理论为基础，Mudambi，Doyle 和 Wong 等人(1997)对企业顾客评价供应商企业品牌价值的相关要素进行了介绍。

Mudambi 等人将品牌带给企业顾客的价值分为四个方面：产品、支持性服务、企业及交付。每个方面又划分为“有形”和“无形”两个部分。产品是品牌价值的基础。实体性产品的有形表现包括废品率、产品使用周期等“真实”质量衡量标准。当然，生产管理者也依据一些无形或主观因素作出购买判断，如产品感觉很可靠。交付方面是经销商和终端客户都非常关注的因素，其有形方面包括准时交付或延迟交付、电子数据交换(EDI)等，无形方面包括订货的方便性、运送可靠性以及应急能力或意愿等。支持性服务包括技术支持、培训、财务支持服务等。有形方面包括服务清单、次数、服务人员数量以及财务担保范围，例如企业顾客经常希望供应商能够在研发、安装以及运用过程中给予一定的技术支持。无形方面包括服务质量、关系以及对企业顾客服务要求的理解程度等。Mudambi 等人认为，企业层面是将企业作为一个整体来看待，而不是具体的产品或服务。其潜在的假设是企业顾客喜欢与那些相对可靠的、成功的、可信任的、文化兼容的供应商合作。虽然 Mudambi 等人没有明确提出公司或企业品牌的说法，但在其确认的品牌因素中很多是与企业而非产品高度相关的。除了产品及服务以外，也存在与企业高度相关的因素，例如财务稳定性、市场份额、盈利报告等有形方面以及公司声誉、质量形象、原产地等无形方面。

作者对英国精密轴承行业的 15 家制造商、经销商和工业企业顾客进行了深度访谈。研究表明，即便是在理性和系统决策条件下，无形属性仍然会对购买决策发挥重要作用。当系统地对产品、价格、配送和服务支持进行评价和谈判后，可能各家供应商的供给物差异很小。这时，一些无形的信息，如技术经验、创新历史甚至是一些联想就会成为影响企业选择供应商的重要因素。因此，企业特征在 B2B 品牌价值塑造过程中非常重要。

除此以外，Mudambi 等人在文中提到，Gross(1994)将企业层面的品牌价值称为“关系价值”，包括技术潜力、可靠性、愉悦性以及守信度。这些价值都是在买卖双方

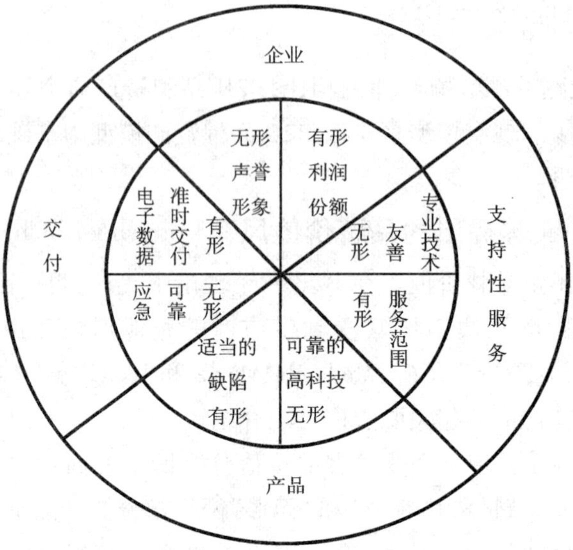

图 2.4　基于企业顾客视角的品牌价值风车模型

(资料来源:Mudambi, S. M. ,Doyle, P. ,&Wong, V. , An Exploration of Branding in Industrial Markkets, Industrial Marketing Management, 1997, 26:439.)

知识共享以及战略伙伴关系发展的基础上获得的。因此,Gross 的理念为我们从关系视角研究 B2B 品牌提供了切入点。虽然 Mudambi 等人没有直接使用品牌资产的概念,但是他们提出的基于顾客视角的品牌价值风车模型为我们梳理 B2B 品牌资产的来源奠定了坚实基础。Mudambi 等人的工作具有开创性,当然随着理论和实践的发展,该模型也存在一些局限。一是他们的研究结果似乎更加强调价格、产品质量、分销和支持性服务胜过公司的声誉,这可能与选择的行业不够典型有关(Roberts&Merrilees,2007);二是该模型没有探讨各品牌价值影响因素之间的关系,例如虽然它强调企业层面的重要性,并认为企业层面是对产品、服务层面的概括,但不同层面之间的关系没有涉及;三是该模型只是进行了探索性工作,尚需要进一步通过实证研究来判断不同因素作用力的大小。当然,该模型在中国的文化背景下是否有效还有待考证。

2.3.2.2　Van Riel 等提出的品牌资产模型

Van Riel,De Mortanges 和 Streukens(2004)在梳理 B2B 品牌理论的基础上,将 B2B 品牌资产划分为产品品牌资产和企业品牌资产两个维度,归纳了影响 B2B 品牌资产的前置因素,即产品的感知价值、产品配送效果、信息支持以及人员表现等,并构建了 B2B 品牌资产"前因"及"后果"模型,如图 2.5 所示。通过对一家拥有 1000 多个产品品牌的跨国特种化学品公司的工业顾客进行调查,对该模型进行了检验。该公司生产的产品是在电气、电子和汽车行业广泛使用的“高性能工程塑料”。为了提高该研究的“外部效度”,作者还对英国、德国、法国、比利时和荷兰等地的采购工程师进行了深度访谈。实证结果显示,产品品牌资产更多地受到客户感知价值和和产品配送效果的影响,而企业品牌资产则受到供应商的信息支持、人员表现的影响;产品品牌资产及企业品牌资产都会正向影响企业顾客的品牌忠诚意向,并且产品品牌资产也通过企业品牌资产间接影响采购商的品牌忠诚意向。深度访谈结果证实,在不同程度上,产品(product)、价格(price)、促销(promotion)、渠道(place)和人员(people)都有助于B2B品牌资产的创造。

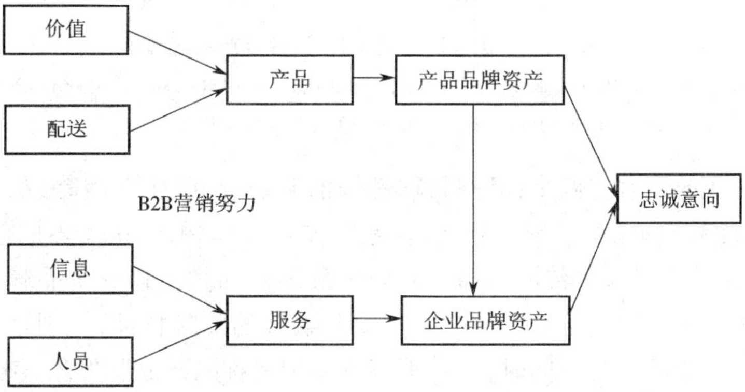

图2.5　一种测量B2B品牌资产的模型——Van Riel模型

(资料来源:Van Riel. A C R. C P de Mortanges. S Streukens Marketing antecedents of industrial brand equity:An empirical investigation in specialty chemicals 2005,34(8):841-847.)

Van Riel等提出的品牌资产模型给出了几个重要的品牌资产前置因素,同时从产品和企业两个层面来探讨品牌资产的来源,具有一定的理论价值。但该模型也存在缺陷。例如,B2B品牌资产不是单一变量,它是由多个代表不同层次的变量(四到五个)构成,且各变量间具有递进关系,将其作为一个变量出现在因果模型中存在逻辑矛盾(王毅, 2006)。

2.3.2.3　Michell等提出的品牌资产来源模型

英国利兹大学(Leeds University)商学院的Michell, King和Reast(2001)在Shipley以及Howard(1988)研究的基础上,再次验证了在B2B领域品牌化的重要性,企业可以从品牌化过程中获取很多利益,例如帮助企业获取竞争优势、获得顾客忠诚等。从总体上看,Michell等人的研究从企业顾客认知的视角出发,借鉴了B2C品牌资产研究中最为经典的阿克(Aaker)模型,并在此基础上构建了B2B品牌资产来源模型

(参见图2.6)。

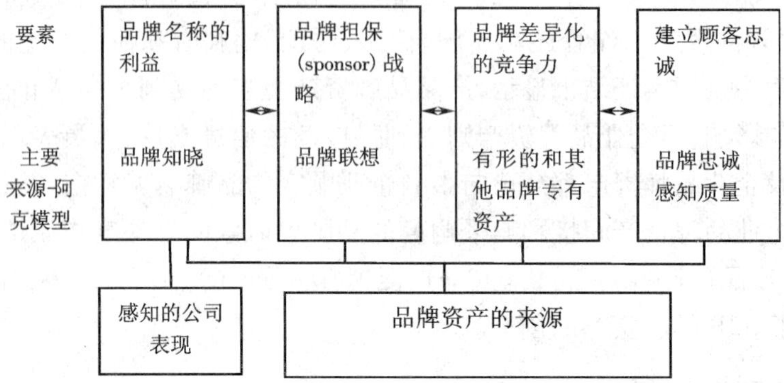

图2.6 Michell等提出的B2B品牌资产来源模型

(资料来源:Michell, P., King, J., Reast, J., Brand Values Related to Industrial Products. Industrial Marketing Management, 2001, 30 (5), 415-425.)

该模型涉及的要素有四个:品牌名称带来的利益、品牌担保战略、品牌差异化的竞争力(竞争优势)和顾客忠诚的建立(企业信誉)。品牌的内在优势是它以名称、标志、商标为杠杆进行对外宣传或传播。品牌名称的认知度是指一个品牌进入顾客头脑的能力。高品牌识别度是一个成功企业提及最多的品牌特征,特别是在顾客重复购买需要依赖先前经验时。同时,可以围绕着品牌名称构建品牌形象,塑造强大的功能性或象征性的联想,进而赋予品牌以独特性。成功的品牌也需要持续地理解品牌内在及外在的核心意义以维持一致的品牌形象。品牌联想有些与产品有关,有些则无关。具有良好品牌形象的产品在与没有品牌(generic)产品的比拼中获得优势。B2B品牌担保战略是指公司形象或声誉担保或背书。正面的品牌联想可以帮助企业获得良好声誉。Michell等人认为,在商品化市场中,使用公司品牌比产品品牌成功的可能性更大。公司品牌可以帮助供应商进入企业顾客的考虑集。

品牌化的一个重要方面是提升购买信心以及顾客忠诚。确实,当产品质量很难实现差异化时,品牌形象将在B2B购买中扮演重要角色。品牌形象可以从"资源基础观"理论加以解读,它是企业的关键性资产,可以帮助企业提高进入壁垒,难以被模仿,并且有助于延长品牌生命。与固定资产相比,无形资产,如企业声誉或知识流等更难被竞争者复制,从而具有更大的价值。公司品牌可以被视为提升公司形象、企业对客户的承诺以及品牌延伸的源泉。同时,品牌还可以保护"创新",创造一种"精神专利",还可以为企业的技术能力提供例证。最后,良好的品牌形象可以正向影响企业顾客的品牌忠诚,这与顾客企业的感知质量高度相关。顾客企业经常通过品牌来推测质量、价值、声誉等,而质量、价值、绩效以及可靠性等是供应商获取竞争优势的重要参数(parameter)。

随后,他们通过对工业企业高层经理和销售主管的调查发现,Shipley 和 Howard (1988)的研究结论再次得到确认,即工业企业可以从品牌中获得“多元”收益。除此以外,该研究还得出了如下结论:

1. B2B 制造商品牌要优于分销商品牌或无品牌;

2. B2C 品牌理论在 B2B 情境下同样适用。就像 B2C 背景下的消费者一样,企业顾客也非常注重感知质量、可识别的形象、供应商的市场领导地位以及差异化定位等。因此,这些因素是 B2B 品牌资产的主要来源要素。

3. B2B 企业认为,品牌渗透着(imbued)一些无形属性,如声誉和可信度等。这些无形属性在 B2B 情境下非常重要。

Michell 等提出的品牌资产来源模型是对阿克模型的改进,他们总结了 1990 年代前期的研究成果,并针对 B2B 营销特征提出了概念化模型。该模型初衷是验证 Shipley 和 Howard 产生于 1980 年代的研究结论。实证研究设计比较简单,只使用了描述性统计分析,通过被调查者对于一些结论性表述的平均得分(李克特打分)来进行排序,进而得出一些简单结论。同时,不同品牌资产构成维度之间究竟存在何种关系,文中并没有给出详细解释。

2.3.2.4 Kuhn 等提出的基于 B2B 情境的 CBBE 模型

来自澳大利亚格里菲斯大学和昆士兰大学的三位学者 Kuhn, Alber 和 Pope (2008)将凯勒的基于顾客的品牌资产(Customer-based Brand Equity, CBBE)模型运用到 B2B 情境中,对相关维度进行了改进,并提出 B2B 品牌非常注重企业的整体形象,包括公司品牌、可信度以及人员等。

凯勒曾经构建了一个基于顾客的品牌资产金字塔(参见图 2.7)。创建品牌资产可以分为四个步骤:品牌识别 - 品牌含义 - 品牌响应 - 品牌关系。金字塔左侧代表“理性路径”,而右侧代表“感性路径”。Kuhn 等人认为,凯勒模型似乎忽略了 B2B 支持性服务(买卖之间的良好关系)以及公司属性(市场份额、盈利能力及声誉等)。同时,B2B 营销理论认为,质量、可靠性、性能和服务是建立品牌忠诚主要因素,其中质量非常重要(Bendixen et al. , 2004; Michell et al. , 2001; Thompson et al. , 1998) ,而凯勒将这些因素放在高阶金字塔的判断模块,但由于他的研究关注的是消费者市场,从而忽略了与销售团队之间的客户关系。对于 B2B 营销者而言,销售队伍是一个重要的品牌建设工具(Abratt&Mofokeng, 2001; Lorge,1998)。企业顾客的购买选择,不仅取决于他们对产品的功能效益评估,也是对该公司的销售人员的评价(Gordon et al. , 1993; Michell et al. , 2001)。这些工作人员是企业的拥护者,他们能够以各种方式影响品牌内涵(Hogg et al. , 1998; Kennedy, 1977; Tilley, 1999)。

凯勒金字塔关注个别(产品)品牌,但 B2B 市场上销售的产品通常使用制造商标

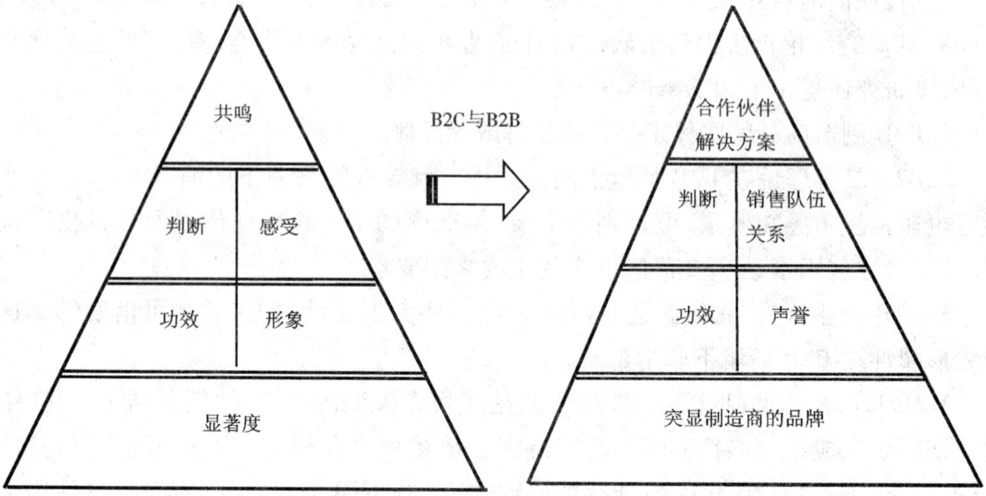

图2.7 基于顾客的B2C与B2B品牌资产金字塔

(资料来源:Kuhn, K. S. L., Albert, F &Pope N. K., An application of Keller's brand equity model in a B2B context. Qualitative Market Research: An International Journal, 2008,11(1): 40-58.)

签或混合品牌,如该公司的名称与特定的产品名称综合使用(Gordon 等, 1993; Michell 等, 2001)。这使得公司品牌成为一个重要的决策变量。但凯勒模型中与公司相关的因素只有一小部分,但它们在 B2B 营销中非常重要(Selnes, 1993; Thompson 等, 1998)。例如,Abratt(1986)发现供应商的声誉比价格更重要;Shaw 等人(1989)指出,无形的属性往往比产品的性能更重要。

品牌响应在凯勒品牌资产模型中处于第三步,它代表着在品牌联想基础上形成的品牌意见和评价。这些判断包括整体质量,信誉,考察和优势。品牌感情是顾客的情绪反应和对品牌的反应。凯勒(2003)确定了六种类型:温馨、有趣、刺激、安全、社会的认可和自尊。

这种方法反映了以顾客为中心的功能,情感和自我表现方面的品牌利益。与此相反,B2B 品牌管理特点是在企业层面上(Gylling 和 Lindberg-Repo, 2006),强调风险减压比强调自我表现更重要(Mudambi,2002)。一种减少风险和不确定性的方法是从著名的领先品牌购买产品(Mitchell,1995;Mudambi, 2002)。

品牌关系构成了品牌金字塔的的最高一级。在金字塔的顶峰,是品牌共鸣,是指客户和品牌之间的关系性质。它被描述为四个方面:行为忠诚、态度附件、社区意识以及积极参与。

顾客忠诚度产生的因素也被认为是成功塑造 B2B 品牌的关键(Michell 等, 2001)。不同于 B2C 市场,获得或流失一些客户会严重影响工业生产的“底线”。这使得品牌忠诚度尤为重要。在某种程度上讲，品牌忠诚等同于公司忠诚（Gordon 等，1993）。一个产品出现问题可能会影响经销商对供应商所有类别产品的看法。虽然，在 B2B 市场中关于是否存在态度依恋和社区意识尚缺乏深入研究，但在 B2B 市场中存在企业顾客积极参与品牌创建的证据。例如 Hutton（1997）发现，企业顾客愿意交流有关品牌，推介某品牌。他还发现，有些企业顾客存在创建和维系某种品牌关系的强烈意愿，他们愿意扩大购买同一品牌下的其他产品。

基于以上研究，Kuhn 等学者构建了适合于 B2B 情境下的品牌资产模型，如图 2.7 所示。为了评估在 B2B 情境下品牌资产模型的适用性，他们还对电子废物管理跟踪系统市场进行了研究。验证了改进后的模型适用于 B2B 情境。

国内学者卢荣，王宇露（2008）从 B2B 产品的特质及其品牌学含义出发，提出了 B2B 品牌资产的构成要素，分析了 B2B 品牌资产培育的传导模型。以此为基础，提出了创造高客户实体价值、形象价值、感知和体验、信念等四种 B2B 品牌资产的培育策略，但没有进行实证研究。

总之，与 B2C 较为丰富的品牌资产模型相比，B2B 品牌资产模型还处于摸索阶段。具体表现在：第一，对于产生于 B2C 情境下的品牌资产的概念、构成、来源以及绩效结果等方面的理解尚不充分；第二，对于 B2B 与 B2C 市场差异导致的品牌战略差异定位难说准确；第三，多是以某一行业为背景提出的理论模型，尚未找到一个普遍认同的 B2B 品牌资产模型。因此，该领域存在理论空白点，值得深入研究。

2.3.3　B2B 品牌资产构成

Brown 等人（2007）在对 B2B 与 B2C 市场差别做出详述的基础上，讨论了基于这种差异的 B2B 品牌战略。何佳讯，秦翕嫣（2008）也认为理解 B2B 与 B2C 市场异同是研究 B2B 品牌资产的基本前提。赵文（2007）将品牌资产理论与 B2B 品牌管理理论结合起来，分析了 B2B 品牌资产的主要构建维度，同时，运用定性研究方法，对提出的维度在服装辅料行业和纺织机械行业的实践进行了验证。

B2B 和 B2C 是两个不同的领域范畴，虽然 B2B 品牌与 B2C 品牌都涉及品牌，在品牌建设方面有一些相似点（Bennett，Härtel&McColl-Kennedy，2005），但差异仍然存在。二者的相同点是：无论是 B2B 品牌还是 B2C 品牌都可以帮助企业或产品塑造差异点，都追求顾客忠诚、溢价及产品延伸等品牌价值，都需要以营销努力为前提等。赵文（2007）也认为，B2B 品牌资产维度与 B2C 品牌资产维度存在“质”的相同点，都体现在品牌知名度、品牌联想、感知价值、品牌忠诚度等几个方面。因此，一些成熟的 B2C 品牌理论可以运用到 B2B 范畴中来。当然，由于 B2B 和 B2C 市场在购买规模（购买量较大）、购买心理、产品特征（价值昂贵、技术复杂）、购买过程（多人参与、理性购买）、买卖关系（非一次性交易）、营销沟通手段等方面存在差异（李桂华等，

2010),这些购买(者)特征可能成为 B2B 品牌资产发挥作用的调节性因素。赵文(2007)认为,二者最大的不同体现在驱动品牌资产的先行因素不同,进而影响到各个维度在品牌资产中发挥的作用有所不同。这些影响购买决策的不同诱因使得品牌在 B2B 市场上扮演的角色有别于 B2C 市场,需要"特色化"的理论加以诠释。若将两个领域的理论毫无转换地加以运用,则在理论和实践上都说不通(Baumgarth,2007)。

对于品牌资产来源的研究有"认知"和"关系"两个视角。前者以认知心理学为理论基础(何佳讯,2006),国内外学术界从认知视角对品牌资产开展的研究较多,特别是在 B2C 营销领域。然而,B2B 营销无法忽视"关系导向"。该视角以社会心理学为理论基础,强调买卖双方高品质的"品牌关系质量(brand relationship quality)",信任、依赖、满意、承诺等概念是其核心的构成变量。本书认为,实际上两种视角在现实中很难分开,公司品牌形象感知中就包含着"品牌信任"的成分(Baumgarth,2008),阿克模型中的"品牌忠诚"也是关系营销的追求使命,关系视角只不过是为我们认识品牌资产的构成或来源开启了一扇"新窗"或提供了一种新的解释(何佳讯, 2006);单纯地从顾客认知或买卖双方关系角度进行研究都是不完整的,将二者结合起来有助于更加全面和深刻地理解 B2B 品牌资产的构成。

2.3.3.1 认知视角的 B2B 品牌资产构成

顾客视角的品牌资产理论认为,市场由顾客构成,品牌资产实质上是一种来源于顾客的资产。而顾客的购买行为又受到其品牌心理的驱动,因此美国著名品牌专家大卫·阿克认为品牌资产之所以有价值并能为企业创造巨大利润,是因为它在顾客心中产生了广泛而高度的认知度、良好且与预期一致的产品知觉质量、强有力且正面的品牌联想关联性以及稳定的忠诚顾客。目前,品牌认知(brand awareness)、感知品牌质量(brand quality)、品牌联想(brand association)以及品牌忠诚(brand loyalty) 等四个维度已被学界广泛认可和接受(Aaker,1991; Keller,1993,1998)。因此,本书将参考这四个维度,但在 B2B 情境下,有些维度可以直接应用,而有些则存在争议,需加以调整。

品牌认知/知晓(brand awareness)是指顾客在不同条件下识别品牌的能力,反映其对品牌的了解和熟悉程度,代表了以往品牌营销努力在顾客脑海中形成的记忆。顾客的品牌认知程度可以从两个方面反映。第一是在给定产品类别、产品功能需求等条件下,顾客能否想到某品牌;第二是在顾客已知品牌名称时,顾客对品牌的了解程度。品牌认知/知晓作为顾客脑海中现存的对品牌的回忆和印象,在顾客做出购买决策时可能起到促进作用。

一些学者认为,品牌认知/知晓在 B2B 情境下十分重要。例如,Michell,King 和

Reast(2001)认为,因为企业顾客在进行购买决策时会考虑并比较潜在供应商及产品,而品牌认知/知晓可以反映在复杂条件下或存在较大时间压力时,某品牌能够被“识别”的能力(Keller,1998)。也就是说,要想创造B2B品牌资产,首先要让企业顾客感觉到企业间的品牌差异(Lai, 2010)。的确,品牌认知在买卖双方“互不相识”的情况下非常重要,但是B2B与B2C市场相比,供应商数量要少很多,企业之间的信息透明度较高(Baumgarth,2007),并且多使用公司品牌作为识别对象——与琳琅满目的产品品牌相比,企业顾客更容易识别数量“有限”的公司品牌。Baumgarth(2007)认为,在两种情境下没有“转化(transfer)”的理论是不可取的,他在构造品牌质量模型时没有考虑品牌知晓的两个维度:品牌回想(brand recall)和品牌识别(brand recognition)。因此本书认为,在产业环境中,“品牌知晓/认知”不是很重要,故本书不做考量。

Van Riel(2004)等学者认为,感知品牌质量(perceived brand quality)是顾客对品牌所代表的产品或服务的质量是否达到预期的全面感知。感知质量建立在与品牌认知相联系的产品或服务特征等因素基础上,因此即使顾客对产品品牌认知程度很高,但顾客在使用产品或服务过程中,产品功能或服务质量无法达到其预期要求,顾客就会降低对品牌的整体评价,进而无法形成品牌忠诚。因此,企业顾客对不同供应商提供的产品或服务质量形成的差异化感知会影响其对于供应商的选择。也就是说,感知品牌质量是B2B品牌资产的又一个重要“指标”(Low&Lamb,2000)。在B2B买卖过程中,价格通常被认为是影响购买决策的最重要因素,而有些学者估计,价格在最终购买决策中占70%的比重(Mudambi等,1997)。但Alvarez和Galera(2001)则认为,质量是与价格同样重要的因素。企业顾客不会只关注价格而忽视产品质量等其他因素。

品牌联想(brand associations)是顾客看到某一特定品牌时,从其记忆中引发的对于该品牌的感觉、评价和联想。Van Riel等学者(2005)提出,“品牌联想”在B2C营销领域作用明显,但若想在崇尚“理性”、多员参与的B2B购买决策中发挥作用则比较困难。但Lamons(2005)认为,品牌定位是B2B品牌建设中最为核心和基础的部分,品牌个性的作用也不可忽视,他更重视B2B品牌个性中感性的部分。从现有研究来看,是否将“品牌联想”纳入到品牌资产的构成中尚存在争议。Lai等(2010)将品牌认知与品牌联想合二为一进行研究;Van Riel等学者(2005)则直接剔除了“品牌联想”。

本书认为,“绝对理性”假设在现实中不存在。首先,购买中心是由有血有肉的“人”而非冷冰冰的“机器”构成,Anderson和Chambers(1985)在早期研究中提出,组织购买者只不过是在组织奖励的框架下实现自己的个人目标罢了;其次,采购中心成员并非一生都扮演“专业”角色,在日常生活中他们也是“消费者”,也会读书、看报、上网、看电视；再次，现实中并非所有的购买决策都可以找到“功能性”线索。Blombäck 和 Axelsson(2007)以没有任何实体产品的工程分包商为例探讨了品牌形象在分包商不同购买阶段扮演的角色。研究发现，买方需要辨别新的分包商时，企业品牌形象尤其重要。因为有限的理性和所感知的风险，购买过程只是被“部分地”正式化，除此之外，买方需要使整个购买过程合理化。分包商品牌形象的主要作用是吸引买方的兴趣并且提供关于企业能力、按时交货和资质等方面的信任。清晰的沟通，齐整的生产设备、先前的交易历史和企业网站等不同要素都有助于建立品牌形象。Aspara 和 Tikkanen(2008)在论述企业品牌比产品品牌更重要的原因时提到，企业顾客最终基于公司品牌形象/感知来评价、衡量并做出购买决策。因此，本书认为品牌联想不仅是品牌资产的构成要素，购买中心成员记忆中的品牌感觉、评价甚至是想象也会对提升 B2B 品牌资产产生重要影响。换句话说，品牌联想不仅是 B2B 品牌资产的构成要素，也是重要的驱动要素。

如上文所述，按照阿克的观点，品牌形象是感知品牌质量与品牌联想的结合。因此，我们将感知品牌质量和品牌联想合并为“品牌形象”并将该品牌资产的构成因素转化为驱动(来源)因素进行研究，有利于从发展和演进的角度来理解品牌资产的生成机制。

品牌忠诚(brand loyalty)是顾客忠实于某一品牌产品或服务的倾向或将其作为首选的意向(Yoo&Donthu,2001)。品牌忠诚可以从行为和态度两个方面加以研究。从行为角度来看，品牌忠诚表现为对某一品牌的重复性购买；从态度角度看，品牌忠诚是顾客对某品牌独特价值的非随机性承诺(Chaudhuri&Holbrook,2001)。一般来说，如果供应商通过品牌赋予其产品或企业以独特的附加价值，即在采购商心目中提升了品牌资产，那么，与无品牌或次级品牌相比，采购商就倾向于重复购买该品牌产品或将其作为首选目标(Van Riel 等,2005)。因此，品牌忠诚也是 B2B 品牌资产的最重要构成要素。虽然品牌忠诚被视为品牌资产的重要来源、维度或表征(Aaker,1991;Keller,1993)，但 Van Riel 等人(2005)认为将其看作品牌资产其他维度的期望结果更为合适，如前文图 2.5 所示。

2.3.3.2　关系视角的 B2B 品牌资产构成

(1)B2B 品牌满意

凯勒的 CBBE 模型认为，品牌态度与品牌认知、品牌联想、品牌依附(忠诚)以及品牌活动一道共同构成了品牌价值创造的五个链条。品牌态度是顾客关于品牌质量和品牌满意的总体评价(凯勒,2009)。美国整体调研公司(total research)提出了品牌资产趋势模型，认为使用者满意度、品牌认知和感知质量是测量品牌资产的三个重要指标(卢泰宏, 2002)。在 B2B 品牌资产文献中，Wang 等(2006)提出“品牌满意

(brand satisfaction)”也是B2B品牌资产的一个构成要素。Wiedmann(2004)也认为B2B品牌资产需要考虑品牌满意度。品牌满意之所以被考虑在内,是因为它影响某品牌产品或服务的增量价值(incremental value)。企业顾客在购买某品牌产品或服务时,会将产品或服务的感知质量与其期望质量进行对比,进而在主观评价的基础上形成一种心理状态。Engel等学者(1990)把品牌满意定义为顾客对所选品牌满足或超过其期望的主观评价的结果,它是顾客将期望和感知的品牌表现进行对比后的一种心理满足状态。

一般来讲,品牌满意可分为累积性品牌满意和具体交易的品牌满意。所谓累积性品牌满意是一段时间内对品牌的购买或消费经历的一个评价,它是长期的、总体性评价;特定交易的满意是指顾客对最近一次交易经历的购后评价,它针对的是短期的、特定情况下的评价。Bitner和Hubbert(1994)研究发现顾客对两个概念的理解存在差别,并发现二者对重复购买意向分别具有不同的作用,其中具体交易的满意在重复购买意向的形成过程中发挥更边缘的作用,而累积的满意对两者之间的关系起到部分中介和部分调节作用。从B2B营销具有长期合作的特点出发,本书使用的“品牌满意”的操作化定义是累积性满意。

(2)B2B品牌人情

除了“品牌满意”以外,品牌情感也是品牌态度的重要组成部分,当然这种情感与西方社会有所不同。在中国的文化背景下,人际关系的作用力非常显著。中国人在日常生活中处处讲关系、讲人情,这种“交往惯性”不可能在经济生活中没有体现。因此,要想构建适合于中国本土化情境的B2B品牌资产模型,就无法回避关系在B2B营销活动中起到的“微妙”作用(李桂华等,2010)。

人情是一种在中国社会普遍存在的文化和社会现象,会影响人与人之间的互动,深深地根植于中国人的意识中,与法律道德一起具有规范的功能。人情是一种重要的机制,是关系中影响行为的重要准则。在B2B营销过程中,由于供应商和企业顾客的数量有限,买卖双方联系更加紧密且购买频率相对较少,因此企业顾客在制定购买决策时必需顾及“朋友”“长期合作伙伴”“熟人”以及“利益相关方”的感受,供应商也会借助“关系”达成自己的销售目标。于是,在买卖双方都讲“关系”的背景下,我们必须深入中国的文化环境,寻找能够表征中国文化特色的品牌关系变量(卢宏亮和李桂华,2013)。

黄光国等人从关系双方交往的目的出发对关系进行了划分,将其分为情感性关系、工具性关系和混合性关系(黄光国,2006)。情感性关系,也叫非工具性人际关系,是人为了满足双方的情感需要或基于人的情感而建立的关系;由于人的关系的建立及关系活动也可能另有目的,比如通过关系活动谋取各种有形或无形的、政治的或经济的利益,这种为达到某种目的而建立的关系或开展的关系活动就被称为工具性关系。显然,工具性关系是为了借助对方达到某种目的而建立的关系,它具有强烈的功利性,因而这种关系基本上是短暂而不稳定的。而混合性关系则是个人最有可能以“人情”“面子”及“感情”来影响他人的人际关系范畴。这类关系的特点是交往双方彼此认识而且具有一定程度的情感关系,但其情感关系又不像原级团体那样,深厚到可以随意表现出真诚的行为。一般包括亲戚、邻居、师生、同学、同事、同乡等不同的角色关系。李桂华,卢宏亮,李剑文(2010)认为,中国社会特有的人际关系有助于特殊信任的建立。交往中人们往往会因陷入“人情困境”而依“人情法则”来处理这种关系。

人情是中国式关系的重要表征。根据 Hwang(1987)的观点,“人情”代表了一种资源,它是一个人可以呈送给他人的一种“社交礼物”,或者是人们在交往过程中需要遵循的社会规则。如果一个人不遵守人情法则,他将会因此失去“信用”,继而不仅失去“面子”,也会因其失信行为而失去更多的网络交易对象。Wang 等学者(2008)认为,“人情”可以从两个方面加以理解:互惠和移情。在低信任度的中国,即便受到低价的诱惑,人们还是喜欢与熟人或者是现有网络中的活跃分子做生意,而不愿意承担巨大风险与“外人(outsider)”交易。这说明,中国人之间的买卖转换行为并非纯粹地考虑经济因素,互惠互利也是网络内成员遵循的共同准则。有些时候,即便是短息利益受损,企业顾客也会出于人情法则延续某种购买行为。移情代表了给予利益关联方经济和情感上的支持。如果一个人可以理解,进而去迎合(喜其所喜、哀其所哀)其他人的情感反应,如高兴或悲伤,那么这个人就是“通情达理”之人。因此,移情就是从他人角度或情境来思考问题。同样,企业间移情就是从交易伙伴角度出发处理彼此关系。企业间移情力度越大,关系发展越好(Conway 和 Swift,2000)。

在中国本土化品牌资产研究中,何佳讯,卢泰宏(2007)将人际关系分类运用于品牌关系情境中,认为中国消费者对品牌的情感也存在“真有之情”和“应有之情”之分。前者是指在对品牌使用中,消费者由对品牌喜爱产生的难以控制的正面情绪反应,如高兴、愉快和乐趣等;后者是指受文化规范影响(如爱国主义,家庭和传统,场合和礼节等)而产生的义务上的感情(应有之情)。由此,消费者与品牌的关系也存在四种基本类型“家人关系”“好朋友关系”“合作伙伴关系”和“熟人关系”。

如果说品牌形象感知体现的是企业顾客对于某种品牌的“真有之情”,也就是说,与某个“德才兼备”的供应商合作会让企业顾客感到愉悦,这是一种出于内心的情感表现;那么,迫于“人情法则”而产生的品牌合作就会夹杂一些社会规范成分(卢宏亮和李桂华,2013)。而在中国文化背景下忽略这种“品牌人情”是不现实的。Wang(2008)等学者认为,若没有“人情”,企业间互动就无从谈起,关系也就终止了。因此,企业间关系的稳定性或长期导向依赖于彼此人情的交换。当“真情路径”失效时,人情路径中的移情规则会对既有关系起到“拯救(rescue)”或“起死回生(rejuvenation)”的作用。除此以外,中国情境下的企业间关系更多地是从个体层面上加以考量,这就是说,它已经超越了正规商业交换的范畴而涵盖了情感交换的成分。

总之,本书将“品牌人情”纳入到品牌资产模型中来,基于如下考虑。首先,在中国这样一个关系本位的国家,关系是一种工具,也是一种资源。拥有了这种资源的供应商品牌会在企业顾客心目中加分不少,不论是出于自发还是出于义务;其次,人情累积的“品牌资产”是企业关系投入的结果,凝结了供应商企业资源的付出。因此在其他资源禀赋没有实质差异的情况下,如果供应商得到了“面子”或享受了“熟人(或家人)”待遇,与那些没有人情往来的供应商相比,会得到更多的“福利”(Davies 等,1995);再次,品牌人情确实是一笔“账”,有欠有还,有时还很模糊,但人与人之间或企业与企业之间就是在“欠”与“还”中累积了人情资本;第四,在中国文化背景下,要想深刻理解企业顾客的品牌态度(如满意、忠诚等),也必须考虑中国文化背景下的“人情”,因为中国人喜欢从个人层面来思考“信任(信用)”问题而非局限于各种法律合约(Leung 等, 1995,1996,2005);第五,企业购买一般分为新购、修正重购和直接重购(Robinson et al,1967),一般来说,新购存在较高风险并需要投入很多精力,而直接重购只需要和熟悉的供应商打交道。因此“人情”往来在所难免;最后,企业购买涉及面较广,参与人员较多,购买中心成员并非都沿着“真情路径”实现购买决策,当供应商资质区分度不明显时,人情标准会成为影响购买决策的重要变量。因此,我们将“品牌人情”也作为驱动 B2B 品牌资产的重要前置因素纳入到模型中来。

至此,本书提出,B2B 品牌资产的构成要素包括:品牌形象、品牌人情、品牌满意和品牌忠诚。后文将详细论述这些要素之间的关系。

2.3.4　B2B 品牌资产的影响因素

如上文所述,学界对于品牌资产的构成进行了较为深入的研究,取得了丰富的研究成果。但台湾学者 Lai 等(2010)认为品牌资产前置因素的研究还非常匮乏,换句话说,与品牌资产的构成相比,学界对品牌资产的成因还知之甚少。理清 B2B 品牌资产的影响因素是理解 B2B 品牌资产构建机制的前提。

一些学者从 B2B 与 B2C 品牌资产的异同出发进行了研究,指出 B2B 品牌不仅要考虑产品的经济性和功能性特征,如产品质量、功能等,同时也要反映无形的联想,例如企业声誉、可信赖程度等(Bendixen 等,2004; Michel 等,2001)。Wiedmann(2004)通过对德国能源部门的调查,提出 B2B 品牌资产的驱动因素是产品的性能、可感知质量、价格、配送绩效等。Mudambi 等(1997)从品牌价值的角度对 B2B 品牌进行了研究,提出了获取 B2B 品牌价值的 4 个方面:产品表现、渠道(订单与配送)表现、支持服务表现、公司表现,并将这四个组成部分放入品牌价值风车模型。Van Riel 等(2005)将 B2B 品牌资产划分为产品品牌资产和企业品牌资产两个维度,归纳了影响 B2B 品牌资产的前置因素,结果显示,产品品牌资产更多地受到顾客感知价值和产品配送效果的影响,而企业品牌资产则受到供应商的信息支持、人员表现的影响,并提出了 B2B 品牌资产的提升来源于对营销组合 5P(即产品、渠道、人员、促销、价格)的投资这一著名理论。赵文(2007)提出,公司、品质、服务、来源地是 B2B 品牌资产维度中感知价值与品牌联想的先行因素,品牌元素、传播途径、轰动事件是品牌认知的先行因素,品牌忠诚是品牌认知、感知价值与品牌联想合力的结果,四个部分共同构筑了 B2B 品牌资产。

不可否认,价格一直是 B2B 交易中的关键要素。由于最初的 B2B 研究大多忽略情感因素的影响,关于顾客企业购买的传统描述都集中于经济评估及其合理化(Lynch&de Chernatony,2004)。然而,关于购买行为和过程的研究显示,价格本身在评估和选择供应商时的意义有限(Mudambi 等, 1997),它也和其他变量一样,都无法提供一个"完全合理"的解释。此后,影响 B2B 交易的更全面的视角转移到了"价值"和总成本上,其中包含了功能性关系的价值以及获得、拥有、使用和处置采购产品的非直接成本。此外,通过不同沟通渠道获取的信息以及由此形成的持续的"态度"也越来越受到重视并为更多人所接受(Lynch&de Chernatony,2004)。至此,企业声誉和形象也作为形成"态度"的重要驱动因素而受到关注(Blombäck & Axelsson, 2007)。

Gililand 和 Johnston(1997)将心理学家理查德・E・派蒂(Richard・E・Petty) 和约翰・T・卡乔鲍(John・T・Cacioppo)提出的"详尽可能性模型(Elaboration Likelihood Model, ELM)"运用到 B2B 情境下,解释了企业购买决策态度的形成路径。ELM 理论认为,态度的形成依靠两条路径,即核心(central)路径和边缘(peripheral)路径,究竟采取哪条路径与受众的动机和能力有关。当购买中心成员的动机和能力都较高时,他们趋向于遵从核心路径,关注产品价格、质量、功能等理性认知信息,并进行一系列严肃的尝试,以逻辑的方式来评价信息。当购买中心成员的动机和卷入度不高时,他们更遵从外围途径,关注背景性信息,更容易受到情感因素的影响。吸引采购经理的品牌因素可能与生产经理或工程师的关注点有很大差别。

核心路径形成的品牌态度更加强烈,不易改变且对未来的预测性更强。但这不意味着营销者仅仅关注核心路径形成的态度。有许多研究表明,边缘路径形成的态度可以左右购买行为,例如在品牌差异较小或缺乏领军品牌的情况下(Miniard, Sirdeshmukh, Innis,1992; Mackenzie&Spreng, 1992)。购买中心的存在表明,B2B 品牌不能仅仅停留在一个层面,单纯强调功能要素或情感要素,而需要将二者结合起来以更好地迎合企业顾客的品牌反应。

同样,传统理论中也提及到:产品(服务)质量、配送效率及效果都是影响 B2B 品牌资产的重要因素。但是,在产品同质化越来越严重的时代,采购商在 B2B 交易中也很难通过产品或服务质量来区分不同产品。这时,品牌形象就会起到越来越重要的作用(周雪梅,柴俊武,2008)。Pokorny (1995)认为,顾客看待品牌资产的关键首先在于建立一个持久的积极的品牌形象。品牌形象事实上是一个品牌本身或企业的个性体现,顾客可以用形容词来描述其对品牌或企业的感觉和认识。Keller(1993)则认为获得长期顾客忠诚的关键在于让顾客了解品牌,掌握更多的品牌知识。顾客对品牌知识的了解可分为多个阶段,其中第一个阶段就是品牌知名度和品牌形象。品牌资产虽然是一个财务概念,但是归根到底,品牌资产是由品牌形象驱动的(何孝德,2006)。

因此,本书将"形象"作为研究切入点,从"公司品牌形象"出发,将影响 B2B 品牌资产的前置因素整合到品牌形象线索中去,通过归纳影响 B2B 品牌形象的线索,探索影响 B2B 品牌资产的前置因素。

第四节 品牌绩效理论

品牌绩效是市场营销战略重点关注的研究领域,也是衡量企业品牌战略成功与否的重要依据。无论对于进攻型营销策略,还是对于防守型营销策略,无论对于顾客关系的稳定发展,还是对于品牌管理的有效运作,对于品牌绩效的研究都是非常重要的(马宝龙等,2009)。

2.4.1 品牌绩效概述

单纯从语言学的角度来看,绩效包含有成绩和效益的意思。用在经济管理活动方面,是指社会经济管理活动的结果和成效;用在人力资源管理方面,是指主体行为或者结果中的投入产出比;从管理学的角度看,是组织期望的结果,是组织为实现其目标而展现在不同层面上的有效输出。

关于绩效的定义,存在两种导向,"结果导向"与"行为(过程)导向"。结果性指标包括:市场占有率、品牌利润率、内部收益率等;行为(过程)指标包括:品牌认同、顾客满意、品牌忠诚等。经济学视角的绩效定义更多地倾向于"以结果为导向"。该类学者认为绩效是工作的产出结果(Hagius&Charlotte,1993)。相对行为导向而言,以结果为导向的绩效结果更容易用客观标准来衡量。相反,其缺点是过分注重结果而导致对实现方式的重视程度不够。从管理学的角度,倾向"以行为(或过程)为导向"来界定"绩效"(Kaplan&Norton,1992)。从组织的角度来说,绩效就是为实现组织目标而进行的一系列行为活动和运作过程。其实,结果与过程密不可分,对结果进行评价的同时,还需要从根源上找出影响绩效的因素。随着人们对绩效认识的加深,出现了将绩效看成是结果和行为(或过程)的辩证统一的观点,即认为绩效既可以看作是过程,也可以看成是该过程产生的结果。Binning 和 Barret(1994) 认为绩效是由行为单元和结果单元组合,结果是组织价值的体现,行为则是实现组织价值的手段。

从研究视角上看,品牌绩效研究多是站在品牌主体,即企业的角度来审视其绩效,站在顾客的角度来审视品牌绩效的研究很少。这与研究背景相关,在 B2C 情境下,由于品牌评判者是个体消费者,品牌带给他们的绩效更多地体现在满足其功能性或是情感性需要方面。对于顾客而言,消费品品牌是以成本而不是收益的形成存在的,也就是说,消费者是要为某品牌支付价格而不是通过它来营利。因此,企业或第三方不会考虑品牌给消费者带来何种经济价值,而反倒是考虑消费者对于品牌的满意或忠诚可以为企业带来哪些经济价值。消费者品牌满意以及品牌忠诚就成为企业获取品牌结果绩效(经济绩效)的中介(过程)变量。因此,基于过程(行为)的 B2C 品牌绩效研究大多停留在了"品牌忠诚"阶段。但是在 B2B 情境下,情况就不同了。由于 B2B 营销的顾客就是企业,企业(主体)视角与顾客(客体)视角在此天然地融合在了一起。若只站在供应商企业角度审视品牌绩效而忽视品牌对顾客企业的绩效影响情况,就很难透彻地理解 B2B 品牌的作用机制,只有"跨位"思考,甚至要对顾客的顾客负责,才能理解供应商品牌绩效的真谛。综上所述,本书拟将结果绩效与行为绩效结合起来,探讨若企业顾客忠诚于某品牌会对其绩效产生何种影响,即考虑"品牌忠诚"的价值究竟在哪里。

2.4.2 基于主体——供应商视角的品牌绩效理论

Hague 和 Jackson(1994)研究了 B2B 品牌的作用,认为强势的 B2B 品牌可带来 9 方面的利益:产品溢价、需求增长、竞争产品的被排斥、易于沟通、速度更快、品牌建设的可能性、顾客满意度提升、渠道网络力量的提升、特许加盟机会的增加、当公司要出售时可获得更高报价。Baumgarth(2008)将"产品""关系""品牌"等 3 个维度整合在一个模型中,证明了供应商品牌与价格(price)、忠诚(loyalty)和支持(advocate)等方面收益之间存在正相关。

Ehrenberg 等(2004),马宝龙等(2009)都对品牌绩效的一些衡量指标进行了归纳和研究,具体包括:市场份额(market share,指企业品牌销售占总体市场销售的百分比)、平均购买频次(average purchase rate,指对于所有消费者而言的平均购买频次)、渗透率(penetration,指在所有消费者中,曾经购买过某一品牌的消费者所占的比例)、购买频率(purchase frequency,指购买过某品牌的消费者对于该品牌的平均购买次数,即通常用于反映顾客忠诚度的"回头率")以及品牌品类需求份额(share of category requirements,指购买某品牌的所有消费者,他们所惠顾该品牌的次数占他们所惠顾该类所有品牌的次数的比例)等。

从现有文献来看,对品牌绩效的评价主要有三个视角,即财务视角、顾客视角和管理视角。从财务视角来看,一个好的品牌具有产生现金流的能力,可以为企业带来丰厚的财务回报。Silverman 等(1999)研究发现,金融世界(Financial World)通过复杂方法所计算的品牌资产价值与销售额数据相比几乎没有优势;而销售额在某个层次上可能是衡量品牌资产价值的有用方法。目前,虽然研究如何获取品牌财务价值的学者日益增多,但品牌价值从根本上被认为是顾客导向(customer-based)的,即品牌价值在多大程度上影响顾客企业的购买决策。Kapferer 和 Laurent(1988)在比较全球性品牌与无名的或私有品牌的研究中介绍了“品牌敏感度”的概念,以此来衡量不同购买者对品牌重要程度的感知变化。当一个购买者是品牌敏感者时,意味着品牌在推进其购买行为的心理程序方面扮演着重要角色。Blombäck(2005)也强调研究品牌及品牌化战略在采购商购买决策中的重要作用。而 Rao 和 McLaughlin(1989)则认为品牌只不过是众多影响采购者态度的要素之一。从企业管理角度看,强势品牌具有许多功能,包括有助于增强广告和促销效果,有助于销售渠道的建立,有助于屏蔽竞争对手的产品,有利于品牌延伸等。

2.4.3 品牌溢出价值——企业顾客视角的品牌绩效理论

现有研究都是站在供应商视角,强调品牌给供应商带来的绩效,而很少有研究从交换等式的另一边看待供应商品牌给企业顾客带来了什么价值。一般来说,供应商品牌对采购商的价值影响主要体现在:(1)帮助采购商增强购买决策信心;(2)帮助采购商提升企业声誉;(3)帮助采购商获取竞争优势(Michell 等,2001)。上述三方面都是供应商品牌绩效的重要体现,但从购买行为、声誉和战略方面考察供应商品牌价值,研究视角过于宏观,结论比较宽泛。在 B2B 营销领域,品牌常常被间接用来评价产品的独特性和质量,很少有研究直接考虑品牌产生的综合效应(Glynn,2007)。Hutton(1997)认为,当购买的目标产品十分复杂、需要大量服务和支持、产品采购失败的负面影响严重或者有时间或资源等条件约束时,企业顾客才会考虑购买知名名牌。Glynn 等学者(2007)在研究渠道理论时认为,制造商品牌在财务、客源和管理等方面会给经销商带来直接好处,但该研究只做了理论推演,缺乏实证支持。李桂华和卢宏亮(2010)曾以“供应商品牌溢出价值”为切入点,认为“品牌溢出价值”是指品牌价值的非自愿扩散,是一种外在经济性的体现,探讨了供应商品牌带给采购商的财务、市场和管理价值。因此,本书沿用三个视角的划分,但站在交换关系的另一端探讨:若采购商忠诚于某供应商品牌会对其财务、市场和管理绩效产生何种影响。

第五节　研究文献总结与研究定位

2.5.1　文献总结

基于上面的文献回顾,本书可以得出几个关键性结论:

(1)品牌在 B2B 情境下同样重要。

(2)产品的特点及购买情境因素决定了 B2B 品牌指向公司品牌而非产品品牌。B2B 品牌化是将公司作为一个整体,创建积极的公司形象。

(3)B2B 品牌应该传递多元价值承诺,而非仅仅表示产品功能、质量等特征。

(4)B2B 品牌在经济风险、绩效风险以及社会风险的规避方面会起到"减压器"的作用。

(5)企业顾客一般不会进行冲动性购买,但不意味着其对于不同供应商品牌不存在偏好。

(6)塑造 B2B 品牌需要考虑"参照群体(业界领袖)"的作用。

(7)B2B 品牌需要整合不同的营销传播工具,共同服务于创建 B2B 品牌形象。

(8)品牌形象是消费者头脑中与某个品牌相联系的属性集合和相关联想,是品牌感知质量与品牌联想的集合。

(9)B2B 品牌形象是指公司品牌形象,其影响因素包括:产品表现、服务表现、物流表现、人员表现和关系表现等。

(10)能力和诚信是公司品牌形象的两个构成维度。

(11)品牌资产是指与没有品牌的产品/企业相比,品牌给产品/企业带来的超越其功能价值的附加价值或附加利益。

(12)B2C 品牌资产研究非常丰富。其中,阿克和凯勒模型为品牌形象和品牌资产关系研究提供了良好平台;贝尔模型为品牌形象研究提供了可供借鉴的线索。

(13)B2B 品牌资产研究还非常薄弱。代表性的有 Mudambi 等人的品牌价值风车(pinwheel of brand value)模型、Van Riel 品牌资产模型、MKR 品牌资产来源模型及基于 B2B 情境的 CBBE 模型(Kuhn)。

(14)B2B 品牌资产的构成维度包括:品牌形象、品牌人情、品牌满意和品牌忠诚。

(15)品牌绩效可以从过程与结果、主体与客体等不同角度进行衡量。

2.5.2　现有研究存在的缺陷或不足

第一,现有研究多以西方高度发达的产业环境为背景展开,但不可否认,管理情境的差异在理论发展和验证中发挥重要作用，在发达市场经济背景下产生的理论未必适合于市场经济不成熟的发展中国家。转型阶段的中国市场需要构建本土化的B2B品牌资产理论模型加以解读，而现有研究没有作出任何理论回应。因此，构建与中国产业背景相契合的理论模型非常迫切。在西方产业环境下得出的结论是否适合中国企业还有待考察。

第二，B2B品牌管理实证研究还比较匮乏。与B2C市场领域的相关研究相比，有关B2B品牌的研究多数还停留在理论探讨阶段，尤其是对B2B品牌资产的研究更是缺少普遍认同的概念模型和丰富的实证研究成果。

第三，B2B品牌形象传播尚未形成整合的理念，理论界尚在探索B2B营销沟通的有效途径，并没有认识到所有的传播手段都是服务于品牌营销的整体目标——传播公司品牌形象。因此，有必要将整合的方法引入到B2B营销传播中来。

第四，品牌绩效多从品牌主体——企业视角展开，忽视了B2B营销交易的另一方也是企业的现实，企业客户与一般消费者不同，消费者从品牌中得到的是功能和心理收益，而企业客户需要从使用某品牌中得到财务、市场和管理利益。

第五，虽然有关品牌资产的文献积累较多，但多侧重于品牌资产量表开发及其关键维度划分上，人们对B2B情境下品牌形象、品牌资产和品牌绩效之间的关系却没有给予充分关注。另一方面，现有研究大多关注品牌资产带给企业的财务绩效或者市场绩效（顾客关系绩效），很少有研究涉猎品牌资产带给企业的管理绩效。在B2C情境下，购买某品牌产品的“买家”是以个体形式存在的，不存在忠诚于某品牌会对其自身管理有某种影响的问题；但在B2B情境下，情况就不同了，由于“买家”是以组织的形式存在的，于是采购商就不得不考虑购买某一品牌产品会对其经营管理带来何种影响。因此，本书认为“管理绩效”是B2B品牌资产引致的重要品牌绩效之一。

本书旨在弥补上述理论缺陷，通过探讨供应商品牌形象、B2B品牌资产及品牌绩效三者之间的关系，把品牌资产研究推向一个新的研究领域——B2B品牌，有助于丰富和发展现有的品牌理论。本书通过来自中国B2B企业的实际数据对所提出的理论模型进行验证，这种基于中国情境的实证分析，不仅有利于打破现有品牌资产相关研究的局限，而且有助于澄清相关品牌理论在转型国家中及特殊文化背景下的适用性。同时，有助于民族B2B企业站在买家的视角认清其品牌真正的价值所在。

总之，本书站在“企业顾客（采购商）”视角，以供应商“企业品牌形象”为着眼点，以品牌形象、品牌人情、品牌满意、品牌忠诚作为B2B品牌资产的构成要素，以市场绩效、财务绩效和管理绩效为B2B品牌绩效的三个维度，构建中国本土化的B2B品牌资产理论模型，探讨B2B品牌资产的生成机制及对绩效的影响，期待对指导B2B营销实践及丰富B2B品牌资产理论做出贡献。

2.5.3 本书的研究定位

第一,购买情境定位。购买的感知价值很大程度上依赖于情境因素,品牌角色会随着情境的变化而变化。从购买类型来看,Hill 和 Hiller(1977)提出,B2B 购买可分为四类:常规性购买(购买很频繁,且其使用和相关程序没问题的产品)、有程序问题的购买(产品本身没问题,但使用者需经特别培训或产品需调整以适应使用环境)、有使用问题的购买(产品本身是新的,需研究如何才能最好地使用)、战略性购买(高成本商品或涉及组织多部门的商品或对组织有重大影响的商品)。本书认为,不同类型的购买对企业的价值不同,一般来说,常规性购买的产品多为易耗品,价值较小,采购商的品牌关注度及卷入度较低;战略性购买涉及的标的物价值昂贵且对组织的影响重大,采购商投入的时间精力较多,品牌关注度也相对较高。因此,本书聚焦于战略性购买类型展开相关研究。

第二,顾客视角定位。在 B2B 营销相关文献中,基于顾客的品牌资产理念倍受推崇。例如,Mudambi 等人(1997)认为 B2B 品牌资产应该从企业顾客的角度加以概括和衡量;同样,Lassar 等人(1995)及 Wood(2000)都认为,基于企业顾客的视角为 B2B 品牌资产的评价提供了一个好的起点(a good starting point)。因此,本书沿用已为多数学者所接受的、可操作的顾客视角,将 B2B 品牌资产视为供应商品牌带给企业顾客的超越产品(服务)功能的附加价值,来揭示品牌资产财务价值背后的本质驱动因素。

第三,过程方法定位。企业的购买决策要经历一个过程。按照美国学者赖特的观点,B2B 市场决策需要经历准备期、问题识别、信息搜集、选择性评估、书面投标、谈判、偏好的购买者形象、试用、选择及购买前评估等阶段(Wright,胡左浩,杨志林译,2006)。总体来看,我们可以将这些阶段整合为三个部分:搜寻(形成考虑集)、评价(判断优劣)和选择(决定买或不买)。本书认为,品牌形象在不同的购买阶段的作用是存在差别的,单就购买决策的最后一个阶段,即"选择"很难精确地判断出品牌形象的作用,只有放在决策的过程中才可以发现其中的"蛛丝马迹"。另外,B2B 品牌资产的实现本身就是一个累积过程,这就需要认清 B2B 品牌资产的实现路径包括哪些?企业顾客对供应商品牌的刺激 - 反应过程如何表现?供应商品牌的价值生成机制是什么?这些问题的解决都需要基于过程的视角,因此本书做以尝试,例如将 B2B 品牌资产的构成因素转化为驱动因素,目的是从发展演进的角度透视 B2B 品牌资产的累积过程。

第四,整体形象定位。Van Riel(1995)认为,形象是一个事物在脑海中的代表性。它影响态度,反过来又影响行为。任何一家公司都不能忽视形象。公司的形象,无论是自觉地创建或不自觉地创建,也不论企业是否愿意,都必然会影响与之开展业务的人们。Van Riel 的论述指出了一个事实,即所有组织,无论其积极或消极地规划或推行公司(或品牌)的身份,它都会获得一个形象。因此,公司形象可能是潜移默化的,但不论如何,它仍然具有形象。Van Riel (1995) 也进一步指出了形象对于不同组织在重要性上的差别,并提出所有组织都需要重视其形象对于接收者行为的影响。因此,无论是 Mudambi(2002)所谓的"高度有形化"企业、"品牌导向型"企业还是"低利润型"企业,都存在企业的品牌形象,只不过是形象有差异罢了。

总之,上述定位可以消除"品牌化并非对所有企业、所有顾客或所有购买情境都同等重要(Mudambi,2002)"的疑虑。

第三章 中国本土化 B2B 品牌资产模型构建

第二章围绕研究主题进行了文献梳理与评述,烘托出了本书所依据的理论情境和知识基础,明晰了现有研究的薄弱点及本书需要探求的重点问题。在此基础上,本章旨在构建适合中国产业环境的 B2B 品牌资产前置因素及绩效结果模型。该模型共分为三个“子模型”,公司品牌形象线索子模型、B2B 品牌资产来源子模型及 B2B 品牌资产溢出价值模型。接下来将分别阐释三个子模型的变量构成及构建机制,最终整合为中国本土化的 B2B 品牌资产整体理论模型,并提出相关研究假设。

第一节 模型构建的理论依据及构建机理

任何模型的构建都不能主观臆断,必须有坚实的理论作支撑。本书以营销学的“态度 - 行为”研究范式为基础,运用整合营销方法以及 B2B 营销中的品牌价值链条理论来构建理论模型。

3.1.1 “态度—行为”研究范式

从 20 世纪 50 - 60 年代开始,心理学逐步被运用到 B2B 营销管理及营销沟通中来,“态度决定行为”的研究范式就一直是营销学者研究的“信条(devise)”(Blombäck,2005)。根据 Schultz(2001)的观点,这种理念最初是在 Lavidge 和 Steiner(1961)提出的“效果层级模型(hierarchy of effects approach)”中被提及,他们认为顾客会从一无所知开始,需要爬升六个阶段而达到购买,即顾客的购买决策需要经历一个“学习 - 感受 - 行动”的过程。这个过程首先要以“知晓/认知(awareness)”为前提,然后通过渐进学习过程转换为确定的态度,最终导致确定的行为。同时,沟通是指导顾客购买行为的有力工具。图 3.1 是基于广告视角的营销沟通示意图,它可以很好地解释该范式。

当下,在双向和交互式沟通日益受到重视的情况下,该模型备受争议,原因是过于简化并且是单向沟通过程。但这并不意味着它已经过时了,单就反映接受者内部心理过程而言,它仍然是一个很好的模型,并且它没有否定其他心理过程的发生。Schultz(2001)认为,许多分析和评价品牌价值的模型是基于“态度 - 行为”理念的。虽然那时提出的理念主要关注快速消费品,但这给我们提供了一种可选择的思路,即

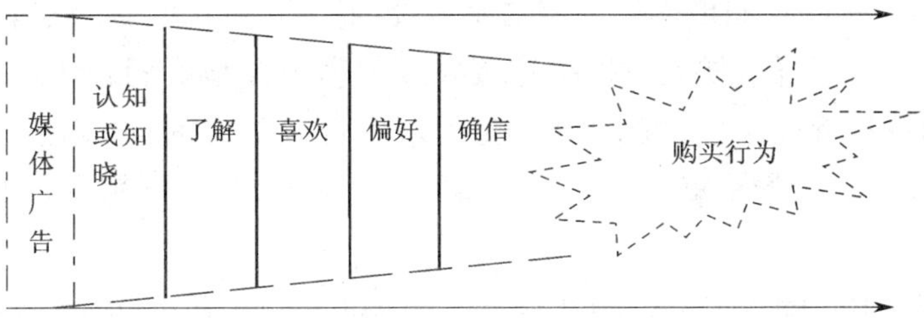

图 3.1　基于广告的营销沟通示意图

把"态度－行为"模式运用到 B2B 企业层面的营销沟通和品牌管理范畴中来。

Gadde 和 Hakansson(1993)认为,B2B 市场需要和使用的信息因所购产品类型、参与购买决策人数以及所需信息的复杂程度而异。同时,在不同的购买阶段,决策者使用的信息也存在差别。他们提出,B2B 购买涉及的信息有三类:管理信息(administrative information)、商业信息(commercial information)和技术信息(technical information)。Ford 等人(2002)在此基础上提出,管理信息如查询、供给、交货通知及发票等,只是交易时必须使用的信息;技术性信息在初始评价(initial evaluation)阶段很重要,因为它反映了交互活动如何发挥作用以及哪些资源有用;商业信息是当买家需要持续地评价和识别现实或潜在供应商时所必须的信息。Ford 强调说,供应商的某些方面能力不可能被精确评价,除非生意开始。这说明,评价供应商的执行能力对于营销者来说是非常困难的事情。

Wind 和 Thomas(1980)归纳了早期的研究成果并发现,人员接触在 B2B 条件下非常重要,特别是在最终购买阶段,而广告运用对于买家的认知或知晓非常重要。这提醒我们,每一种信息本身不太可能说服企业顾客去购买,但沟通应在不同购买决策阶段发挥作用。因此,"态度－行为"理念在 B2B 情境下同样适用,因为企业顾客会随着购买决策阶段的不同而考虑不同因素或信息。

鉴于 B2B 产品的复杂性,许多因素都会成为评价的对象。Morris 等(2001)提出,营业推广、广告和公关在 B2B 情境下都起到支持性作用,人员推销在促进销售方面扮演主要角色。他们认为,虽然每种支持性沟通工具也很重要,但没有一种可以单独使用来促进销售。但是与其他学者的观点一样,Morris 在谈及 B2B 广告时也认为,B2B 广告不能仅仅展示产品的技术信息,还可以展示一些企业信息以树立良好的企业形象。

从 Morris 的论述中,我们可以看出,他似乎有意避开某些讨论,或者说,他们并没有说清楚各种支持性沟通手段究竟起到了怎样的"支持"作用。例如 Morris 等人在文章中曾经提到“广告在此情境(B2B)下可能扮演一个不同的角色而超出了效率问题”。Blombäck 则认为,如果一种营销沟通手段,如广告可以起到吸引企业顾客注意的作用,而另外一种手段,如人员推销直接导致顾客选择与我们合作。那么,我们会因为人员促销更接近决策阶段的后期(选择),广告只是在前期(信息搜寻)起到作用,而说人员促销比广告更重要吗?很显然不能,因为这只是作用方向不同而非效率问题。

同样,Patti, Hartley 和 Kennedy(1991)也探讨了广告在不同采购阶段发挥的不同作用并提出,我们应该铭记广告的目的,它可以在采购决策的前期帮助企业顾客意识到某企业或者对某企业及其产品感兴趣。具体而言,在搜寻阶段,可以帮助企业成为潜在的供应者;在评价阶段,广告的作用会聚焦于企业顾客的感知价值,向企业顾客传递着“可信”“可靠”等信号。Fill(2002)则强调,营销沟通是建立企业间关系的核心,通过营销沟通,B2B 信任可以被建立起来,而信任是 B2B 关系的核心变量。

与不同类型及不同来源的信息有关,Sherlock(1991)提出了所谓的“有价值的形象(valuing image)”概念,即用来表征顾客与企业接触后在其头脑中留存的印记,这个概念类似于心理学中的“首因效应”或服务中的“关键时刻”。这种印象可能来源于一次企业成员间的通话、一个广告或是一本宣传册。Sherlock 并没有否认营销沟通或其他事物对“有价值的形象”的影响,甚至还强调,开始时一个有价值的形象可能是在幻想(fantasy)中产生,但是随着接触的频率增多,这种形象会趋于现实。总之,Sherlock 的观点认为,虽然有价值的形象在购买决策之前就已经存在,它仍然会对购买决策产生影响,即便在决策阶段后期客户会通过技术数据做出理性修正(rationalize)。当然,这种观点没有实证支持,如果其成立,则证明了营销沟通(无论采取哪种形式)在 B2B 营销中的重要性,而这一问题尚未在 B2B 营销的相关文献中充分证实。从这个角度来讲,各种营销沟通手段不只是为了引起顾客知晓或认知,而在于创建某种形象。只有积极的品牌形象信息才能引致客户的积极反应,实现品牌忠诚,提升 B2B 品牌资产。

3.1.2 “整合营销”方法

从 20 世纪 90 年代,营销沟通步入了整合化时代。整合营销(integrated marketing)的主要理念是:广告、人员促销、公关、会展等都是营销沟通的一部分,如何将这些手段协同在一起,共同指向在顾客心目中创建一个统一的形象尤为重要。也就是说,无论采取何种中介进行沟通,传递的信息必须是一致的(Fill,1999;Duncan,2002)。而“品牌”则是传递企业一致性形象的最好载体。如上文所述,B2B 营销更加强调企业品牌,因此企业品牌形象在传递企业信息方面起到核心作用。

在 B2B 营销中,整合理念考虑的一个重要主题就是如何与企业顾客进行沟通。

由于企业顾客数量与消费者市场相比较少,且买卖双方关系比较紧密,使得企业顾客和供应商企业品牌之间有更多的"接触点"。因此,凡是能够将企业品牌信息传递给企业顾客或对企业顾客的购买产生影响的一切要素都应视作营销沟通的媒介或手段。在整合营销沟通过程中,企业顾客处于核心地位,供应商品牌形象的侧重点应该从客户头脑中的印象识别出来。整合营销传播的核心是以企业顾客的价值为导向,并与那些有价值的客户保持长期关系。

Aberg(1990)提出,企业内的所有营销沟通手段都需要整合在一起,形成一个"总体沟通(total communication)"。这种总体沟通将有如下功能:

(1)支持企业内部和外部的核心业务(调节);

(2)塑造企业或产品导向(说服);

(3)告知内部及外部客户(通知);

(4)将个体社会化为组织公民(整合)。

本书将在品牌形象层整合"公司形象"的来源线索,进而为 B2B 企业塑造完整的公司形象提供"抓手"。

3.1.3　品牌价值链条理论

要想研究 B2B 品牌资产的生成机制及绩效结果,需要有一个宽阔的研究视野。Keller&Lehmann(2003)提出了一种评价品牌资产来源和结果的结构化方法——品牌价值链条(brand value chain)。品牌价值链条将价值创造过程分为三个阶段:项目增值阶段—顾客增值阶段—市场增值阶段。该理论的前提是品牌价值源于客户的心智,客户头脑中的思想、情感、经历、形象、感知、观念等都会影响品牌价值的创造。

在 B2B 品牌资产管理文献中,Persson(2010)认为,品牌资产的概念正在发生着变化,由过去明确关注从品牌中提取有形的经济价值到如今发展成为一个品牌资产"链条",这个链条包括三个环节:品牌形象、品牌强度及品牌价值(相关结论可以参看 Srivastava&Shock, 1991; Feldwick, 1996; Keller&Lehaman, 2003; Kaperer, 2004)。一种明显的因果关系原则表明:目标客户如何看待一个品牌的具体属性将影响他们对市面品牌的全方位评价以及行为反应,进而影响品牌价值的实现。Person 等人提出的品牌资产链条理论为我们分析 B2B 品牌资产结构提供了清晰的思路。遗憾的是,最后一个环节局限在了品牌带给品牌拥有者的价值,而没有放到一个更加广泛的范畴中去探讨品牌带给客户或其他利益相关方何种价值。本书将继续延伸该"链条"以体现供应商品牌在全产业链上的价值。

基于以上三种思想,本书将概念模型划分为三个部分(层次):品牌形象层、品牌资产层及品牌绩效层。三个层次之间由两个关键变量——公司品牌形象和品牌忠诚来连接,三个层次之间的关系如图 3.3 所示。我们将在本章余下内容中详细论述三

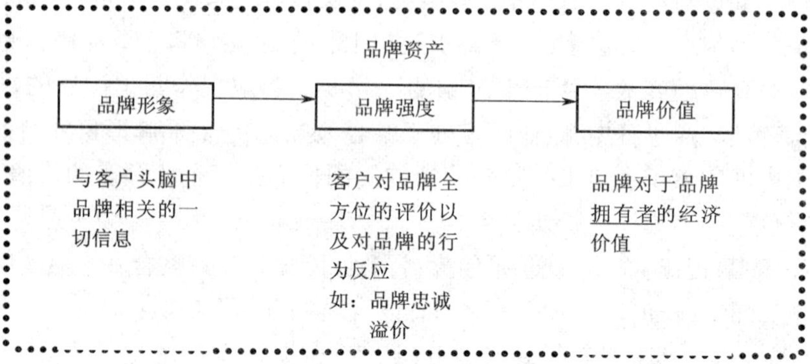

图 3.2　品牌价值链条

(资料来源:Persson, N. ,An Exploratory Investigation of the Elements of B2B Brand Image and its Relationship to Price Premium [J]. Industrial Marketing Management,2010,(39):1269 - 1277.)

个层级内不同变量之间的关系。

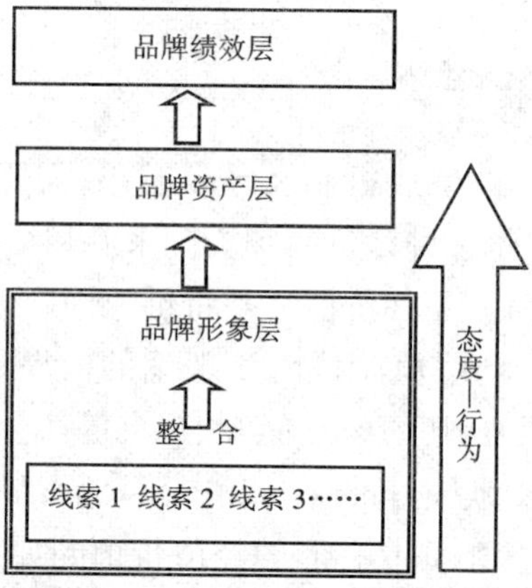

图 3.3　B2B 品牌三层次示意图

(资料来源:本书自制)

3.1.4　构建机理

3.1.4.1　将品牌资产的构成因素转化为驱动因素

营销学中的许多概念都经历了认识逐步深化的过程,例如顾客满意,最初学者们多从偏差(disconfirmation)的角度来界定顾客满意。后来,偏差被视作满意的先行驱动因素。此外,虽然最初把满意视同于情感,但最后情感也被视作满意的另外一个先行驱动因素。关于服务质量的研究也大致经历了这样的过程(王永贵,2002)。在对品牌资产的研究中,Washburn(2002)和 Yoo(2001)等也建议将品牌资产的关键维度视作先行驱动因素,这样有利于从动态角度理解品牌资产的发展和演进。这种思路为研究品牌资产的形成机理提供了条件。类似的研究在 van Riel 等学者(2005)提出的 B2B 品牌资产模型中也有体现,详见图 2.5,在此不再赘言。因此,本书将 B2B 品牌资产的“静态”构成维度转化为“动态”驱动要素,即前置因素加以研究。

3.1.4.2　驱动要素之间的关系梳理

van Riel 等学者(2005)在构建 B2B 品牌资产模型时,认为品牌认知、感知质量、品牌忠诚等变量之间不是完全独立的,相互之间存在关联。这种关联体现在:企业顾客也会经历从认知到感知,由实际感知到与预期进行对比,由对比形成偏好(满意),再由偏好到达态度形成(忠诚)的过程。因此,考虑不同驱动因素之间的关系虽然加重了模型的整体负担,但对于理解 B2B 品牌资产的形成阶段及构成机理(机制和原理)非常必要。

另外,品牌忠诚是偏好性行为的结果变量,相对于满意、质量感知而言,其状态更加稳定,对企业顾客的绩效层影响更加直接。而品牌形象、品牌满意等变量都处于 B2B 品牌价值链条的某个环节,都需要最终转化为品牌忠诚才能对绩效产生影响。这也符合产业经济学理论中的 S-C-P 经典范式,即结构(Structure)决定行为(Conduct),行为决定绩效(Performance)①。许多研究虽然将品牌忠诚视为品牌资产的重要来源、维度(Aaker,1991;Keller,1993,1998),但本书将其看作 B2B 品牌资产在“行为阶段”的期望结果,并将其与绩效层进行直接“捆绑”更加适合。

接下来,本书将对上文所述的三个层次进行细化,用三个子模型加以描述,并呈现不同前置因素之间的关系,详见图 3.4。

第二节　公司品牌形象感知线索的探索性研究

本节将使用网络民族志和深度访谈的方法,探索在中国的 B2B 管理实践中,影响公司品牌形象的因素都包括哪些,从而为品牌资产与品牌绩效模型的构建打下基础。

3.2.1　营销沟通工具:B2B 品牌形象

如上文所述,从早期的 B2B 营销研究中可知,企业顾客非常看重产品、质量、交付以及关系等方面,品牌形象没有受到足够重视。一些宏观因素改变了这种观念。首先,B2B 营销者需要“全球化”运作,因此,从事企业品牌形象管理可以帮助其获得

---

① SCP 范式是 20 世纪 30 – 50 年代以梅森(E. S. Mason)和贝恩(J. S. Bain)为代表的哈佛学派提出的产业组织理论基本分析框架。迈克尔·波特的战略理论也受到该研究框架的影响。

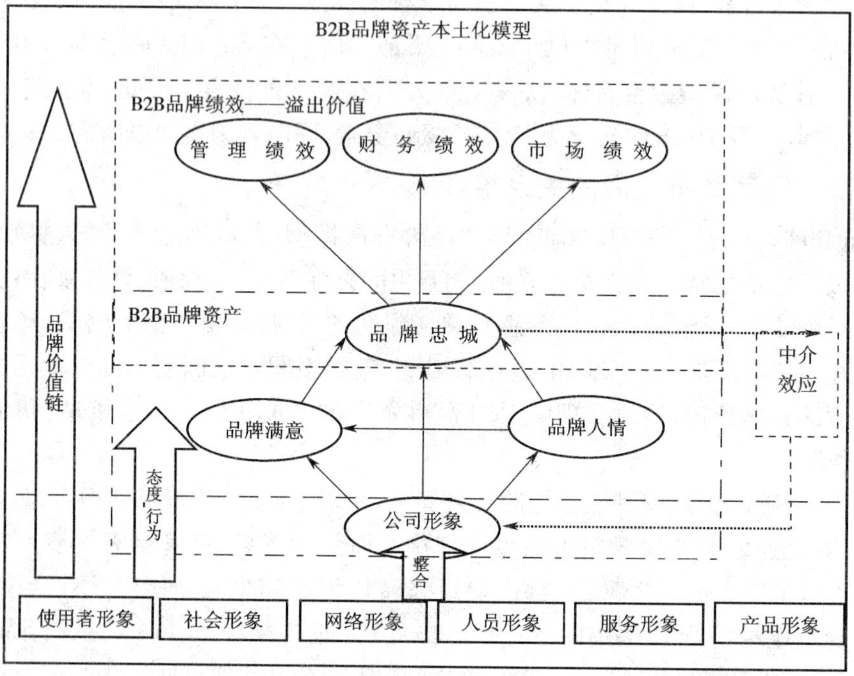

图 3.4　研究框架模型

（资料来源：本书自制）

管理效率；其次，虽然价格、质量和交付等是影响企业顾客购买决策的重要因素，但这些方面已经为业界所熟知。供应商要想寻找差异点就必须转向更加无形的因素，如声誉、创新、服务以及战略性建议等。而这些因素都需要在“企业品牌伞”的庇护下才能发挥作用；再次，B2B 业务庞大的运作规模及广泛的社会影响需要企业更加娴熟地管理竞争性利益相关者的利益。因此，企业声誉和企业形象在应对全球性资源配置、新工厂建立、收购、市场准入、可持续发展以及资源使用等问题时就变得非常关键。

最新研究表明，品牌形象影响企业顾客对产品及服务质量的感知，进而影响企业顾客的价值感知（Cretu 和 Brodie，2007），因此，虽然组织系统确实可以支撑企业购买者的理性化决策，但很显然，就像消费者一样，企业顾客做出购买决策除了基于功能利益外，也会考虑情感利益甚至是自我表现利益（例如个人满意度或专业满意度）（Lindgreen，Beverland，Farrelly，2010）。

Heide 和 Weiss（1995）将企业购买决策行为划分为两部分，一是购买决策，即是否购买；二是选择决策。在选择决策的初始阶段，企业顾客会考虑所有适合的潜在卖家，然后缩小拟合作企业范围，即考虑少数几家供应商。此时，购买中心成员对不同供应商的偏好就会对整个购买决策产生影响。而形象良好的品牌所代表的一些无形要素，例如风险较小、不必向购买中心过多解释购买理由或不必花费过多精力进行判别等就会起到决定性作用。

3.2.2　B2B 品牌形象线索研究的必要性

B2B 品牌形象的感知线索都包括哪些呢？换句话说，企业顾客需要从哪些方面来评价公司形象呢？本书已在占有大量中外文献的基础上，对其进行了梳理、总结，理清了影响供应商企业品牌形象的"部分"前置因素（如第二章第二节所述），例如产品表现、服务表现、交付表现、人员表现及关系表现等。但不可回避的是，现有的外文文献多是针对西方的产业背景展开的研究，完全针对中国产业环境的研究可谓少之又少。适用于西方成熟产业环境的形象线索未必适合转型时期的中国，不同文化背景下人们的认知也会有很大差别。因此，这些线索的适用性需要甄别；其次，已经概括的这些线索是否能够充分解释我国企业顾客的关键诉求，是否遗漏了一些关键线索。因此，这些线索的充分性也需要考察；再次，从企业品牌管理的角度来看，供应商往往关注的是形象因素的有序性，也就是说各种线索的权重先后。但目前国内的 B2B 品牌形象研究不多，实证研究更是缺乏，在如何排列影响企业品牌形象的因素方面存在混乱。因此，线索的有序性也值得研究。

3.2.3　B2B 品牌形象线索研究方法概述

在 B2B 营销领域，由于受到企业顾客数量有限、专业人员较难接触等现实条件限制，信息搜集困难一直是困扰该领域研究的技术性难题。有鉴于此，本书准备采用"网络民族志"的研究方法，对互联网上针对供应商的评论进行内容分析，得到有关采购商对供应商企业形象的感知线索，归纳影响供应商企业品牌形象的要素及特征。并将其与文献资料信息（文献回顾）和企业专业人员提供的信息（访谈）进行对比。采用多种证据来源若能够在相互交叉验证下得出相同结论，形成验证三角（证据三角形，triangulation），则可以提高本书的信度。

采购人员发布在网络上的反馈信息对于研究供应商企业形象线索非常有效，因为这些信息能够帮助供应商企业管理者认识不足和巩固优势。虽然顾客的评论不能完全反映他们全部的体验，但他们确实强调了最关注的方面和详细的要素（Yang 和 Peterson，2002；Yang 等人.，2001）。因此对企业顾客发布的评论及建议进行分析，对于拓展 B2B 品牌形象线索体系的宽度非常有效。

本书采用的第一种探索性研究方法为"网络民族志（netnography）"，即应用研究网络社区的民族志方法（ethnography）对网络上的企业顾客进行定性分析。它使用了网络论坛上公开有效的信息来识别影响相关购买群体的需求和决策因素（Kozinets，

2002)。网络内容分析是“网络民族志”的一部分,因为它是基于网络上的购买者所创造的内容,与传统方法所得到的内容相比(比如焦点小组访谈和深度访谈),网络民族志花费更少的成本和时间,更及时、自然和仔细。

“网络民族志”的局限性是它过于狭窄,只关注网络社区,需要研究者更多的解释技巧,在网络环境中资料提供者缺乏鉴别,这导致了概括网络社区样本的难度。

本书使用的第二种探索性研究方法是访谈法。访谈法(interview)是通过访员和受访人面对面地交谈来了解受访人的心理和行为的心理学基本书方法。因研究问题的性质、目的或对象的不同,访谈法具有不同的形式。根据访谈进程的标准化程度,可将它分为结构型(structured)访谈、半结构型(semi-structured)和非结构(unstructured)型访谈。结构型访谈是按定向的标准程序进行;非结构型访谈是指没有定向标准化程序的自由交谈,而半结构型访谈处于两者之间,或者说吸收了两者的优点。根据访谈人数,又可以划分为个人访谈和集体访谈。访谈法运用面广,能够简单而迅速地收集多方面的分析资料,因而深受人们的青睐。

B2B品牌形象线索以及关系研究是一项探索性工作,因此本书采取半结构型访谈。这样既可以控制访谈方向,又不束缚受访者思维,进而可以了解采购人员对于供应商品牌形象的真实感受。由于采购人员地区较分散,无法聚集到一个地方统一进行集体访谈,因此本书采用个体深度访谈的方法。

使用这两种研究方法的目的是:

(1)与文献资料法形成三角验证;

(2)最大限度地搜集B2B品牌形象线索;

(3)初步发现不同线索的作用力度,即线索排序;

(4)探索不同线索发挥作用的深层次原因;

(5)获取的结果可以用于编制调查问卷。

3.2.4　基于网络民族志的B2B品牌形象线索搜集

3.2.4.1　样本选取

目前,我国的B2B网站发展迅速,业务量迅猛发展。根据最新的统计排名,最大的50家B2B网站如表3.1所示。其中,阿里巴巴是当之无愧的业界领袖,无论是用户覆盖数、还是日均访问数都高居榜首。除此之外,慧聪网、马可波罗网、中国制造网等B2B商务平台也具有一定规模。

表 3.1　中国 B2B 网站汇总表

排名	名称	用户覆盖数	用户日均访问页面	访问量指数
1	阿里巴巴	10 240	11.33	116 019
2	慧聪网	2 090	5.45	11 390
3	马可波罗网	1 180	4.42	5 215
4	中国制造网	1 170	5.45	6 376
5	企博网	670	6.4	4 288
6	环球经贸网	550	4.3	2 365
7	一大把	510	8.2	4 181
8	中国供应商	430	5.1	2 192
9	环球资源企业网	420	6.1	2 561
10	自助贸易	390	5.2	2 027
11	八方资源网	350	3.8	1 329
12	同程网 B2B	318	2.56	814
13	百纳网	295	4.4	1 298
14	勤加缘网	285	9.8	2 793
15	一比多	265	14.4	3 815
16	行业中国	263	4.5	1 183
17	007 商务网	255	1.94	494
18	中国网库	246	8.9	2 189
19	食品商务网	242	6.4	1 548
20	商机网	242	13.4	3 242
21	全球五金网	227	4.7	1 066
22	Mysteel	206	7.3	1503
23	电商网	190	8.7	1 652
24	沱沱网中文站	190	2.8	531
25	efu.com.cn	181	4.5	814
26	KNET	177	5.8	1 026
27	万通商联	173	1.78	307
28	环球鞋网	167	15	2 505
29	中国制造交易网	159	16.3	2 591
30	中国建材网	151	6.4	966
31	商虎中国	151	2.7	407
32	66 网	143	14.8	2 116
33	中国国际电子商务网	139	5.3	736
34	eBay	137	5.8	794
35	亿邦动力	131	2.9	379
36	金银岛	125	10.1	1 262
37	万国商业网	123	3.2	393
38	诚商网	121	19	2 299
39	中国化工网	118	3.3	389
40	中国国际海运网	116	6	696
41	锦程物流网	98	5	490
42	中国采购与招标网	96	15.4	1 478
43	无忧交易	95	3.2	304
44	中国建材第一网	93	15.3	1 422

续表

排名	名称	用户覆盖数	用户日均访问页面	访问量指数
45	中华广告网	80	3	240
46	中华工控网	80	3.5	280
47	中国机械网	78	4.1	319
48	买麦网	59	3.9	230
49	铭万网	55	1.5	82
50	新品快播网	50	14	700

(资料来源:http://www.iwebchoice.com/Html/Class_72.shtml)

在众多B2B网站中选取合适的网站样本和评价对象是网络内容分析的重要环节。首先,筛选发布评价信息的网站。通过两大中文搜索引擎(Google和百度),我们集中观察了几个突出的可以提供采购商发布评论信息的网站。筛选网站基于以下几个标准:网站有专门为B2B采购人员提供评论的模块(如阿里巴巴等B2B网站);评论的发布者必须是有采购经验人员(从帖子内容的专业性进行分析);采购人员发布在该网站的信息量("发贴量""跟贴量")要大;允许发布关于供应商的正向和负向的评论;采购人员的评论是公开的,并且可以免费浏览。根据以上标准,本书筛选出了几个适合本书的网站,详见表3.2。

表3.2　网络内容分析选用网站

网站名称	网站域名	网站类型	网站特点
阿里巴巴网	alibaba.com	B2B	中国最大B2B网站,内容全面,信息量大。
百纳网	ic98.com	B2B/B2C	全球领先的电子商务互动平台,中国企业最受欢迎的五大B2B电子商务平台之一。
慧聪网	hc360.com	B2B	国内领先的B2B电子商务服务提供商。
中国制造交易网	china-china.biz	B2B	制造交易网是全国领先的网上交易市场和商人社区。
一大把	yidaba.com	B2B	是企业人士获取资讯和经验交流的网络商圈。
一比多	ebdoor.com	B2B	国内全程电子商务服务平台中最大的"整合网络营销型"B2B电子商务服务企业。

(资料来源:根据网络资料整理而成)

接下来,我们要选择合适的评价对象。如上文所述,本书的关注重点是对企业顾客影响较大的战略性购买,因此在选择评价对象时重点考虑价值较高的工业产品,如工程机械、重要能源、关键设备、核心部件等。

3.2.4.2　数据收集

我们浏览了所选的点评网站,信息搜集时间为2010年10月-2011年1月,信息搜集团队为某大学商学院市场营销系研究生（硕士生及博士生），该团队成员对网站内容比较了解，电脑及网络工具使用熟练，鉴别能力较强，因此所搜集信息质量较高。我们删除了不符合标准的评论，比如明显从其他网站上复制的评论，重复发布的评论，空白的信息等。最终从网络上搜集了 231 条有效评论，平均长度为 220.54 字。

表 3.3　搜集信息的情况

采购项目	阿里巴巴	百纳网	慧聪	中国制造交易网	一大把	一比多	字长
工程机械	32	1	5	1	1	6	226.72
重要能源	12	1	4	13	2	4	130.27
关键设备	75	4	9	1	10	3	253.93
核心部件	19	12	3	4	7	2	271.24
汇总	138	18	21	19	20	15	882.16

（资料来源：根据网络资料整理而成）

3.2.4.3　编码

最后，所有的评论都进行编号并且按统一格式进行记录。编码的过程首先以网络评价为基础，搜寻 B2B 品牌形象线索的概念和范畴。然后，以概念和范畴为基础，开始选择编码，追寻“核心类属”以及不同类属之间的逻辑关系，并以深度访谈作选择性译码从而对范畴关系进行逻辑检验和补充信息。本书使用的定性分析软件为 QSR NVivo 8。

概念化就是从原始网络资料出发，“揉碎”数据资料，形成新的概念。在此过程中，抛开个人偏见和理论假设，用开放的心态，从数据中发现概念以及概念维度，并命名表征。概念化以“语句”为最小分析单元。现有资料共形成 83 个概念类属，接下来对这些概念类属进行范畴化，即发现和建立概念类属之间的关系，最终得到 21 个范畴。B2B 品牌形象线索概念化和范畴化编码举例如表 3.4 所示。

表 3.4　B2B 品牌形象线索编码举例

网评人员	网评内容	概念化	范畴化
（n1）* * 天马行空 * *	我们公司在选择供应商时，主要还是看重价格，价格降不下来，说啥都没用。	a1 价格低	产品价值 aa1

网评人员	网评内容	概念化	范畴化
(n2)王＊＊(山东＊＊市华钢机械有限公司,经理)主营产品:食品机械	供应商好牛的,有时我们订货量少了,他们就不太愿意搭理我们。上个月我接了个单,一个客户下了50个USB采集棒,我查了下库存,没有了,但客户要的急,我就跟采购部说了,……让我想不到的是,我们的采购拼命地在求那供应商,让我大吃一惊。见死不救,太没有良心了……	a2 紧急订单处理缺乏柔性 a3 态度不好 a4 业务关照 a5 无责任感	交付灵活度 aa4 人员态度 aa11 应急服务 aa6 商业伦理 aa16
(n3)koyanagi(ID＊＊＊)	我先做销售3年,今年转做采购。我做销售的时候无论大小客户定量多少都是一样对待的,而且做得挺好的,老板也蛮器重。现在换了工作做了采购,我就发现很少碰到像我以前做销售时那么"认真善良"的啦,现在也是公司有时采购的东西很少,是需要求人的了。	a6 人员素质低	人员能力 aa10
(n4)程＊＊(法人)菲格服饰厂	我更看重供应商的生产能力,实力是硬道理。	a7 供应能力强	企业实力 aa20
(n5)匿名留言	你们原来的业绩怎么样? 与你们有业务往来的客户都有哪些? 大客户能列举几个吗? 我还是很看重你们公司的产品是否受到行业认可。	a8 业绩表现(良好/一般/差) a9 顾客群	企业实力 aa20 使用者范围 aa12
(n6)＊＊执着虫＊＊主营业务:LED灯	我们做LED筒灯的关键零件就是LED灯珠,只有经过半年的加大电流测试无故障才能确认样品! 产品质量来不得半点马虎,轻者影响客户信心,重者造成工厂倒闭。	a10 质量承诺	产品质量 aa2
(n7)王惠(业务经理)主营业务:服装	采购经常催不到货而流泪,常有采购催不到货而被辞退,哎,我们这些小企业只能等着大供应商的白眼。我们从未奢求遇到那些一诺千金搞慈善的大企业家,能碰到"本分"的供应商就阿弥陀佛了……	a11 捐助/善行	公益活动 aa19
……	……	……	……

(资料来源:根据网络资料分析整理而成)

通过概念化和范畴化,最终形成83个概念线索及21个范畴。接下来,我们对这些概念类属进行进一步选择,形成核心类属。核心类属具有较强的概括能力和关联能力,能够将许多相关的概念类属汇集在少数的几个群组、主题和结构下。寻找核心类属的过程就是一个不断抽象的过程。这类似于统计分析中的"聚类分析(cluster-analytic device)"和"因素分析(factor-analytic device)"。它有助于精简文字或段落内容,将大量资料简化为较少的分析单位,帮助研究者精心构造一张认知图,可以进行跨个案研究,让共有主题与有方向的过程突显出来。

本书对 21 个范畴进行选择性编码,形成 8 个核心类属:A 产品形象、B_1 交付服务形象、B_2 非交付服务形象、C 人员形象、D 使用者形象、E 网络形象、F 社会形象、G 企业形象。其中,根据既有文献的建议,可以将交付服务形象与非交付服务形象合并为服务形象(B)。因此,本书最终形成 7 个核心类属,详见表 3.5。

表 3.5　模式编码

概念类属	范畴化	核心类属(主范畴)
a01 价格低	产品价值 aa1	产品形象 A
a20 性价比高		
a15 其他花费少		
a66 折扣高		
a32 成本低		
a19 比其他品牌便宜		
a10 质量承诺	产品质量 aa2	
a62 安全		
a18 较高的合格率		
a55 动力强劲		
a24 有合格证明		
a47 故障率高		
a39 技术参数详细		
a14 含水量低		
a16 更新与升级及时	产品创新 aa3	
a12 设计新		
a37 功能先进		
a28 兼容性强		

续表

概念类属	范畴化	核心类属(主范畴)	
a02 紧急订单处理缺乏柔性	交付灵活度 aa4	交付服务形象 B_1	服务形象 B
a17 订货有弹性			
a31 交货期短	交付效率/效果 aa5		
a29 运输安全			
a72 送货及时			
a30 发送差错率低			
a68 配送可靠			
a33 结算方便			
a04 业务关照	应急服务 aa6	非交付服务形象 B_2	
a34 有提前期			
a67 有应急预案			
a25 回复及时	信息服务 aa7		
a49 沟通方便			
a38 支持业务	支持性服务 aa8		
a26 培训费用比例高			
a74 培训业务员			
a41 提供维护	配套服务 aa9		
a54 安装调试			
a06 人员素质低	人员能力 aa10	人员形象 C	
a83 人员很专业			
a40 效率很高			
a45 缺乏技巧			
a03 态度不好	人员态度 aa11		
a46 技术员花言巧语			
a36 修理人员很实干			
a48 人员很傲慢			
a27 有亲和力			
a09 顾客群	使用者范围 aa12	使用者形象 D	
a50 清晰的交易记录			
a63 客户实力强	使用者实力 aa13		
a82 与业界龙头有业务往来			
a22 以小客户为主			

续表

概念类属	范畴化	核心类属(主范畴)
a42 与政府打交道	网络地位 aa14	网络形象 E
a51 业界领袖企业		
a56“人脉”很广		
a64 渠道权力很大		
a58 取货方便		
a59 无压迫感	网络合作 aa15	
a78 轻松合作		
a61 关系投入高		
a53 给予下游较大利润空间		
a76 高层重视		
a23 允许下游企业自主决策		
a65 缺乏道德	商业伦理 aa16	社会(责任)形象 F
a21 商业腐败(吃回扣)		
a35 公平竞争		
a79 不良记录(曝光)		
a69 安全意识强		
a05 无责任感		
a71 无污染	环保意识 aa17	
a13 遵纪守法	法律意识 aa18	
a11 捐助/善行	公益活动 aa19	
a73 热衷于公益活动		
a44 有爱心		
a75 规模很大	企业实力 aa20	企业形象 G
a07 供应能力强		
a80 业务增长缓慢		
a77 经营年限短		
a08 业绩表现(良好/一般/差)		
a60 摊子大		
a16 网站制作规范		
a57 发展较快		
a52 调度/协调良好		
a81 信用评级较高	企业信用 aa21	
a43 行业口碑较好		

(资料来源:作者根据网络资料整理而成)

3.2.4.4　信度与效度分析

网络内容分析的信度和效度直接影响着内容分析结果。因此,进行信度和效度检验非常必要。为了提高内容效度,我们聘请了来自于某重点大学市场营销专业的研究生进行探索性研究,团队成员对网站内容比较了解,电脑及网络工具使用熟练,鉴别能力较强。在信息搜集和整理过程中,由专业教师进行把关和指导。另外,在概念界定上,本书涉及的概念,如产品、服务、交付等是营销学的核心概念,有大量的文献支撑,概念内涵清晰准确。除此之外,我们还会通过深度访谈对得出的结论进行检验,以保证网络内容分析具有较高的内容效度。

在正式编码之前,我们要求每一位编码员(两名博士及一名硕士)作独立的内部一致性分析。先对前20条网络信息资料进行概念化编码,过几天后重新为该资料再次进行编码。将两份编码进行比对,计算内部一致性。若内部一致性达到0.90,即编码的自我认同度相对较高,再进行正式编码。

由于不同的编码员各有偏好,例如对于同一段文字,社会学家喜欢从组织层面来编码,而心理学家喜欢从个人层面来编码(Miles&Huberman,2008)。当每位编码员各自独立编码时,可能只会认为有一种编码方式;当多位编码员就编码观点进行沟通后,就会走向普遍化。三位研究者共同对前30条网络信息资料进行编码,形成初期的23条线索,随后三位研究者独立地对数据进行编码,因为前期开发23条线索不能涵盖所有内容,所以在随后独立编码的过程中也进一步开发了新的潜在感知形象线索。

在3名编码者完成编码后,对编码者间的信度进行了检验(Holsti,1997)。

$$R=\frac{n\times K}{1+(n-1)\times K} \tag{3.1}$$

在公式3.1中,R为编码者之间的交互判别信度,n为参与编码的人数,K为编码者之间的平均相互同意度。编码者间交互判别信度的计算公式如公式3.2所示:

$$K_{AB}=\frac{2M_{AB}}{N_A+N_B} \tag{3.2}$$

在公式3.2中,M_{AB}为2名编码者编码结果完全相同的分析单元数,N_A表示编码者A编码的分析单元数;N_B表示编码者B编码的分析单元数。

假设3名编码者两两之间的平均相互同意度为K_{AB}、K_{AC}、K_{BC},则3人之间的平均相互同意度计算公式如公式3.3所示:

$$K_{ABC}=\frac{K_{AB}+K_{AC}+K_{BC}}{3} \tag{3.3}$$

本书各个条目的交互判别信度如表3.6所示。

表 3.6 交互判别信度

B2B 品牌形象影响要素		交互判别信度	
核心类属	次级类属	核心类属	次级类属
产品形象	产品价值	0.94	0.91
	产品质量		0.95
	产品创新		0.92
服务形象	交付灵活度	0.82	0.81
	交付效率/效果		0.84
	应急服务		0.83
	信息服务		0.82
	支持性服务		0.85
	配套服务		0.89
人员形象	人员能力	0.89	0.86
	人员态度		0.85
使用者形象	使用者范围	0.87	0.86
	使用者实力		0.82
网络形象	网络地位	0.84	0.81
	网络合作		0.83
社会形象	商业伦理	0.91	0.94
	环保意识		0.97
	法律意识		0.90
	公益活动		0.94
企业形象	企业实力	0.94	0.96
	企业信用		0.92

（资料来源：本书得出）

3.2.4.5 统计结果

不同形象线索被提及的频率分布如图 3.5 所示。该图显示，企业形象被提及的频率最高，这与现有研究的结论比较吻合，即企业顾客非常重视供应商的企业形象。服务及产品形象分居二、三位。

有些形象特征（如产品形象）在现有 B2C 营销文献中已有所涉猎，进而可以将现已成熟的理论运用到 B2B 情境中来。但由于专业采购人员与个体消费者不同，虽然涉及同一个形象特征，二者的感知仍会存在差别。例如使用者形象，个体消费者更看重哪些人使用了该品牌产品，该人群与自身的形象是否契合；而专业采购人员则更看

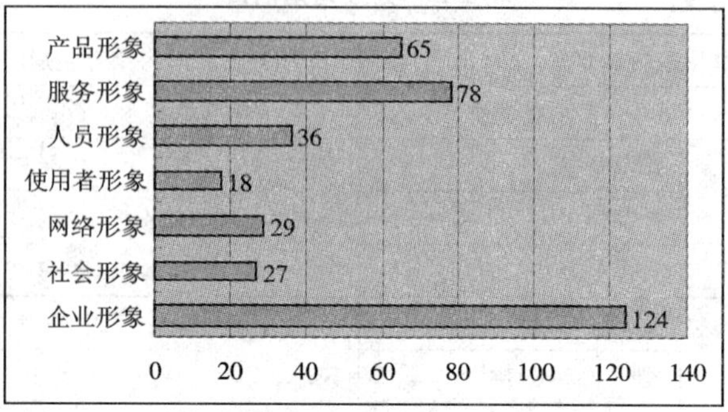

图 3.5 不同形象线索的频率分布图

（资料来源：本书得出）

重同行业中哪些企业使用了该品牌产品，这些企业在该行业中的领导地位如何。因此，在后期量表开发时，不能照搬 B2C 文献中的文字表述而应更多地参考网络内容分析得到的线索。有些线索（例如财务状况）在 B2B 文献中曾被提及，但在中国的实际购买过程中，由于财务是非常敏感而重要的商业机密，要想从内部了解供应商的财务状况是非常困难的；上市公司可以通过股票市值波动体现盈利状况，但由于我国股票市场发育得不充分，致使企业的盈利状况也很难通过股票价格波动真实地体现出来。但财务形象是非常重要的品牌形象线索来源，我们应该将其视为企业形象的一部分。

总之，通过对 231 条有效网络评论进行分析整理，提取了 B2B 品牌形象的感知线索，并梳理出几类重要的形象特征，如产品形象、服务形象、使用者形象、人员形象、网络形象、社会责任形象和公司形象等。B2B 产品和品牌与企业顾客有多个“接触点”，供应商必须管理好每一个“接触点”并使之与品牌形象一致。综合网络内容分析的研究结果，本书归纳的 B2B 品牌形象线索如图 3.6 所示。

3.2.4.6 B2B 品牌形象关系梳理

如图 3.5 所示，不同感知形象线索在被提及的频率上是有差别的，也就是说，各线索的重要性不同。接下来，本书将探讨不同形象线索之间的关系。

本书的核心范畴已经十分清晰，即寻找“B2B 品牌形象的影响因素”。在该范畴中，我们归纳了 7 个核心类属（主范畴）。那么，这些核心类属之间是否存在内在关联呢？为此，我们将能够反映这些类属关系的网络评论再次进行梳理，从而解析出不同“类属”之间的因果关系。由于前面的研究是以“语句”为基本分析单元，下面我们会以“句群”或“段落”为基本单元对不同“语句”之间的因果关系进行分析。

以上面的(n2)王 * * （ * * 市华钢机械有限公司，经理）为例：

供应商好牛的，有时我们订货量少了，他们就不太愿意搭理我们。上个月我接了

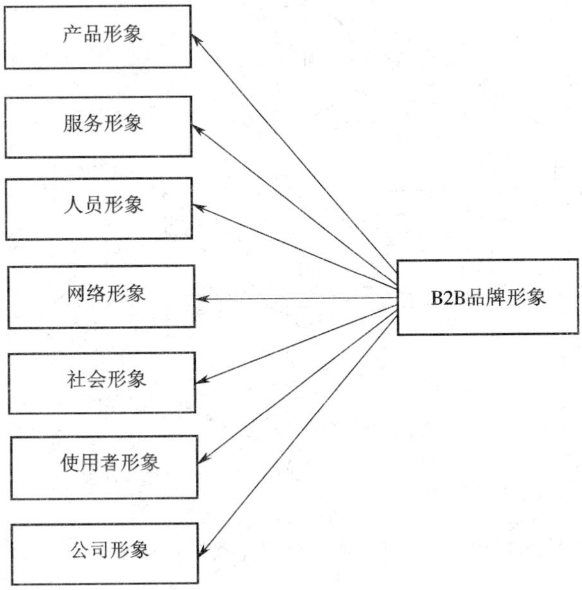

图 3.6　B2B 品牌形象线索

（资料来源：本书得出）

个单，一个客户下了 50 个 USB 采集棒，我查了下库存，没有了，但客户要的急，我就跟采购部说了，……让我想不到的是，我们的采购拼命的在求那供应商，让我大吃一惊。见死不救，太没有良心了……

从该网评中，我们提取了交付灵活度 aa4、人员态度 aa11、应急服务 aa6、商业伦理 aa16 等 4 个范畴线索，但从王 * * 的话语不难发现，他对该供应商的交付形象、人员形象等方面十分不满，但最终还是指向了对于供应商企业的"德行（太牛，没有良心）"的质疑上，而德行是企业形象的一部分。

通过类似分析，本书确信，"企业（公司）形象"可以统领其他形象线索，或者说，其他形象最终会回归到企业形象中来。因此，7 种核心类属的关系如图 3.7 所示。

3.2.5　基于访谈的 B2B 品牌形象关系饱和度检验

3.2.5.1　访谈法及访谈提纲

在探索性研究中，访谈是一种重要的信息搜集方式。Fontana 和 Frey（2003）认为，"访谈"是试图了解我们所生存的社会中，最普遍、最有力量的方式之一，它包括多种形式，在研究上也视不同目的、对象与研究规模而具多元效用。本书还需要通过访谈进一步证明的是企业（公司）形象能否统领其他形象线索。

如上文所述，本书采用半结构型访谈。半结构型访谈是一种既可以控制访谈方

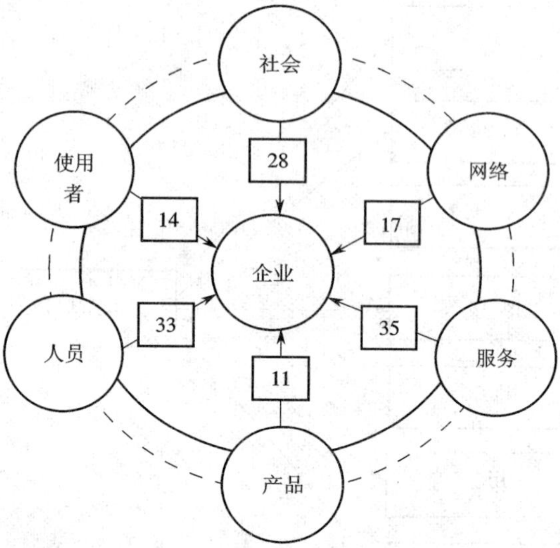

小圆圈代表7个核心类属;方框内数字代表支持二者关系成立的资料数量。

图 3.7　基于网络信息的企业品牌形象与其他维度关系示意图

(资料来源:本书自制)

向又可以深度获取受访者信息。所谓“深度访谈”是将访谈在操作上更进一步深化,本质上,深度访谈是通过刻意抽样的方式找出合适的受访者,包括研究对象组织内、外部的专业人士,以求能挖掘出专业意见;此外,由访问者建立对话的方向,再针对受访者所回应的一些特殊主题加以追问,所以理想的状况是由受访者负责大部分的谈话(Babbie,2001)。

Kahn 与 Cannell(1957)则将“深度”形容为一种“与某目标对话”的过程(转引自 Marshall & Rossman,1989);也就是说,研究者藉由受访者之间的对话,了解并诠释该研究主题的意义。总体而言,深度访谈具有下述六项特点:

(1)样本数较小;

(2)提供详细的资讯,并且能获得受访者意见、价值、动力、回忆、表情以及感觉的详细资料;

(3)可对被访者的非语言反应进行较长时间的观察;

(4)需要较长的访问时间;

(5)对每个受访者的问题都不相同,允许访问者依据每个受访者回答问题的情况来提出问题;

(6)可能会受到访谈情境的影响,如访谈者与受访者的关系、互动情形等(Wimmer & Dominick,2000)。

深度访谈法的优点在于研究者可以掌握问题的次序与访问情境,从中判断答案的真实性，尤其当研究问题可能触及到一些禁忌时，研究对象比较愿意回答相关敏感性议题，而能深入问题的核心，取得较完整详尽的资料。缺点在于访谈技术有若干限制，访问者的主观意见，可能有意无意透过问题选择、非语言的暗示或音调，将自己的态度传达给受访者，从而影响受访者回答的效度（Wimmer & Dominick，2000）。

事实上，研究者必须了解到，访谈并不是一种"中性的"资料收集方法。它建立在某种特定情境下，经由研究者与受访者积极地互动，最终对研究问题讨论、协商出答案。因此，在深度访谈的过程里，访谈者应尽可能使用最少的提示和引导问题，来鼓励受访者在一个没有限制的环境里，针对访谈主题尽可能地谈论自己的意见（Cooper & Emory，1991）。本书使用的深度访谈提纲如表 3.7 所示。

表 3.7　访谈提纲

1. 请您先介绍一下贵公司的情况。
2. 贵公司选择 S 公司合作的原因是什么？可以获得何种好处？
3. 请问您与 S 公司合作多久？请您评价一下你们这几年的合作关系如何？愉快或不愉快？事件？
4. 与 S 公司的销售人员、高管接触，对方的特征是什么？交往关系如何？
5. 您能评价一下 S 公司吗？S 公司给您留下的印象是什么？有实力？可以信赖吗？声誉如何？
6. S 公司的哪些方面（能力、事件或行为）使得您形成了该印象？能举个例子吗？
7. 您认为，与其他公司相比，S 公司的硬件优势（劣势）在何处？它们在您的采购决策中是否重要？
8. 贵公司认为 S 公司可靠吗？为什么？具体事例？（如果贵公司不信任 S 公司，那么，一起合作的原因是什么？）
9. 如果对这些方面的重要性进行排序，您给出的顺序是什么？或者说，在您看来哪些方面更重要？为什么？
10. 据您所知，其他同行是怎样看待 S 公司的？或者说，S 公司在业界的声誉怎么样？
11. 是否考虑过更换供应商？若考虑过，替代者哪些方面吸引了贵公司？若没有，原因是什么？出于"满意"还是"无奈"？

（资料来源：本书自制）

每次访谈平均时间约为一个小时。征得受访者同意，访谈过程可以被录音。个别受访者比较反感，故只做了访谈笔录。为确保访谈数据的准确性，我们让受访者重新核实录音笔记。在确认无误后，进行比较、分类整理。

3.2.5.2　访谈的实施

本次访谈共涉及 9 位受访者，他们的基本情况如表 3.8 所示。大多数受访者拥有比较丰富的从业经验（平均从业年限为 9.6 年，从事采购工作平均 5.8 年），且受访者多为男性，年龄多集中在 30 岁 – 50 岁之间，符合采购人员的性别年龄特点。9 位受访者有经销商、企业采购员或中高层管理者，对采购工作非常熟悉。他们来自于 8 个地区，地区分布较合理。

表 3.8　访谈人员简况表

编号	姓名	性别	年龄	学历	经营领域/类型	采购/从业年限	公司人数	工作地点	访谈时间
A	尚**	女	32	学士	国企采购员	3/5	>1 000	大庆	72’
B	王**	男	46	大专	钢管厂	4/8	约 200	天津	84’
C	薛**	男	42	学士	建筑型材经销商	7/9	约 100	昆山	54’
D	陈*	男	45	大专	防盗设备经销商	8/14	17	永康	43’
E	邓*	女	35	学士	建筑开发	4/6	约 300	杭州	66’
F	崔*	男	33	硕士	采购主管	3/5	约 150	大连	51’
G	闫*	男	46	博士	财务总监	10/16	>1 000	天津	62’
H	张**	男	33	硕士	私企办公室主任	2/4	约 300	保定	71’
I	赵**	男	53	学士	技术总监	12/20	>100	德州	55’

（注：采购/从业年限是指受访者开始从事采购工作/职业生涯到 2011 年的时间；资料来源：作者整理）

3.2.5.3　访谈结果

本书对搜集上来的访谈资料进行了分析整理，没有发现超出网络内容分析得出的 B2B 品牌形象概念线索，这说明 B2B 品牌形象线索模型是饱和的。访谈的重点是为了得出公司品牌形象能否统领其他线索，因此我们在访谈结果中寻找相关证据。

表 3.9　数据处理示例表

维度关系	实 例
产品形象 TO 企业形象	E. S 公司是德国的大品牌，谁都知道 S 的电钻产品很先进，德国技术，创新精神，使用起来放心。我们与 S 合作多年，没有出现过什么问题，总体感觉是可靠、有实力，多花点钱也无所谓，德国人的东西确实不错。
人员形象 TO 企业形象	A. S 公司的技术员很不错，比如我们刚买的石油机械，各方面的功能尚处于摸索阶段，好多参数都弄不懂，多亏了 S 公司技术人员的帮助，可以说，我对 S 公司的印象更多地是通过这些人员的表现形成的，他们就是 S 的名片。
服务形象 TO 企业形象	D. 我们与 S 公司共事好久了，这个牌子做起来感觉很友好，例如，每次有最新的样品，他们都发图片过来，挺好的……还有，一个工程刚刚包下来时，要货量很大，就需要一大笔款项，S 在融资方面也帮过我们。我和 S 公司的老总私交不错，毕竟打了多年交道，知根知底，所以订货、交货、退货都挺顺利的。
社会形象 TO 企业形象	E. 我们信任 S 公司不仅是因为他们规模大，他们有德国最大的工业基金会，每年都花费几千万欧元办公益事业，就这一点，就值得我们民族企业学习，我们的老板赚了那么多钱，可是……
网络形象 TO 企业形象	C. S 公司老板人脉很广，为他们服务的配送站点特别多，在长三角地区基本上一天就能配到货，这无形中就节省了我们的运营成本。

续表

维度关系	实例
使用者形象 TO 企业形象	F.S 公司口碑不错，谁都知道他们是这个行业的知名企业，你不下单子，还有一大群人排队等着呢，而且都是很“牛”的企业来买他们的货，全国各地哪儿都有。

（资料来源：作者整理而成）

3.2.6　B2B 品牌形象线索模型及研究假设

除了网络内容分析及访谈的证据以外，现有文献也为品牌形象各构成维度之间的关系提供了理论支撑。

在 B2C 文献中，罗子明(2001)提出，产品的属性包含了品质属性、功能构成等产品的自然特征，这是顾客获得商品价值的基础，如果没有这些基础，形象再好再美的商品对顾客也是没有消费意义的，是不正常的消费。在 B2B 买卖过程中，价格通常被认为是影响购买决策的最重要因素，而有些学者估计，价格在最终购买决策中占 70% 的比重(Mudambi 等，1997)。但 Alvarez 和 Galera(2001)则认为，质量是与价格同样重要的因素。企业顾客不会只关注价格而忽视产品质量等其他因素。因此，企业顾客会以“感知价值(perceptive value)”为标准，判断所购产品获得的收益能否与其支付的价格相匹配。如果企业顾客认为所购产品物有所值，则会提高其对供应商良好品牌形象的认知，有助于累积供应商的品牌资产(van Riel, Pahud de Mortanges, 2005；卢宏亮和王艳芝，2013)。良好的产品形象不仅包括高质量的产品、高性价比，还包括完整的、定制化的问题解决方案，这些都将影响企业顾客对于公司形象的总体感知(Aspara&Tikkanen，2008)。因此，本书提出假设：

H1：供应商的产品形象与公司形象之间存在正相关关系；

供应商产品和服务的无形属性很难传递。Shostack(1977)认为，市场实体的无形要素比重越大，营销者精确描述其利益的可能性就越小。同样，倘若企业顾客选择这样一种市场供给物也很难进行价值评价。品牌可以帮助其克服这种不确定性(Levitt，1967)。B2B 市场研究者发现，当企业顾客评价供应商品牌时，无形要素(如企业声誉、形象等)的贡献与产品有形的、物理贡献是同等甚至更重要。Roberts 和 Merrilees(2007) 在澳大利亚通过对在商场从事零售业务的 201 个租户进行调查发现，租户对于商场的品牌态度主要受到服务质量的影响，商场提供的服务越完善，租户对于商场的品牌形象评价越好，续约或延长租期的可能性越大。服务营销理论认为，公司形象是由服务的技术质量(结果质量)和功能质量(过程质量)所形成，其中功能质量包含了许多心理和行为方面的因素，如服务方式、沟通方式等，顾客可以用相对主观的方式来评价功能质量(Gronroos，1984)。因此，本书提出假设：

H2:供应商的服务形象与公司形象之间存在正相关关系;

在B2C市场上存在着成千上万的“匿名(anonymous)消费者”,要想与之建立起来人员联系是非常困难的,因此B2C市场中顾客关系更多地是指消费者与“品牌”之间的关系。但在B2B领域,人员接触成为可能,人员本身就是品牌的一部分(Sheth&Reurvatiyar,1995)。企业顾客的购买决策不仅建立在对产品自身功能的评价上,也包括对于供应商内部人员的服务技能、态度、行为、沟通模式等方面的评价(Gordon et al.,1993)。所有与供应商的接触都会间接地影响企业顾客对供应商品牌形象的感知以及品牌知识的积累(Davis,2000)。Anderson和Weitz(1989)提出,有能力的销售人员会很成功,因为他们善于沟通,并以此减少买卖关系的不确定性。有效地沟通会成为影响买方对卖方能力感知的强有力工具。他们强调,人员沟通会使企业之间的关系得以加强,这是因为沟通会使买卖之间有更高程度的依赖感以及对于卖方“资源”更高的可信度。换句话说,企业间边界管理人员是企业形象的宣传者和代言人,建立成功的买卖关系需要依靠边界管理人员的努力(Williams,1998)。Mudambi(2002)提出,购买中心人员较多,动机差异较大,如何将品牌的价值传递给决策人员就变得非常关键,销售人员在影响B2B品牌信息传递方面扮演重要角色。他们的行为可以被视为供应商企业对买卖关系的理解、兴趣及承诺的表征(Humphreys&Williams,1996)。因此,本书提出假设:

H3:供应商的人员形象与公司形象之间存在正相关关系;

供应商企业是整个社会网络的一个“节点”。资源基础理论认为,企业关系网络资源是一种有价值的、稀缺的、竞争对手难以模仿和复制的战略资源,它可以帮助企业获取竞争优势(Barney,2001)。既有研究多把关系网络当成是企业创新的重要模式,网络对于组织从封闭式创新到开放式创新,进而提升企业的创新效率和竞争能力意义重大(Ahuja,2000)。因此,网络形象越好的供应商,其公司形象(如创新能力、获取资源和信息能力)越好。供应商的网络形象可以从网络地位感知和网络能力感知两个角度形成。在合作网络中,处于“中心”地位的供应商更容易获取互补资源和技术(任胜钢等,2011),占据明显的信息优势(Powell等,1996),拥有更多的社会资本(黄中伟,王宇露,2008)。同样,Burt(1992)认为,占据“结构洞”位置的企业可以接触彼此不直接相连的合作伙伴,由此可以获取不同的信息流而具有信息优势。同样,随着技术变革的加剧,政治变革等多方面的不确定性,企业顾客本身也向往与那些在企业关系网络中居于中心地位的供应商开展合作,以增加信息交流和资源(资本、市场等)共享,增强企业抵御风险(不确定性)的能力,进而减少环境的不确定性,降低企业经营风险。所以,那些已经建立起庞大网络的企业,在B2B关系网络中的中心地位就会越高,影响力也就越大。

从网络能力角度看,网络能力是企业整体能力的一种。因此,网络能力越强,公司的能力形象越好。关于企业网络能力的维度划分,学界缺乏一致的标准。Kale 等(2002)将其划分为协调能力、关系能力、合作者知识信息以及内部交流能力等 4 个维度,而邢小强和仝允桓(2006),任胜钢(2010)等将网络能力的维度分为网络愿景能力、网络管理能力、组合管理能力与关系管理能力,任胜钢等(2011)还针对上述维度进行了量表开发并进行了实证检验。同时,企业的网络能力可以通过影响信息获取(马鸿佳等,2010)或外部网络结构(任胜钢,2010),进而影响企业绩效。但是,从企业顾客感知形象视角来看,供应商的网络愿景能力、网络构建能力以及组合管理能力多是"内隐型"能力,企业顾客很难感知到,而企业顾客真正能感知到的是供应商与企业顾客"交互"过程中的关系管理能力。

最后,企业顾客对于供应商网络形象的感知不仅与能力、地位感知相关,还与其"善意"感知相关,善于与人合作,给予合作伙伴更大的经营自主权且关系投入较大的的供应商会给企业顾客更好的形象感知,而良好的网络形象则有助于提升企业的整体形象。因此,本书提出假设:

H4:供应商的网络形象与公司形象之间存在正相关关系;

供应商的社会形象与其社会、环保和道德行为关系紧密。Fombrun 和 Shanley(1990)的研究表明,企业的社会责任(Corporate Social Responsibility, CSR)对企业声誉有正面影响。Williams 和 Barrett(2000)同样证实公司参与慈善活动对企业声誉有提高作用。其次,供应商的社会责任形象会影响企业顾客的感知质量(主观评判)。Lai 等(2010)提出,企业的社会责任感是 B2B 品牌资产的重要前置因素,因为对于 CSR 的感知有助于提升企业顾客对于供应商产品或服务的认知程度或质量感知。Brown 和 Dacin(1997)的研究也证实,企业社会责任与顾客对企业产品感知质量的评估与对企业形象的评价的影响是一致的,积极的社会形象会强化顾客对于该企业能生产出高质量产品的认知。再次,供应商的社会形象与其能力认知高度相关,Sen 和 Bhattacharya(2001)的研究发现,顾客对承担社会责任的企业能力的信心更强。换句话说,责任是能力的体现。同时,顾客对于企业社会责任行为的认同也会促进供应商良好公司形象的塑造。

从"工具性"观点出发,在高度竞争的市场环境下,许多企业使用 CSR 作为一种战略性手段,即企业会把承担社会责任当做一种实现企业目标的工具去迎合不同利益相关者的期望,例如媒体、非政府组织,甚至是顾客,以此来营造良好的企业形象。Fombrun 和 Shanley(2006)指出,CSR 应被视作一种创造和维护企业形象或声誉的战略投资,反过来创造形象或声誉成为其实施 CSR 的内在动力。因此,本书提出:

H5:供应商的社会形象与公司形象之间存在正相关关系;

社会比较理论(social comparison theory)认为,社会比较是一种普遍存在的社会心理现象。人们在对自身或其他事物进行评价时,总会情不自禁地通过与其他客体的比较来获得判断的线索。若人们在判断过程中使用了“相似性”假设，就会比较关注评价目标和标准间的相似之处，与标准相似的知识就会被激活，最终导致同质化的结果。因此，企业作为一种“社会”存在，也会按照这种一般的规律行事。

经济学理论也提出，企业之间的参照系可以降低购买风险，增加创新动力以及追求更高的绩效水平(Shumpeter,1942)。“模仿”行为受到理性规范以及不确定性的驱使。Scott(1987)提出，接受“榜样”的行为模式可以让组织的行为更加“合法化(legitimacy)”。在B2C领域，消费者会模仿自己的“偶像”，反过来偶像的形象会影响消费者的购买行为。同样，在B2B领域，一些规模较大、热衷于新品研发、高层管理者有进取心并且业绩良好的“业界领袖”会对其他企业顾客产生导向性影响。若某个供应商与“业界领袖”有业务往来，则会吸引更多的“领袖拥护者”前来购买，这将对其形象感知产生积极影响。一般来说，人们对于从其他人那里获取的产品或服务信息的可信度评价会更高，如果顾客观察到别人给予某一产品高度评价时，他们对于这一产品的评价也会随之变得好起来(张新安等,2011)。于是本书提出：

H6：供应商的使用者形象与公司形象之间存在正相关关系。

表3.10　证据三角形列表①②

	变量	产品形象	服务形象	人员形象	使用者形象	网路形象	社会形象
	企业形象←						
证据源1		[11]【41】 [156][194]					
证据源2		a01、a20、a15、 a66、a32、a19、 a10、a62、a18、 a55、a24、a47、 a39、a14、a16、 a12、					
证据源3		访谈：A、B、E、 F					
数据的一致性		很高					

① 证据源：1 = 文献(【中文文献】[英文文献])，2 = 网络评论，3 = 访谈记录。

② 很高 = 所有来源的数据高度一致；较高 = 至少有两个来源的数据是一致的；较低 = 至少两个来源的数据不一致；很低 = 所有来源的数据都不一致。

续表

变量	产品形象	服务形象	人员形象	使用者形象	网路形象	社会形象
证据源 1		[11] [79] [80] [128] [172]				
证据源 2		a02、a17、a31、 a29、a72、a30、 a68、a33、a04、 a34、a67、a25、 a49、a38、a26、 a74、a41、a54				
证据源 3		A、B、E				
数据的一致性		很高				
证据源 1			[50] [78] [94] [155] [203]			
证据源 2			a06、a83、a40、 a45、a03、a46、 a36、a48、			
证据源 3			A、B、H			
数据的一致性			很高			
证据源 1				【 61 】 [11] [76]		
证据源 2				a09、a50、a63、 a82、a22、a27		
证据源 3				访谈:D、F、I		
数据的一致性				较高		
证据源 1					[4][17][40] 【 45 】【 47 】 【48】[104]	
证据源 2					a42、a51、a56、 a64、a58、a59、 a78、a61、a53、 a76、a23	
证据源 3					访谈:H、C、E	
数据的一致性					很高	

续表

变量	产品形象	服务形象	人员形象	使用者形象	网路形象	社会形象
证据源 1						[39][70][122][181]
证据源 2						a65、a02、a35、a79、a69、a05、a71、a13、a11、a73、a44
证据源 3						访谈:B、E、F
数据的一致性						很高

(资料来源:作者自制)

相关文献、网络评论以及访谈记录为 B2B 品牌形象线索模型的构建提供了多元证据链,如表 3.10 所示。由此可知,公司形象在 B2B 品牌形象中最为重要,产品、服务、人员、网络、社会及使用者形象构成了公司形象的"线索源"。因此,我们以公司形象为因变量构建了 B2B 公司品牌形象线索模型,参见图 3.8。

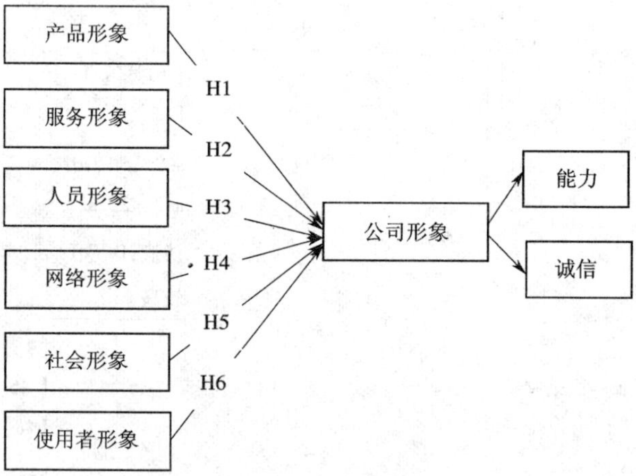

图 3.8　B2B 公司品牌形象线索模型

(资料来源:本书自制)

在影响供应商公司形象的众多因素中,究竟哪些(种)因素的"作用力"更大一些呢?这个问题的解决对于供应商抓住营销重点,集中企业资源,增强营销效果都大有裨益。因此,本书将通过结构方程分析,探究企业顾客的哪一个感知因素对供应商的公司形象影响最大。

第三节 B2B 品牌资产来源子模型

王永贵(2002),Dabholkar(2000)曾经提出,最好是把服务质量的相关要素(如可靠性、反应性等)视为先行驱动要素,而不是服务质量的维度。与此类似,本书提出把阿克和凯勒等人提出的有些品牌资产构成维度视作先行驱动要素,这样有利于更好地从发展与演进的角度理解品牌资产。如上文所述,除了阿克模型中的几个核心变量,如品牌形象(感知质量、品牌联想)和品牌忠诚以外,本书还把"品牌人情""品牌满意"作为品牌资产的驱动要素之一。同时,在做深度访谈时,多数人也认同品牌满意确实是另外一个非常重要的品牌资产构成要素(王永贵,2002)。在中国的文化背景下,品牌人情是不能忽视的重要变量。上述四个品牌资产构成因素之间明显存在着层次递进关系。例如,品牌形象会影响品牌满意,品牌满意会影响品牌忠诚等。B2B 品牌资产各驱动要素之间的关系详述如下。

3.3.1 供应商公司形象与品牌人情之间的关系

供应商品牌形象是企业顾客对传播过程中所接收到的所有关于供应商品牌的信息进行选择与加工后留存于头脑中的印象和联想(Biel,1993)。一般来说,品牌形象的好坏会影响企业之间的交往。Wang(2008)等学者认为,如果企业顾客对于供应商的企业形象缺乏正面感知,人情是不可能建立的。

关于供应商品牌形象与品牌人情之间关系的研究比较少见,在中国情境下也是如此。但有些研究可以为此提供一些启示。本书将 B2B 品牌形象概括为"德"与"能"两个方面。张新安等(2011)提出,中国人面子的大小与其在人际交往中的身份和地位高度相关,在中国社会中,一个人要想成功地管理好自己的面子,就需要维护好自己的身份和地位。从"德"的角度讲,供应商诚信或"互惠行为"容易引起企业顾客的情感认同,增进双方的商业友谊或交情,进而提升顾客企业的承诺水平(Yang,1994)。换句话说,供应商的"德行表现"为其在企业顾客心目中累积了人情资产,或者说作为一种"人情抵押品"而存在(Lee & Dawes,2005)。

从"能"的角度讲,Carpenter (1993)、Hutt 和 Speh(1995)都认为,在企业顾客评估供应商能力时,既出于理性动机如价格,质量和服务等作出判断,还要考虑情感动机如工作保障和组织状况等。有些购买中心成员会利用理性方法来确定供应商,而对于与供应商有定期联系的采购经理则多使用情感工具。在这种情况下,采购经理必须确保供应商的能力转化为 Carpenter (1993)所谓的"关系能力",即在买卖方关系中个人服务于人际目标以及促进积极关系的属性。同样,Luo(1997)也认为,如果一个供应商在特定能力上存在缺陷,那么他就有必要发展关系以弥补能力不足。由此可见,能力与关系是可以互补,或是相互转化的,这与中国文化背景下的"英雄相惜"有些类似。

同样,由于企业购买由不同动机和能力的成员构成的购买中心来完成,与认知导向(沿着核心路径形成态度)的成员相比,情感导向(沿着边缘路径形成态度)的购买者更容易受到 B2B 品牌形象的影响,进而有助于累积企业顾客的人情资产,即如果不与某品牌供应商合作会有过意不去的感觉。Doney 和 Cannon(1997)则认为,当顾客对于销售人员只有有限的知识时候,他们对于企业的信任会转移到对销售人员的信任上来。总之,一个强大的公司品牌相当于企业战略的"脸面",它描绘出了公司的市场目标以及希望被人认知的"样貌"(Kotler&Pfoertsch,2008)。因此,本书提出假设:

H7:顾客企业对供应商的品牌形象感知与企业间品牌人情的积累之间存在正相关关系;

3.3.2　品牌人情与品牌满意之间的关系

"期望不一致理论"是品牌满意的理论基础。当顾客企业实际感知的供应商表现超出其预期时,就会满意;反之,就不会满意。因此,可以说,品牌满意是一个认知和比较的过程。中国人做事喜欢讲"人情",谈"关系",与以契约关系为基础的西方社会不同,中国社会人与人之间的"人情"往来不仅以"快乐"为唯一目的,中国式的人情附加了更多额外的功利性色彩。因此,企业之间商业关系的"亲疏远近"决定了其享受的"待遇(如价格优惠、支持服务等)"不同。当企业间的品牌人情交往较紧密时,企业顾客获得超过其预期的"意外"收获的可能性就会很大,因此,企业顾客会因"人情溢价"而感到满意。

另外,从 B2B 长期合作的特点来看,企业间的合作伴随着熟悉程度的增加和认知的深化,当企业顾客实际感受到的供应商企业实力、诚信度及声誉与其预期相一致时,其满意度也会提高。再次,面子是个体根据他在社会网络中所占据的地位而要求别人对其表现出的尊重或顺从(Ho,1976)。中国式的品牌人情也有"精神取暖(有面子)"的作用,企业顾客如果能与供应商,特别是网络地位较高的供应商构建起亲密的人情关系,顾客企业会感到很自豪或很有"面子",进而提升其对供应商品牌的满意程度。最后,品牌人情有助于减少买卖双方的合作冲突,从而正面影响企业顾客的品牌满意。因此,本书提出假设:

H8:企业间品牌人情与顾客企业的品牌满意之间存在正相关关系;

3.3.3　品牌人情与品牌忠诚之间的关系

在中国社会中，人情也是一种信任（信用）机制。李桂华，卢宏亮，李剑文（2010）将其称为“特殊信任”，而品牌信任是提升企业间品牌忠诚的重要驱动因素（Morgan&Hunt，1994；Dwyer，Schurr&Oh，1987；Garbarino&Johnson，1999）。某个供应商是否值得信任，不仅需要考虑其个体特征（如规模、产品质量及服务水平等），还要考虑其行为是否满足“人情法则”——互惠（reciprocity）和移情（empathy）（Wang et al.，2008）。这意味着，若缺乏人情互动，对于供应商品牌形象感知的优劣不可能成为实现买卖双方长期合作的充分条件。

Wang 等学者（2008）认为，企业间移情会影响企业间长期合作导向。为了维护交易关系，当一方出现问题或面临困境时，另一方要表现出同情或提供力所能及的帮助。作为回报，一方会期待另一方在将来给予某种补偿。在中国，企业间长期合作导向不仅是买卖关系的建立，更是一种情感上的连接。总之，中国式的品牌关系可以通过“人情交换”得以建立和维系。不考虑人情路径，纯粹的真情路径将无法全面解读企业间品牌忠诚的来源。

企业顾客的购买行为在许多情况下会为“品牌人情”所累。企业顾客购买某品牌产品或服务有时并不是出于“真心”想买，而是出于“偿还人情”“给个面子”，因此，供应商－采购商之间的品牌人情有助于提升基于“理性算计”的“认知忠诚”。除此以外，企业间的品牌人情越紧密，越有可能降低企业顾客的风险感知，也会加强企业顾客的品牌忠诚度。在 B2C 情境下，学者们认为情感忠诚的消费者会比认知忠诚的消费者更有价值，他们具有更高的忠诚度，并会导致较高频率的重复购买行为（Oliver，1999）。从 B2B 购买的特点来看，由于所购产品价值昂贵且需要再次投入生产以获取利润，因此追求组织或个人利益最大化（成本最小化）或强调性价比就成为关键的购买动机。在企业顾客的购买决策中，“理性”成分通常较浓。因此，从认知的层面讲，“品牌人情”是达到“品牌忠诚”的一条路径。

另外，习惯性购买（habitual buying）在企业间交易中比较常见。Chaudhuri（1996）在论述忠诚的前因时提到，“习惯”是不能忽视的重要前置变量，但关于习惯购买的实证研究并不多，虽然它具有重要的管理启示（Beatty&Kahle，1988）。正如 Langer（1997）在提及服务供应商时所言，从同一家服务供应商那里购买服务是一种习惯或便利，因为采购者熟悉服务的质量水平并且具有购买的一致性，可以节约时间和金钱，不会有失望或自责的感觉等。Rauyruen，Miller 和 Groth（2009）通过实证研究证明了习惯性购买与购买意向之间存在正向关系。因此，在关系网络密集的中国社会，极易形成锁定在某一品牌供应商的习惯性购买行为，维持现有关系会获得“自己人”享受的许多利益，而失去这种关系，企业顾客会面临很高的关系成本，这其中既包括现有关系的沉没成本,又包括建立"新关系(人脉)"的投入成本。关系成本的存在会在一定程度上促进顾客企业的品牌忠诚。因此,本书提出假设:

H9:企业间品牌人情与顾客企业的品牌忠诚之间存在正相关关系;

3.3.4　供应商公司形象与品牌满意之间的关系

品牌形象驱动着品牌满意(凯勒,2009)。品牌满意是将期望和感知的品牌表现进行对比后的一种心理满足(愉悦或失望)状态。大量的 B2C 文献证明了良好的品牌形象会正向影响顾客的满意水平,例如汪旭辉(2007)研究表明,零售店铺在某些重要的维度,如价格、商品、环境或便利等方面建立起消费者所偏好的店铺形象,就容易增加顾客的满意感。从 B2B 营销具有长期合作的特点出发,企业间的长期交易会让企业顾客对供应商的品牌形象形成一个长期的、总体的、累积性的评价,这种评价的高低会直接影响企业顾客的满意程度(李桂华,卢宏亮,2010)。良好的企业品牌形象意味着雄厚的企业实力和良好的企业声誉,与这样的供应商合作会极大地提升企业顾客的主观感受,进而提升顾客的满意程度。Erevelles&Leavitt(1992)的研究表明,采购商对于供应商能力的感知影响企业顾客的满意。同样,Szymanski&Henard(2001)认为,顾客的全面满意是能力和过程的结果变量。Andreassen 等(1998)的研究已经证实公司形象对顾客满意有直接影响。因此,本书提出假设:

H10:顾客企业对供应商品牌形象的感知与其品牌满意度之间存在正相关关系;

3.3.5　品牌形象与品牌忠诚之间的关系

潜在供应商与企业顾客的关系可能影响其能否进入考察集(consideration set)。在 B2B 背景下,企业顾客倾向于依靠有限的供应商并与之建立起长期、大批量、合作式的工作关系,以此规避不确定风险。因此,企业顾客需要考虑与之建立关系的供应商必须可靠、值得信任。相反,那些出于交易目的而建立的买卖关系仅仅从产品绩效、定价和服务属性来评价(Webster&Keller,2004)。

从逻辑上讲,如果某个供应商品牌在企业顾客心目中形象较好,则顾客企业继续使用或推荐该品牌的意向就会增加。McQuiston(2004)认为,在 B2B 市场中,忠诚更加直接地指向整个企业而不是具体产品,并且企业在产业中的地位和整体声誉被认为是公司品牌的一部分。他的研究表明,企业顾客之所以有强烈愿望与一个良好品牌声誉的企业建立关系,与所购商品的技术复杂性高度相关。若所购商品技术十分复杂,企业顾客的感知风险加大,拥有良好品牌声誉的企业对产品的承诺可以降低采购失败的风险。当然,除了组织购买风险以外,还存在个人风险。Anderson 和 Chamber(1985)早期研究提出了这样一个命题:所谓的组织购买者只不过是通过组织的奖励体系(reward structure)实现"个人目标"而已。Hutton(1997)认为,购买中心成员个人感知风险，即采购失败对于个人声誉、职业发展等造成的负面影响也会促使企业顾客忠诚于品牌形象良好的供应商。因此，本书提出假设：

H11：顾客企业对供应商品牌形象的感知与其品牌忠诚度之间存在正相关关系；

3.3.6　品牌满意与品牌忠诚之间的关系

在 B2C 文献中有两种观点，一种是以 Fornell（1992）为代表的学者认为，品牌满意会导致更高程度的品牌忠诚；另一种观点则认为品牌满意不一定会带来品牌忠诚（张新安，田澎，2007）。这种差异可能与两方面因素相关，一方面是关于品牌忠诚的定义有差别；另一方面是选择作实证的行业有差别。从 B2B 购买的特点来看，企业顾客从一家产品或服务的供应商转向另一家供应商时需要付出较高的转移成本，这种成本不仅包括财务成本、人际关系成本及程序成本等，也包括心理成本以及购买习惯等。在 B2B 战略性购买情境下，采购失败的代价非常昂贵，因此当企业顾客寻找到一个比较满意的品牌时就会忠诚于这个品牌。许多文献也支持二者之间的正向关系。例如，Anderson 和 Sullivan（1993），Cronin 和 Taylor（1992）都认为，品牌满意会正向影响顾客再次购买的行为，并提出满意度与忠诚度之间为正相关关系。因此，本书提出假设：

H12：顾客企业对供应商的品牌满意度与其品牌忠诚度之间存在正相关关系；

3.3.7　B2B 品牌资产各来源因素关系模型

综上所述，我们构造出 B2B 品牌资产来源子模型，如图 3.9 所示。

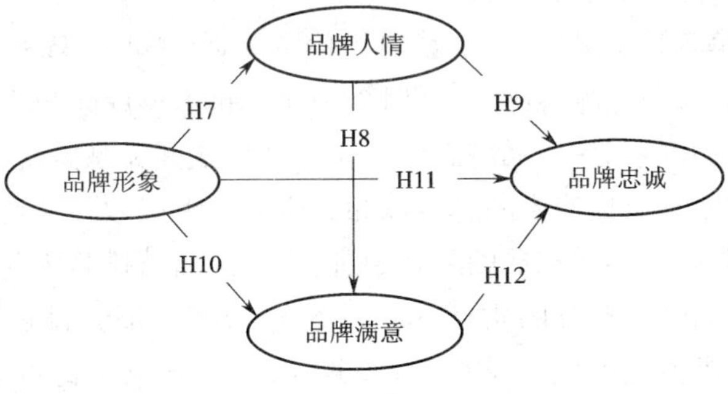

图 3.9　B2B 品牌资产来源因素关系模型

（资料来源：本书自制）

总之，通过 B2B 品牌资产来源因素关系模型，我们可以更好地了解 B2B 品牌资产驱动因素之间的具体关系，进而更好地制定品牌资产增值对策。本书这样概括它们之间的关系，品牌忠诚度是最终目标，这与 van Riel 等人（2005）的研究思路相一致；品牌人情、品牌形象和品牌满意是达到品牌忠诚的支撑因素；品牌人情、品牌形象是企业顾客品牌满意的前置因素;品牌形象对品牌人情有正向影响。当然,上述关系能否成立,需要经过实证数据检验。

第四节 B2B 品牌资产溢出价值子模型

根据阿克等人(1991)的观点,品牌资产可以通过推动信息的解释与加工、提升采购决策的信心和提升顾客满意程度等途径来为顾客创造价值。从能量传导机制来看,供应商也可以“跨位”为终端消费者传递能量,创造价值,进而“反哺”顾客企业,并使之获取品牌资产。因此,可以说供应商品牌资产是提升企业顾客营销绩效的重要战略武器。

对于许多企业而言,品牌资产是顾客资产的重要组成部分。由于品牌会影响顾客与企业继续开展业务的可能性,管理品牌成为顾客管理成功的关键(Rust, Lemon&Narayandas,2005)。而在顾客资产的关键要素中,价值要素处于基础性地位。对于品牌的主观价值评价(品牌资产)和买卖双方紧密关系的建立都要以顾客对于客观价值的评价为前提。如果供应商不能为企业顾客创造价值,那么再好的品牌策略和关系策略都是徒劳的。因此,企业顾客忠诚于供应商品牌能为其获得何种价值?反过来说,供应商品牌可以为忠诚于“她”的企业顾客带来何种绩效就成为 B2B 品牌资产能否发挥作用的关键。

3.4.1 品牌忠诚与品牌财务绩效之间的关系

从企业层面讲,品牌忠诚具有许多功能。Aaker(1991)认为忠诚可以直接转化为利润,也可以为竞争者设置障碍,更是获取溢价的基础(Aaker,1996)。同时,品牌忠诚可以鼓励重复购买,防止顾客向对手转移(Yoo, Donthu&Lee,2000)。总之,作为品牌资产最重要的驱动因素之一,品牌忠诚与企业绩效之间关系紧密。

企业顾客忠诚于某个供应商品牌可以为其带来财务绩效。从现有的研究结论来看,企业顾客在同类产品不同档次的品牌中进行选择时,若排名第 3、4 位的品牌不能比排在第 1、2 位的品牌对财务的贡献率超过 5% - 10%,那么排在第 3 名以后的产品则不在零售商考虑范围内(Michell, King&Reast, 2001)。由此可见,采购商愿意为某些品牌承担一定的成本上升或利润“损失”风险。那么,采购商为何愿意为名牌产品而承担自身成本上升的压力呢? 原因是供应商品牌为采购商再次获得溢价或额外收益(Margin)提供了可能。从长期来看,供应商品牌对采购商财务价值的影响体现在销售量(Sales Volume)和定价(Pricing)策略两个方面。一般情况下,溢价销售主要集中在高端品牌领域而非次级品牌领域。企业顾客选择次级品牌还是知名品牌是基于两种思路考虑的,一是采购次级品牌,付出较低成本,终端产品定价也较低;二是采购商使用优势品牌产品,付出相对较高成本,终端产品定价也很高。企业顾客究竟采取哪种思路来改善其自身的财务状况主要看这种成本付出能否取得终端产品的价格回报以及终端产品的需求价格弹性。企业顾客必须根据增长市场份额带来的可能盈利和溢价来权衡与品牌建设相关联的成本(李桂华,卢宏亮,2010)。因此,本书提出假设:

H13:顾客企业忠诚于某供应商品牌有助于提升其财务绩效;

3.4.2 品牌忠诚与品牌市场绩效之间的关系

企业顾客为何对某供应商品牌“情有独钟”呢?一个重要原因就是该供应商品牌有助于企业顾客创造潜在顾客或维持现有市场。因此,可以将供应商品牌看作是企业顾客寻找与终端顾客建立紧密联系的一种途径。一些学者已经注意到了品牌管理与顾客管理之间的关系(Ambler 等,2002)。有些时候企业顾客需要在获取利润与满足顾客需求之间加以平衡(Broniarczyk, Hoyer, McAlister, 1998)。企业顾客不只是为了追逐财务收益,财务价值只不过是顾客价值的货币化产物。能否适应终端顾客的需求是采购商作出购买决策的一个根本出发点。品牌对于企业的价值最终是通过其对顾客的影响实现的。品牌联想和品牌知识都是实现由品牌资产向顾客资产转换的重要手段。因此,本书提出假设:

H14:顾客企业忠诚于某供应商品牌有助于提升其市场绩效;

3.4.3 品牌忠诚与品牌管理绩效之间的关系

绩效是所有商业活动的最终指向。如果从交易关系来看,企业顾客从交易中获得的绩效可以简单认为是其从产品或服务得到的使用价值减去购买成本。因此买方的绩效诉求在于充分发挥其讨价还价能力,进而以较低廉的价格购买能够满足自身需要的产品或服务。然而,从长期关系来看,企业之间的商业关系可以对企业顾客的绩效产生更深层次的影响。这种影响一方面体现在,买卖双方的“互动”行为影响企业顾客从产品和服务中得到的使用价值;另一方面,这些行为还会影响 B2B 商业交换中的交易成本。

优势品牌——特别是强大的企业品牌,不仅意味着可以提供高质量产品,它还可以为企业顾客提供多方面管理利益,如充分的技术支持、完备的售后服务体系、快速的交付承诺以及员工培训计划等(Mittal&Lassar ,1998)。

首先,企业顾客可以得到供应商的技术支持。与采购商相比,供应商对于提供的产品性能更为了解,特别是涉及一些需要很多技术支持的产品领域。对于供应商所拥有的专有技术、能力和知识的需求是企业顾客进行购买决策时必须考虑的问题(Michell, King&Reast,2001)。其次,供应商品牌可以减轻顾客企业的营销压力。

供应商广告费用的投入有助于顾客企业的形象传播,例如因为使用了 Intel 处理器,戴尔(Dell)笔记本电脑得到了更多个体消费者的关注。除此以外,来自供应商的成本分担不仅有助于降低采购商市场风险,还对企业顾客树立清晰、合理、一致的品牌形象大有裨益(Keller,Lehmann,2003)。最后,企业顾客可以通过与供应商的长期合作来分享市场信息,降低交易成本。因此,忠诚于某供应商品牌可以提升企业顾客的管理绩效。

H15:顾客企业忠诚于某供应商品牌有助于提升其管理绩效;

综上所述,本书提出了品牌资产的溢出价值模型,如图 3. 10 所示。

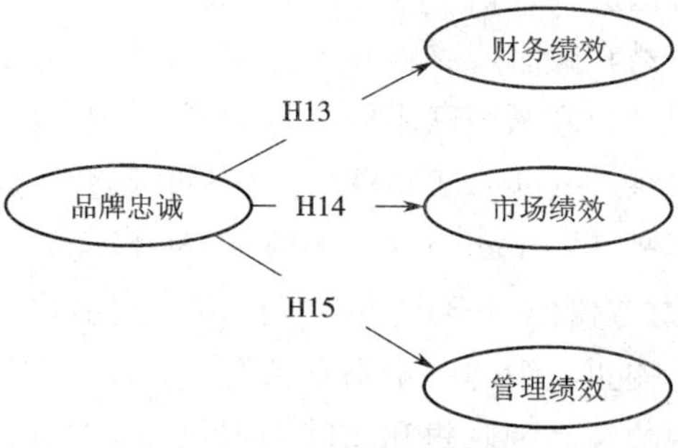

图 3. 10　B2B 品牌资产溢出价值模型

(资料来源:本书自制)

第五节　中国本土化 B2B 品牌资产交互模型与全模型

前文从 B2B 品牌形象线索、品牌资产来源和品牌资产溢出价值等三个方面分别论述了 B2B 品牌资产的不同层面(形象层、资产层与绩效层)。接下来,本书将上述三个子模型整合为完整的中国本土化 B2B 品牌资产模型(CB2BE),并提出相关研究假设。

3. 5. 1　B2B 品牌形象线索与品牌资产交互模型——公司形象的中介作用

如上文所述,公司品牌在 B2B 营销中占有突出位置,产品、服务、人员、网络、社会及使用者等形象都要最终归因于公司品牌形象的判断。在 B2B 情境下,公司品牌是一个“最终的品牌化集合体”(Aaker,2004)。供应商通过公司品牌的“承诺”和“担保”机制,影响着企业顾客对于企业间关系的情感投入,进而影响 B2B 品牌资产的累积。与产品品牌相比,公司品牌联想的范围更广(包括产品、人员、社会责任、诚信、价值等),这些联想都有助于在顾客心目中累积品牌资产(吴水龙等,2009)。也就是说,没有公司品牌伞的遮蔽和辐射效应,“零散”产品、服务或人员等形象很难实现 B2B 品牌资产的提升。

鉴于公司品牌在 B2B 企业品牌层级中的主导地位和战略意义(Keller,2008),以及作为公司品牌核心概念的公司形象在连接 B2B 品牌形象线索与 B2B 品牌资产其他来源过程中扮演的重要角色,本书提出如下研究假设:

H16:B2B 品牌形象(公司形象)在 B2B 品牌形象来源与 B2B 品牌资产其他来源关系中具有中介作用。

H16a:B2B 品牌形象(公司形象)在 B2B 品牌形象来源与 B2B 品牌人情的关系中具有中介作用;

H16b:B2B 品牌形象(公司形象)在 B2B 品牌形象来源与 B2B 品牌满意的关系中具有中介作用;

H16c:B2B 品牌形象(公司形象)在 B2B 品牌形象来源与 B2B 品牌忠诚的关系中具有中介作用;

公司形象的中介作用示意图如图 3.11 所示,后文将对此进行实证检验。

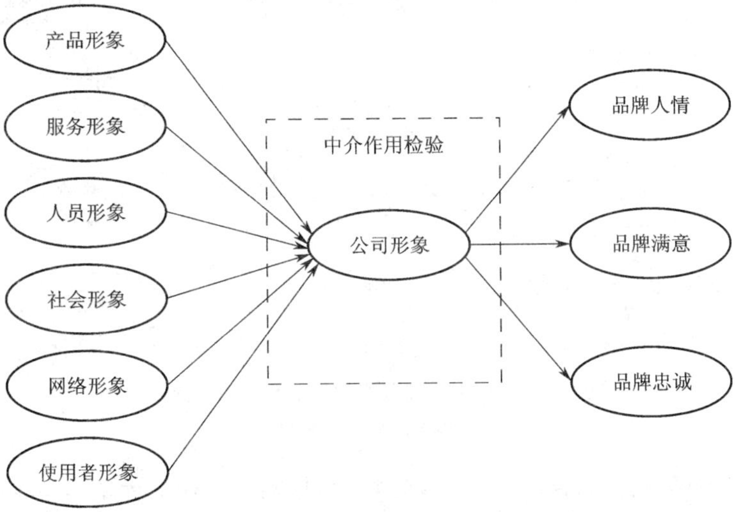

图 3.11 B2B 品牌形象(公司形象)来源与 B2B 品牌资产来源关系模型

(资料来源:本书自制)

3.5.2 B2B 品牌资产与溢出价值互动模型——品牌忠诚的中介作用

密切的人情往来是企业累积的人情资产,良好的公司形象是企业累积的声誉资产,这些资产都会给企业带来实实在在的资产性收益,但上述结论需要通过对顾客的购买意向、重复购买、推荐购买等忠诚意向或行为产生积极影响这一机制来实现;同样,强势的公司品牌会让企业的股票市值在牛市中获取溢价而在熊市中减少损失,这也是投资者没有坚持“用脚投票”的结果。

供应商品牌资产对于企业顾客的溢出价值要以顾客企业对于供应商品牌的忠诚为前提,作为“游离态”情感,品牌人情和品牌满意未必会带来企业顾客市场或财务绩效的提升。只有坚持企业间合作,减少机会主义行为,加大关系投入力度,并将供应商品牌视作自身产品的核心构件,才能实现 B2B 品牌资产在全产业链条上价值的最大化,供应商品牌才能真正地影响企业顾客的品牌绩效。鉴于品牌忠诚在连接 B2B 品牌资产与企业顾客品牌绩效(品牌溢出价值)关系中的关键作用,本书提出:

H17:**品牌忠诚在 B2B 品牌资产与 B2B 品牌绩效(品牌溢出价值)关系中具有中介作用。**

H17a:**品牌忠诚在 B2B 品牌资产与 B2B 品牌市场绩效关系具有中介作用;**

H17b:**品牌忠诚在 B2B 品牌资产与 B2B 品牌财务绩效关系具有中介作用;**

H17c:**品牌忠诚在 B2B 品牌资产与 B2B 品牌管理绩效关系具有中介作用。**

品牌忠诚的中介作用示意图图 3. 12 所示,后文将对此进行实证检验。

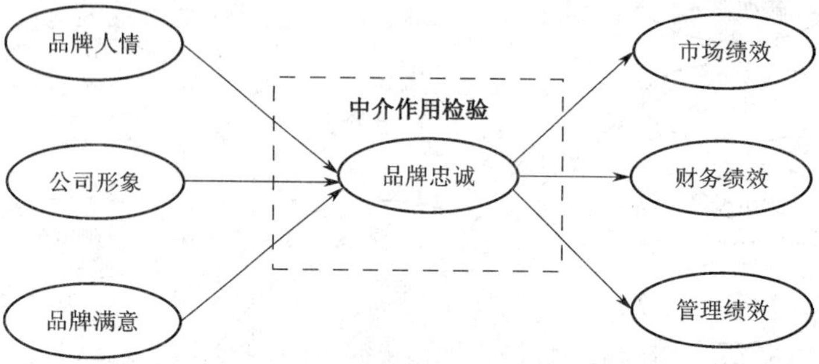

图 3. 12　B2B 品牌资产与品牌绩效关系模型

(资料来源:本书自制)

至此,通过将 B2B 品牌形象(公司形象)和品牌忠诚作为连接三个子模型的核心变量,我们将三个子模型统合在一个框架下,实现了理论上的“无缝对接”。同时,本书还需要通过实证检验,验证将上述两个变量作为“关节”变量(而非其他变量)的合理性。为了简化模型,我们在验证公司形象和品牌忠诚的中介效应时没有考虑 B2B 品牌资产来源模型内各变量之间的关系。

综上所述,本书提出的基于企业顾客感知形象视角的 B2B 品牌资产本土化全模型如图 3. 13 所示。

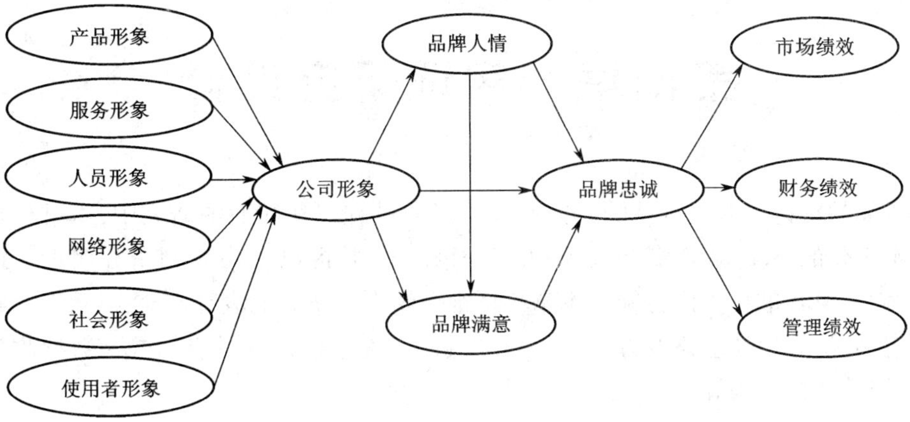

图 3.13 本土化 B2B 品牌资产理论模型

（资料来源：本书自制）

第四章　实证研究设计

可靠的结论来源于规范的研究设计与研究过程。在前面的研究中,本书构建了中国本土化的 B2B 品牌资产模型(CB2BE 模型)并提出了一系列研究假设。接下来,我们将对其进行实证检验。本章将详细介绍实证研究的设计与流程,重点介绍的内容包括:研究设计思路及方法、量表开发过程、确定抽样框、抽样方法、数据收集和整理、统计分析方法等。

第一节　初始量表设计

简言之,研究设计是研究的基本框架,它可以为数据搜集与分析方法提供基本的指导原则。本质上是研究问题与所采纳问题之间关系的外化(Robson, 1993)。

本书的实证研究设计也包括定性研究和定量研究两个方面。涉及定性研究的主要是变量概念、内涵、特征的界定与描述,量表开发,这一过程使用的主要方法包括:对前人既有研究成果的归纳和演绎、专家讨论法、德尔菲法、针对企业采购人员的访谈法等。前期使用的网络民族志获取的评论信息也会用作模型和假设的佐证材料。本书也采用问卷调查的方式收集相关数据,并对数据进行定量的统计分析。为了保证研究过程的有效性及科学性,我们严格按照实证研究流程(如图 4.1 所示)进行操作。

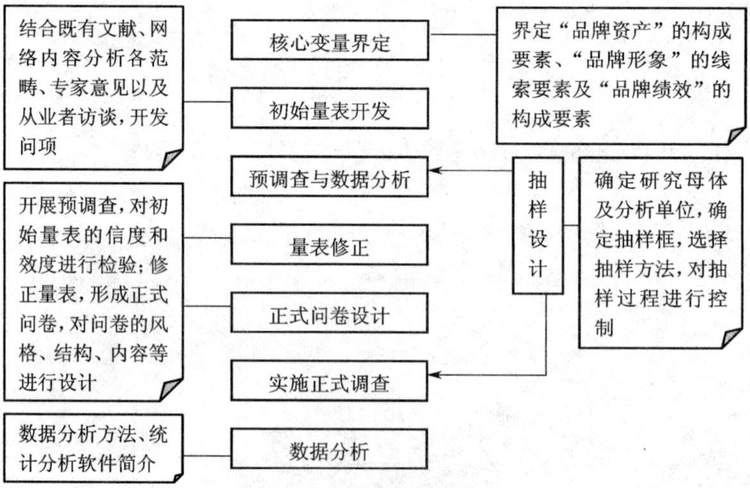

图 4.1　实证研究流程图

(资料来源:本书自制)

4.1.1　模型的核心概念界定

操作化必须建立在概念化的基础上。问卷设计依赖于研究模型中涉及的变量内涵及特征，只有明确了基本概念（概念化），才可能进行问项设计（操作化）。本书涉及的基本概念定义如表 4.1 所示。

表 4.1　核心概念界定

核心概念	概念定义	来源
■品牌资产	是指供应商企业以往在品牌营销努力中产生的附加价值。	Keller(1993);Mudambi 等(1997)
◆品牌人情	是指企业顾客出于文化规范的影响（如家庭或传统，场合或礼节）而对某供应商品牌产生的义务上的感情。	何佳讯，卢泰宏(2007)（有改动）
◆品牌满意	是一段时间内对品牌的购买或消费经历的感知与预期对比后的一种心理满足状态。	Engel 等学者(1990)
◆品牌忠诚	是指顾客忠实于某一品牌产品或服务的倾向或将其作为首选的意向。	Yoo&Donthu(2001)
◆品牌形象（感知）	是指企业顾客头脑中与某个供应商品牌相联系的属性集合和相关联想。	Aaker&Biel(1993)
●公司形象	公司形象是建立在供应商企业基础上的印象总和。	Easton(1966);江明华(2003);何孝德(2007);Persson (2010)
●产品形象	企业顾客或潜在顾客对于产品本身功能以及相应利益特征的总体评价。	何孝德(2006);Persson(2010)
●服务形象	企业顾客或潜在顾客对于服务/配送本身功能或所带来的利益特征的总体评价。	Persson(2010);Mudambi 等(1997)
●人员形象	企业顾客或潜在顾客对于销售人员的能力及态度的总体评价。	Persson(2010)
●网络形象	企业顾客或潜在顾客对于供应商的网络地位、能力及合作意向的感知。	Aspara&Tikkanen (2008)
●社会形象	是指企业顾客或潜在顾客对于供应商企业在追求利润目标的同时，对其他利益相关方负责态度的总体评价。	Lai 等(2010);Brown&Dicin(1997)
●使用者形象	品牌使用者在社会公众心目中的特征及其个性、价值观等方面特征的集合。	江明华(2003);何孝德(2006)
■品牌溢出价值	供应商品牌对于企业顾客的价值创造过程及结果。	Lee, J., Park, S. Y. Baek, I. &Lee, C. S. (2008)

续表

核心概念	概念定义	来源
●市场绩效	供应商品牌带给企业顾客的市场收益。	Lee 等（2008）；Kim&Cavusgil（2007）；Baumgarth（2008）；Glynn(2007)；李桂华，卢宏亮(2010)
●管理绩效	供应商品牌带给企业顾客的管理收益。	Glynn(2007)；李桂华，卢宏亮(2010)
●财务绩效	供应商品牌带给企业顾客的财务收益。	Lee 等(2008)；李桂华，卢宏亮(2010)；Glynn（2007）；Baumgarth(2008)

（资料来源：本书归纳得出）

4.1.2 量表设计方法

(1)文献研究法

本书使用到的数据库包括：EBSCO、Emerald、SpringerLink、ScienceDirect（Elsevier)、中国知网(CNKI 系列全文数据库)、维普、万方等。此外，本人还参阅了人大复印资料，并委托美国南佛罗里达大学市场营销系、明尼苏达大学商学院以及亚利桑那大学的老师和同学收集了国外最新的研究成果。这些文献为 B2B 品牌资产模型的变量选取、量表开发和实证结果分析等方面的研究奠定了坚实的理论基础。

(2)专家讨论法

本书模型的设计、概念的界定以及量表开发是经过研究团队反复讨论的结果。营销学专业教师、博士生、来自 B2B 企业的 EMBA、MBA 学员都对本书设计提出了一些建设性意见。该模型也在国内外学术会议上做了充分研讨，吸收了不同学者的合理化建议。

(3)德尔菲法

本书模型及问卷通过网络邮寄的形式先后发给了北京大学、对外经济贸易大学、华东师范大学等近 10 位营销学教授，根据最终反馈意见，我们修改了原始模型的个别变量，并对研究思路进行了系统梳理。个别专家还对变量指标的选取提供了参考文献。

(4)访谈法

与来自产业界的专业采购人员进行沟通是形成本书研究设计的关键。在前期的探索性研究中，我们对 9 位产业人士进行了深度访谈，归纳了影响 B2B 品牌形象的线索及相互关系。他们也在后续研究中提供了经验支持和案例证明。同时，根据产业界专业人员的建议,我们修改了问卷的提问方式,修改了不符合产业现实、学术倾向过强、语句过于抽象的问项。

(5)网络民族志

如前文所述,本书使用的量表是在网络评论的基础上形成的,因此网络内容分析获取的形象线索及概念范畴为后续量表开发奠定了基础。

4.1.3 测量变量量表开发

4.1.3.1 "B2B 品牌忠诚"量表开发

品牌忠诚是顾客偏好性行为的最终指向,更是企业追求的最重要目标之一。因此,相关研究成果较为丰富,量表开发比较成熟。现有量表大多是针对 B2C 市场开发设计的,在 B2B 领域应用时需要作出修改。例如,Hutton(1997)认为在 B2B 情境下,"晕轮(Halo)"或"溢出(Spillover)"效应客观存在,当企业顾客从某供应商那里购买到满意的产品/服务后,则供应商生产的其他类型产品/服务也会成为其选择的目标,即存在延伸购买。延伸购买和口碑宣传、溢价购买一样,也是 B2B 品牌忠诚的重要指标(indicator)。

表 4.2 既有研究中 B2B 品牌忠诚量表项目库

变量	问项(Item)	是否采用	检验结果	来源
购买意向	我们将来会继续从该公司购买相关产品/服务	⊕	$\alpha=0.89$ AVE = 0.74	Keh. H. T., Xie. Y(2009)
	我们会优先考虑与该公司合作	⊕		
	我们会与该公司有更多的业务往来	⊕		
溢价购买	即使价格上涨,我们还会继续从该公司采购产品/服务	√	$\alpha=0.90$ AVE = 0.83	
	我们会为该公司产品/服务支付更高的价格	√		
品牌忠诚	我们会继续购买这个品牌	⊕	$\alpha=0.972$	Han, S. L. &Sung, H. S., (2008)
	即使另外一个品牌已经拥有了一定销量,我们也不会替换现在的品牌	⊕		
	如果有人说这个品牌不好,我们会为它辩解	√		
	我们会向那些尚未做出购买决策的企业推荐该品牌	√		

续表

变量	问项(Item)	是否采用	检验结果	来源
品牌态度忠诚	我们使用重型机械会从我们认为最好的这家公司购买	⊕	α = 0. 807 2	Taylor, Celuch& Goodwin (2004); Chaudhuri& Holbrook, (2001); Oliver(1997)
	对于这家机械制造商来说,我认为自己是一个忠诚的顾客	∅		
	我们向该制造商做出了承诺	⊕		
	为了使用这个品牌的机械,我们愿意在价格上付出更多	⊕		
	在购买或租赁机械的时候,它仍然是我们的首选	⊕		
品牌行为忠诚	如果再次购买,我会考虑从其他制造商那里购买或租赁机械	⊕		
	我们会继续购买该制造商产品	⊕		
	即使该品牌产品或服务让我们感到失望,我们也会坚持使用	⊕		
	我们不会转向其他设备制造商	⊕		
品牌忠诚	溢价购买	⊕	未列出	Hutton(1997)
	口碑宣传	⊕		
	延伸购买	⊕		

(符号说明:"√"表示直接引用;"⊕"表示修改后引用;"∅"表示不引用。下同;另外,本书未标出的测项均来自于 B2B 情境,来源于 B2C 文献中的测项会着重标出;资料来源:本书归纳得出,下同。)

4. 1. 3. 2 "B2B 品牌满意"量表开发

在 B2C 市场中,品牌满意是达到品牌忠诚的重要中介变量,因此同样受到企业的高度关注。正如 Mudambi 等学者(1997)所言,B2C 的相关理论为 B2B 研究提供了很好的逻辑起点。因此,我们将在吸收借鉴 B2C 领域"品牌满意"相关研究的基础上,提出适合于 B2B 情境下的品牌满意量表。

表 4. 3 既有研究中 B2B 品牌满意量表项目库

变量	问项(Item)	是否采用	检验结果	来源
OB(企业顾客)满意	我们决定从该品牌购买产品/服务是明智的	√	α = 0. 961	Han, S. L. &Sung, H. S., (2008)
	我们决定从该品牌购买产品/服务感觉很好	⊕		
	我们决定从该品牌购买产品/服务感觉很高兴	∅		
	我们会向其他企业推荐该品牌	∅		

续表

变量	问项(Item)	是否采用	检验结果	来源
品牌满意	该设备超出了我最高的预期	⊕	α = 0.951 9	Taylor, Celuch& Goodwin (2004); Oliver (1997); Sirdeshmukh et al. (2002)
	该设备是我能买到或租赁到的最好的选择	∅		
	该设备确实是我们需要的	∅		
	我对于购买或租赁该设备很满意	⊕		
	我确定购买或租赁该设备是明智的决定	⊕		
	我们拥有使用该重型设备的愉快经历	⊕		
	我很高兴购买该重型设备	∅		

4.1.3.3　"B2B 品牌人情"量表开发

品牌人情是本书基于关系视角提出的 B2B 品牌资产构成，成型的文献比较缺乏。鉴于本"构念"参考了跨文化研究的相关成果，因而本书将吸纳中国本土化研究中"人际关系(人情、面子等)"的有关问项，以期待尽可能生动地刻画出中国文化背景下的"品牌关系"。

表 4.4　既有研究中 B2B 品牌人情量表项目库

变量	问项(Item)	是否采用	检验结果	来源
品牌人情	购买该品牌是出于朋友关系	⊕	未列出	李桂华，卢宏亮，刘海燕(2010)
	我们与该品牌有长期的业务往来	√		
	我们与该品牌的私人关系很好	√		
	有时候不得不考虑人际交往中的亲情和感情因素	⊕		
	我们与该品牌合作是出于熟人介绍	∅		
	在与该品牌供应商交往时，我们都会顾及双方的面子和自尊	⊕		
	购买该品牌是出于本企业自身业务发展的考虑	∅		
	我们与该品牌合作是互利双赢的	√		
人际关系	有熟人向我们公司介绍过该供应商	⊕	未列出	Alhassan G. Abdul-Muhmin (2005)
	采购过程中有送礼、回扣等人情往来的现象	∅		
	采购过程中供应商请客吃饭，喝酒等非常多	∅		

续表

变量	问项(Item)	是否采用	检验结果	来源
"真有"与"应有"之情(B2C)	这个品牌对我有很大的吸引力	∅	α=0.84 AVE=0.52	何佳讯(2006)
	为了一直使用这个品牌,我愿意做出小小的牺牲	∅		
	我觉得自己应该使用这个品牌	⊕		
	我常常情不自禁地关心这个品牌的新情况	∅		
	我一看到这个品牌,就有种亲切的感觉	∅		
人情	当伙伴方遇到问题时,我们会表现出同情或支持	∅	α=0.84	Cheng Lu Wang, Noel Y. M. Sui, Bradley R. Barnes (2008)
	当伙伴方遇到问题时,我们会给予支持	∅		
	当伙伴方遇到问题(延期交付或结算)时,我们会给予理解	∅		
	相互帮助是维持我们之间关系的重要因素	⊕		
	当对方出错时,我们会保持克制	∅		
	我们用互利双赢的方式开展业务	⊕		

4.1.3.4 "B2B品牌形象(公司形象)"量表开发

如上文所述,企业顾客将有关供应商企业的各种信息组织为公司形象,我们又将B2B品牌形象定义为基于公司层面的"德"与"能"的感知。其中,"德"是指供应商的诚信度(如社会营销意识,以及给顾客的可信赖感);"能"是指供应商满足企业顾客的能力(如企业的业务规模、实力等)。因此,在进行量表开发时,我们将围绕B2B品牌形象的构成维度进行检索,力求找到准确表征B2B品牌形象的测量指标。

表4.5 既有研究中B2B品牌品牌形象量表项目库

变量	问项(Item)	是否采用	检验结果	来源
品牌形象感知	我们相信该公司是有能力的	√	α=0.94 AVE= 0.81	Keh. H. T., Xie. Y(2009)
	我们感觉到合作企业是可信的	√		
	我们感觉该公司是讲诚信的	⊕		
供应商能力	供应商能确切地告诉我们产品/服务的绩效	∅	α=0.966	Han, S. L. &Sung, H. S., (2008)
	供应商可以迅速地运送给我们	∅		
	供应商提供给我们的产品是高质量的	∅		
	供应商投入大量的时间和精力开展研发	∅		
	供应商的管理能力很强	⊕		
	供应商了解我们的具体需要	⊕		

续表

变量	问项(Item)	是否采用	检验结果	来源
品牌信任(B2C)	我们相信这家企业	⊕	α=0.976	Han, S. L. &Sung, H. S., (2008)
	这家企业不具备胜任能力	⊕		
	这家企业值得信赖	⊕		
	与这家企业合作感觉很安全	∅		
	这家企业从来没有让我们失望	√		
品牌信任	这个品牌让我感到安全和放心	⊕	α=0.85 AVE=0.54	何佳讯(2006)
	我知道这个品牌会对它的行为负责的	∅		
	我觉得这个品牌是值得信赖的	⊕		
	这个品牌的实际表现正如我的期望	∅		
	我感觉这个品牌是诚实的	⊕		
品牌可信度	[X]品牌可以满足我们的期望	∅	α=0.88 AVE=0.77	Delgado,2004
	我们对于[X]品牌很有信心	⊕		
	[X]品牌从来没有让我们失望	⊕		
	[X]品牌保证会让我们满意	∅		
品牌意向	[X]品牌是诚实和友善的	⊕	α=0.83 AVE=0.62	Delgado等,2003 Delgado,2004
	我们会依赖[X]品牌解决与产品相关的任何问题	∅		
	在遇到问题时,[X]品牌会尽其所能让我们满意	∅		
	[X]品牌在产品出了问题后会给予我们补偿	∅		

(资料来源:本书归纳得出)

4.1.3.5　“B2B品牌的市场绩效”量表开发

供应商品牌会带给企业顾客许多市场收益,这种收益更多地体现在持续地增强顾客和品牌之间的关系,即增加消费者对于企业(产品)的品牌认知,更加信任企业品牌,并支持企业的业务活动等。

表 4.6 既有研究中 B2B 品牌市场绩效量表项目库

变量	问项(Item)	是否采用	检验结果	来源
顾客绩效	使用该供应商品牌可以获取更多顾客	⊕	α =0.916	Lee, J., Park, S. Y. Baek, I. & Lee, C. S. (2008)
	使用该供应商品牌可以维持市场份额	∅		
	使用该供应商品牌可以让顾客满意	∅		
	使用该供应商品牌可以增加顾客对我们企业的品牌认知	⊕		
	使用该供应商品牌可以增强品牌形象联想	⊕		
	使用该供应商品牌会让顾客更信任我们的品牌	⊕		
	使用该供应商品牌会让顾客增强对我们品牌信息的理解	∅		
顾客价值	使用 Y 品牌为我们企业带来了许多终端消费者	⊕	α =0.85 KMO =0.71	李桂华,卢宏亮(2010)
	消费者因为我们使用了 Y 品牌供应物而选择我们的产品	⊕		
	如果我们不使用 Y 品牌,我们的消费者会流失	∅		
市场绩效	消费者对于最终产品质量的评价	⊕	α =0.75 AVE =0.37 CR =0.74 AGFI/CFI =0.96/0.99	Baumgarth (2010)
	赢得新的消费者	⊕		
	差异化	⊕		
	改善产品形象	⊕		
	市场份额的稳定与拓展	∅		

4.1.3.6 "B2B 品牌的财务绩效"量表开发

财务绩效是指品牌带给企业财务指标上的提升,这些财务指标包括销售量、利润、投资回报等。企业的财务绩效可以通过会计指标来衡量,也可以通过感知指标来衡量。但由于企业内部财务资料很难获取以及中国资本市场发育的不完全性,因此通过会计指标衡量财务绩效的难度很大。因此,本书采用感知指标对 B2B 品牌的财务绩效加以衡量。

表 4.7 既有研究中 B2B 品牌财务绩效量表项目库

变量	问项(Item)	是否采用	检验结果	来源
财务绩效	使用该品牌会使我们的销售额增长	√	α =0.849	Jaworski&Kohli (1993); Slater&Narner; Morman&Rust (1999)
	使用该品牌会使我们的边际效益增加	√		
	使用该品牌会使我们的市场份额变大	∅		
	使用该品牌会增加我们的投资回报率	√		

续表

变量	问项(Item)	是否采用	检验结果	来源
经济绩效	与最重要的竞争对手相比财务上占优	∅	α=0.73 AVE=0.51 CR=0.75	Baumgarth (2010)
	实现了20XX年的营业额目标	⊕		
	实现了20XX年的利润目标	⊕		
财务绩效	保持与Y企业的长期关系在财务方面对我们有利	∅	α=0.72 KMO=0.75	李桂华，卢宏亮 (2010)
	购买Y企业的产品或服务对于我们来说总体上是合算的	⊕		
	与该品牌产品的一贯表现相比，其价格总体上是公道的	∅		
	因为我们使用了Y品牌，所以即使提高价格，消费者也能接受	∅		
	我们相信购买Y品牌的产品不会有财务上的风险	⊕		

4.1.3.7 "B2B品牌的管理绩效"量表开发

管理绩效是本书最新提出的一个研究变量，可供参考的量表不多。本书借鉴了营销渠道管理等方面的相关文献，描述供应商品牌对于企业顾客提升管理效率，节约交易成本方面的影响。

表4.8　既有研究中B2B品牌管理绩效量表项目库

变量	问项(Item)	是否采用	检验结果	来源
管理绩效（渠道领域）	品类研发	∅	未列出	Glynn, Motion&Brodie, (2007)
	消费者对品牌的支持	∅		
	支持经销商的促销计划	⊕		
	制造商品牌经验分享	⊕		
关系绩效（工程机械行业）	与该公司打交道很省事	⊕	CR=0.91 AVE=0.66	Cannon&Homburg (2001)
	与该公司打交道非常有效率	⊕		
	与该公司的商业关系帮助我们节约了运营成本	√		
	与该公司的商业关系使我们的设备保持良好状态	∅		
	与该公司的商业关系提高了我们承接工程竞争能力	∅		

续表

变量	问项(Item)	是否采用	检验结果	来源
管理价值	Y 供应商品牌促销使我们节约了营销成本	⊕	α =0.74 KMO =0.73	李桂华,卢宏亮(2010)
	Y 供应商可以和我们分享市场信息	√		
	Y 供应商对我们的技术支持力度很大	√		
	使用 Y 品牌可以为我们的"最终产品(服务)"增色不少	⊕		

4.1.3.8 "供应商产品形象感知"量表开发

与 B2C 市场一样,B2B 市场也需要考虑供应商产品的"综合表现"。考察供应商的产品表现既要考虑产品的质量和性能,还要考虑产品的可靠性和绩效,同时也要关注产品的价格与价值(Michell, King & Reast, 2001)。

表 4.9 既有研究中供应商产品形象量表项目库

变量	问项(Item)	是否采用	检验结果	来源
核心产品质量(对问项进行满意度测量:1 - 满意,5 - 不满意)	产品系列	∅	α =0.84 CR =0.84 AVE =0.48	Baumgarth (2008)
	容易操作	⊕		
	装配意愿	∅		
	技术水平	⊕		
	变化水平	∅		
	故障排除及维修意愿	∅		
价格形象	价格水平很满意	⊕	未列出	Kenning, Grzeskowiak, Brock, Ahlert, (2011)
	从产品中获得了价值	⊕		
	从服务中获得了价值	∅		
	价格是有弹性的	∅		
产品表现	产品 X 是一个高质量产品	⊕	α =0.83; EV (EigenValue) = 4.11; VAR (Variance explained) = 58.75%	Van Riel, Pahud de Mortanges, (2005)
	产品 X 在研发时间上很出色	⊕		
	产品 X 品质始终如一	√		
	产品 X 是一个创新性产品	⊕		

4.1.3.9 "供应商服务形象感知"量表开发

相对于 B2B 领域,B2C 文献对于服务及服务质量的研究已比较成熟,因此本书将借鉴部分 B2C 研究成果。同时,货品的配送(物流)只是企业间众多服务项目中的一个,因此我们将其作为整体服务的一部分加以看待而不再单独列出。另外,企业的科学决策需要大量的信息,多元化信息为企业顾客评价供应商的产品和服务绩效提供了多种渠道,因此需要考虑供应商的信息支持服务(Van Riel 等, 2005)。

表 4.10 既有研究中供应商服务者形象量表项目库

变量	问项(Item)	是否采用	检验结果	来源
配送服务形象	我们公司在照顾生意伙伴方面是出了名的	∅	CR =.94 AVE =.78	Davis, Golicic& Marquardt (2009)
	我们的客户可以可靠地预测到我们的工作绩效	∅		
	与其他物流服务提供者相比,我们一直被认为是高质量配送服务的佼佼者	⊕		
	与其他物流服务提供者相比,我们很受尊重	∅		
	我们的品牌拥有丰富的历史	∅		
服务过程质量(对问项进行满意度测量:1-满意,5-不满意)	技术服务	⊕	α =0.77 CR =0.78 AVE =0.42	Baumgarth, 2008
	样品提供	⊕		
	配送时间(交货期)	⊕		
	销售档案	⊕		
	培训	⊕		
服务质量	有现代化的服务设施	∅	未列出	SERVQUAL 模型
	服务设施具有吸引力	∅		
	公司的设施与他们所提供的服务相匹配	∅		
	能准时地提供所承诺的服务	√		
	顾客遇到困难时,能表现出关心并帮助	⊕		
	不能指望他们告诉顾客提供服务的准时时间(订货后的准确发送时间)	⊕		
	期望他们提供及时的服务是不现实的	∅		
服务表现	对服务质量很满意	⊕	未列出	Kenning, Grzeskowiak, Brock, Ahlert, (2011)
	服务是可靠的	⊕		
	服务是容易获得的	⊕		

续表

变量	问项(Item)	是否采用	检验结果	来源
服务绩效	供应商的技术支持力度很大	∅	SymbolaA @ = 0.80; EV (Eigen-Value) = 1.59; VAR(Variance explained) = 22.70%	Van Riel, Pahud de Mortanges, (2005)
	我们对于供应商生产过程的支持很满意	⊕		
	我们对于供应商研发支持很满意	⊕		
配送服务	产品 X 的订货很方便	√	α=0.89; EV(EigenValue) = 3.07; VAR(Variance explained) = 43.85%	
	产品 X 总是在需要时及时送达	⊕		
	产品 X 总是送到最需要的地方	√		
	产品 X 的配送很可靠	⊕		
信息服务	服务人员理解我们的需要	∅	α=0.92; EV(EigenValue) = 5.90; VAR(Variance explained) = 65.58%	Van Riel, Pahud de Mortanges, (2005)
	我们对于有关产品 X 的信息很满意	∅		
	有关产品 X 的在线信息质量很高	∅		
	有关产品 X 的文件资料质量很高	∅		
	如果我需要补充有关产品 X 的信息,我可以迅速得到它	∅		
	供应商提供的信息很充分	⊕	未列出	网络评论

4.1.3.10 “供应商人员形象感知”量表开发

在 B2B 交易中,买卖双方需要坐下来面对面交流,因此企业间人员沟通无疑成为决定企业间交易成败的重要因素。当采购的产品技术非常复杂或价值非常昂贵时,企业顾客就倾向于与供应商建立一种“增值式(value-added)”关系。企业顾客的购买决策会在综合评价供应商边界管理人员的仪表、技能、态度、行为、沟通方式等方面的基础上做出。

表 4.11 既有研究中供应商人员形象量表项目库

变量	问项(Item)	是否采用	检验结果	来源
销售人员	销售人员是和蔼可亲的	⊕	未列出	Lynch&de Chernatony(2007)
	销售人员是善于表达的	⊕		
	销售人员是善于分析的	∅		
	销售人员是驱动器	∅		

续表

变量	问项(Item)	是否采用	检验结果	来源
销售人员	销售人员对我们非常坦诚	⊕	α =0.859 AVE =0.630	Gassenheimer& Manolis (2001)
	我们公司的人信任销售人员	⊕		
	销售人员关心我们的利益	⊕		
人员表现	批发商人员是可靠的	⊕	未列出	Kenning, Grzeskowiak, Brock, Ahlert(2011)
	是有能力的	⊕		
	随叫随到	√		
	不厌其烦地回答问题	∅		
	是值得信赖的	⊕		
	总是很友好	⊕		
	办事灵活	⊕		
	用令人满意的方式解决我们的抱怨	⊕		
服务质量(B2C)	员工有整洁的服装和外套	∅	未列出	SERVQUAL 模型
	员工并不总是愿意帮助顾客	⊕		
	员工因为太忙以致于无法立即提供服务,满足顾客的需求	∅		
	正确记录相关问题	∅		
服务人员	Y 公司拥有技能过硬的雇员	√	α =0.86; EV(EigenValue) = 1.46; VAR(Variance explained) = 16.18%	Van Riel, Pahud de Mortanges, (2005)
	Y 公司的员工穿着整洁干净	√		
	我们信任 Y 公司的员工	√		
	Y 公司的工作人员总是愿意帮助买家	⊕		

4.1.3.11 “供应商网络形象感知”量表开发

企业网络理论在创新/创业研究中运用较多,相关理论也很成熟,因此本书借鉴了该领域的相关研究成果。对于企业关系网络的研究可以从网络能力和网络地位等视角展开。网络能力和网络地位都是多维度构念,因此在测量时,有些文献采用了一阶模型,而有些则采用了二阶模型进行分析(任胜钢等,2011)。

表 4.12 既有研究中供应商网络形象量表项目库

变量	问项(Item)	是否采用	检验结果	来源
企业网络能力	公司在市场开发中能敏锐发现潜在的合作机会	∅	未列出	网络评论 任胜钢等,2011
	公司了解自身拥有的某些资源是其他企业所需要的	∅		
	公司积极接触拥有关系资源的潜在合作者	∅		
	公司通过合作获得更多新的合作伙伴	⊕		
	公司常指导对外交流人员的工作并帮助协调外部关系	⊕		
	公司经常评估与合作伙伴合作的实际效果	∅		
	公司经常和合作伙伴讨论合作关系的进展	⊕		
	公司根据经验持续性地深化和改善与合作伙伴的关系	⊕		
	公司善于在不同的合作关系活动中合理分配企业的资源	∅		
	公司善于有效整合多元合作伙伴的技术或其他资源	∅		
网络地位	X 公司是该行业的领军企业	√	未列出	网络评论

4.1.3.12 “供应商社会(责任)形象感知”量表开发

供应商“社会形象”的构念测量主要考虑供应商在追求自身利润目标的同时,参与和履行针对利益相关方,如社区、环境、员工、合作伙伴、政府等的社会化活动和责任的积极性。企业社会责任的概念及理论框架发端于欧美国家的企业实践,而在中国特定的制度背景与社会文化背景下,不能简单复制或照搬西方的企业社会责任概念范畴及研究结果。因此,一些学者也归纳了反映中国企业社会责任内涵的维度构成。本书将参考下列研究成果形成社会形象感知测量量表。

表 4.13 既有研究中供应商社会形象量表项目库

变量	问项(Item)	是否采用	检验结果	来源
企业社会责任	供应商对于当地社区很关注	⊕	$\alpha=0.86$ AVE = 0.55 CR = 0.86	Lai(2010) Maignan, Ferrel&Hult (1999)
	供应商很注重环保	⊕		
	供应商非常顾及采购者的利益	⊕		
	供应商非常顾及女性及残疾人雇员的利益	∅		
	供应商是企业社会化活动的积极参与者	∅		

续表

变量	问项(Item)	是否采用	检验结果	来源
企业社会责任(五个维度)	回馈社会	⊕	未列出	金立印(2006)
	赞助教育文化等社会公益事业	⊕		
	保护消费者权益	∅		
	保护自然环境	⊕		
	承担经济方面的责任	∅		
企业社会责任(九个维度)	员工发展与权益	⊕	未列出	徐尚昆(2010)
	环境保护	⊕		
	法律责任	∅		
	公益慈善	⊕		
	经济责任	∅		
	客户导向	⊕		
	社会稳定与进步	∅		
	促进就业	∅		
	商业道德	⊕		

4.1.3.13 “供应商使用者形象感知”量表开发

在 B2C 营销情境下,使用者形象是指品牌使用者的人口统计特征,这是“硬性”方面的特征。另外还包括使用者的个性、价值观和生活形态等软性方面的特征(何孝德,2006)。但在 B2B 情境下,使用者的形象特征发生了“质”的变化。因为,B2B 情境下的使用者也是企业,因此企业顾客的形象是指企业的自然状况(如规模、能力等)、行为倾向及声誉等。从 B2B 网站获取的网络评论显示,企业顾客很看重供应商品牌的使用范围及使用者的实力,也就是说,哪些企业在采购这个品牌,这些采购企业具有何种特征。

表 4.14 既有研究中供应商使用者形象量表项目库

变量	问项(Item)	是否采用	检验结果	来源
使用者形象	现有客户的规模	⊕	未列出	网络评论 Massini, Lewin& Greve(2005)
	现有客户的领导地位	⊕		
	现有客户的研发能力	⊕		
	现有客户的创新能力	∅		
	现有客户的市场占有率	⊕		

续表

变量	问项(Item)	是否采用	检验结果	来源
参照群体	现有客户是业界的精英企业	⊕	未列出	Fiegenbaum& Thomas(1995)
	现有客户拥有良好的管理实践	√		
“意见领袖型”企业	现有客户规模较大	√	未列出	Webster (1970)
	现有客户热衷于新品研发	⊕		
	现有客户高层管理者有进取心	∅		
	现有客户业绩良好	⊕		

4.1.4 问项选取原则

(1)代表性原则。所选择的问项是在相关文献中多次出现,能够代表该变量的核心构面,或者出现不多但可以反映某变量的独特构面。

(2)相关性原则。所选择的问项可以反映和测量变量的概念内涵。

(3)一致性原则。所选择的问项已被既有文献证明具有较高信度。除此之外,正式调研之前,我们还会通过预调查得到的数据进行信度和效度检验,然后再进行正式调查。

(4)全面性原则。所选择的问项可以覆盖和测量变量内涵的所有构面。

(5)通俗易懂原则。所选择的问项必须容易被人理解,没有歧义且容易做出评判。

4.1.5 初始量表问项构成

根据以上原则,本书在量表开发过程中,邀请了3位营销学者、7位在校具有采购经验的MBA、EMBA学员以及4位目前正在从事一线采购工作的企业员工对量表项目库中的每一个问项的语义、表述、内容进行了认真全面的梳理。

初始化量表保留了其中具有代表性的问项(如表中打“√”的问项),修改了问项的表述方式,如将“Y公司的工作人员总是愿意帮助买家”变为“Y公司的工作人员总是愿意帮助我们”(参见表中打“⊕”的问项),直接删除了与本书内容不符或与其他问项有重复又不具有代表性的问项(参见表中打“∅”的问项),最终形成了本书的初始化量表。该量表共包括13个潜变量、60个实测问项。初始化问卷涉及的指标如表4.15所示。

表 4.15　初始化问卷变量及问项构成

潜变量	标注代码	指标
供应商产品形象感知	PROI1	产品价格合理
	PROI2	产品性价比很高
	PROI3	产品技术先进
	PROI4	产品的品质始终如一
供应商服务形象感知	SEVI1	技术服务很到位
	SEVI2	能准时地提供所承诺的服务
	SEVI3	产品总是能够送到最需要的地方
	SEVI4	配送很可靠
	SEVI5	提供的产品信息很充分
供应商人员形象感知	STAI1	拥有技能过硬的雇员
	STAI2	工作人员总是愿意帮助我们
	STAI3	工作人员随叫随到
	STAI4	我们信任该公司员工
	STAI5	服务人员态度友好
供应商网络形象感知	NETI1	拥有大量的商业伙伴
	NETI2	是业界领袖
	NETI3	关系网很大
	NETI4	该公司经常和我们讨论合作关系的进展
	NETI5	该公司愿意持续地改善与我们的伙伴关系
供应商社会形象感知	SOCI1	对于当地社区很关注
	SOCI2	很注重环保
	SOCI3	顾及采购者的利益
	SOCI4	积极参与各种企业公益活动
	SOCI5	拥有良好的商业道德
供应商使用者形象感知	USEI1	该公司现有客户的企业规模很大
	USEI2	该公司与业界龙头企业有业务往来
	USEI3	该公司现有客户的研发能力很强
	USEI4	该公司现有客户业绩优良
	USEI5	该公司现有客户拥有良好的管理实践
B2B 品牌忠诚	BL1	我们会与该公司继续合作
	BL2	我们会为该公司的产品/服务支付更高价格
	BL3	我们会向那些尚未做出购买决策的企业推荐该公司
	BL4	即使存在其他品牌,该公司仍是我们的首选

续表

潜变量	标注代码	指标
B2B 品牌满意	BS1	我们决定从该公司购买产品/服务是明智的
	BS2	与该公司合作让我们感觉很好
	BS3	该公司总是能够达到我们的期望
	BS4	我们对于与该公司的合作很满意
B2B 品牌人情	BR1	与该公司合作是出于朋友关系
	BR2	我们与该品牌的私人关系很好
	BR3	不与该公司合作会有损对方面子
	BR4	我们与该公司合作是互利双赢的
	BR5	我们与该公司有长期的业务往来
B2B 品牌形象	BI1	我们相信该公司是有能力的
	BI2	我们感觉到该公司是可信的
	BI3	该公司从来没有让我们失望
	BI4	该公司让我感到安全和放心
	BI5	我们感觉到该公司是诚实的
B2B 品牌的市场绩效	MARP1	与该公司合作可以获取更多顾客
	MARP2	与该公司合作会让消费者更信任我们的品牌
	MARP3	与该公司合作会改善我们的产品/企业形象
	MARP4	与该公司合作会让增强消费者对我们企业品牌的认知
B2B 品牌的财务绩效	FINP1	与该公司合作会使我们的销售额增长
	FINP2	与该公司合作会使我们的边际效益增加
	FINP3	与该公司合作不会有财务上的风险
	FINP4	与 Y 公司合作会增加我们的投资回报率
	FINP5	与该公司合作会增加我们的利润
B2B 品牌的管理绩效	MANP1	与该公司合作会帮助我们改善运营效率
	MANP2	与该公司合作很省事
	MANP3	与该公司合作让我们减少了许多技术难题
	MANP4	与该公司合作让我们的销售支持力度更大

（资料来源：本书整理开发）

第二节　预调查与正式量表形成

在前面的量表开发过程中，我们严格地遵循了量表开发规范，但仍然有犯错误的可能性。于是，本书通过小范围的预调查来进一步“纠偏”，并完成最终量表设计。

4.2.1　预调查

为了对初始量表进行预调查，本书于 2011 年 4 月对天津市内几所高校有企业采购经验的 MBA 和 EMBA 学员、博士生进行预调查。预调查共发放问卷 90 份，其中南开大学 40 份，天津大学 20 份，天津财经大学 20 份，天津工业大学 10 份。共回收 85 份有效问卷，总回收有效率为 94.4%。其中南开大学 39 份，天津大学 19 份，天津财经大学 18 份，天津工业大学 9 份。问卷以 Word 电子版为主。

基于样本数据，本书使用 SPSS17.0 对其进行了信度检验。根据克朗巴哈（Cronbachα，后文介绍）α 系数值大于 0.7，问项与总体的相关系数小于 0.4 且删除后 α 系数显著增加的原则（Gilbert&Churchill，1979），对不满足要求的问项进行删减。各潜变量测量指标的 Cronbachα 系数输出结果如表 4.16 所示。

产品形象感知的 4 个问项的 Cronbachα 值为 0.812，远大于 0.5 的一般标准，但“PROI3X 产品技术先进”的 CITC 和 SMC 值低于 0.5，且删除后 Cronbachα 值显著提高，故删除该问项。其他 3 个问项的 CITC 和 SMC 值均大于 0.5，表明该量表具有较高的信度，具体检验结果如表 4.16 所示。

表 4.16　产品形象感知信度检验结果

	项已删除的刻度均值	项已删除的刻度方差	校正的项总计相关性	多相关性的平方	项已删除的 Cronbach's Alpha 值
PROI1	13.21	8.361	.695	.534	.732
PROI2	13.17	8.039	.761	.639	.699
PROI3	14.11	10.559	.406	.266	.857
PROI4	13.55	8.333	.677	.517	.741
Cronbach's Alpha：.812					

（资料来源：本书实证研究得出；注释：项已删除的刻度均值 – Scale Mean if Item Deleted；项已删除的刻度方差 – Scale Variance if Item Deleted；校正的项总计相关性 – Corrected Item-Total Correlation，简称 CITC；多相关性的平方 – Squared Multiple Corrlelation，简称 SMC；项已删除的 Cronbach's Alpha 值 – Cronbach' s Alpha if Item Deleted。资料来源：本书计算得出。下同）

服务形象感知的 5 个问项的 Cronbachα 值为 0.840，远大于 0.5 的一般标准，但其中“SEVI1：Y 公司的技术服务很到位”的 CITC 和 SMC 值都没有达到标准，且去除后，Cronbachα 值显著提高，故作删除处理。其他 4 个问项的 CITC 和 SMC 值均高于 0.5，表明该量表具有较高的信度，具体检验结果如表 4.17 所示。

表 4.17 服务形象感知信度检验结果

	项已删除的刻度均值	项已删除的刻度方差	校正的项总计相关性	多相关性的平方	项已删除的 Cronbach's Alpha 值
SEVI1	18.89	15.912	.377	.382	.889
SEVI2	18.31	11.078	.833	.948	.751
SEVI3	18.33	10.831	.855	.953	.743
SEVI4	18.69	11.501	.745	.553	.807
SEVI5	18.56	11.481	.730	.519	.812
Cronbach's Alpha:.840					

人员形象感知的 5 个问项的 Cronbachα 值为 0.834,远大于 0.5 的一般标准,但其中"STAI1:Y 公司拥有技能过硬的雇员"的 CITC 和 SMC 值都没有达到标准,且去除后,Cronbachα 值显著提高,故作删除处理。其他 4 个问项的 CITC 和 SMC 值均高于 0.5,表明该量表具有较高的信度,具体检验结果如表 4.18 所示。

表 4.18 人员形象感知信度检验结果

	项已删除的刻度均值	项已删除的刻度方差	校正的项总计相关性	多相关性的平方	项已删除的 Cronbach's Alpha 值
STAI1	14.97	9.110	.327	.305	.841
STAI2	14.05	5.375	.793	.889	.764
STAI3	14.08	5.337	.824	.895	.750
STAI4	14.43	6.889	.684	.554	.806
STAI5	14.36	6.276	.783	.666	.813
Cronbach's Alpha:.834					

网络形象感知的 5 个问项的 Cronbachα 值为 0.770,大于 0.5 的一般标准,但其中"NETI1:Y 公司拥有大量的商业伙伴"的 CITC 和 SMC 值都没有达到标准,且去除后,Cronbachα 值显著提高,故作删除处理。其他 4 个问项的 CITC 和 SMC 值均高于 0.5,表明该量表具有较高的信度,具体检验结果如表 4.19 所示。

表 4.19 网络形象感知信度检验结果

	项已删除的刻度均值	项已删除的刻度方差	校正的项总计相关性	多相关性的平方	项已删除的 Cronbach's Alpha 值
NETI1	21.64	7.219	.331	.312	.885
NETI2	20.26	6.038	.710	.772	.664
NETI3	20.80	6.663	.701	.871	.678
NETI4	20.33	6.156	.706	.775	.667

续表

	项已删除的刻度均值	项已删除的刻度方差	校正的项总计相关性	多相关性的平方	项已删除的 Cronbach's Alpha 值
NETI5	20.74	6.477	.695	.874	.675
Cronbach's Alpha:.770					

社会形象感知的5个问项的Cronbachα值为0.791，大于0.5的一般标准，但其中"SCOI2：Y公司很注重环保"的CITC和SMC值都没有达到标准，且去除后，Cronbachα值显著提高，故作删除处理。其他4个问项的CITC和SMC值均高于0.5，表明该量表具有较高的信度，具体检验结果如表4.20所示。

表4.20　社会形象感知信度检验结果

	项已删除的刻度均值	项已删除的刻度方差	校正的项总计相关性	多相关性的平方	项已删除的 Cronbach's Alpha 值
SOCI1	19.65	9.035	.614	.808	.464
SOCI2	20.84	8.627	.228	.224	.803
SOCI3	19.76	9.180	.580	.803	.478
SOCI4	20.17	9.057	.613	.584	.465
SOCI5	20.28	8.814	.590	.548	.461
Cronbach's Alpha:.791					

使用者形象感知的5个问项的Cronbachα值为0.844，大于0.5的一般标准，但其中"USEI3：Y公司现有客户的研发能力很强"的CITC和SMC值都没有达到标准，且去除后，Cronbachα值显著提高，故作删除处理。"USEI5：Y公司现有客户拥有良好的管理实践"的CITC值大于0.5，但SMC值略小于0.5，去除后Cronbach α值没有显著提高，故保留该问项。其他3个问项的CITC和SMC值均高于0.5，表明该量表具有较高的信度，具体检验结果如表4.21所示。

表4.21　使用者形象感知信度检验结果

	项已删除的刻度均值	项已删除的刻度方差	校正的项总计相关性	多相关性的平方	项已删除的 Cronbach's Alpha 值
USEI1	19.66	12.258	.796	.918	.771
USEI2	19.69	12.389	.811	.921	.768
USEI3	20.11	14.780	.422	.205	.873
USEI4	19.82	13.160	.677	.508	.805
USEI5	19.60	13.825	.578	.411	.831
Cronbach's Alpha:.844					

B2B 品牌忠诚的 4 个问项的 Cronbachα 值为 0.926,远大于 0.5 的一般标准,且 4 个问项的 CITC 和 SMC 值均高于 0.5,表明该量表具有很高的信度,具体检验结果如表 4.22 所示。

表 4.22 B2B 品牌忠诚信度检验结果

	项已删除的刻度均值	项已删除的刻度方差	校正的项总计相关性	多相关性的平方	项已删除的 Cronbach's Alpha 值
BL1	14.24	9.175	.853	.790	.896
BL2	14.48	9.393	.912	.873	.874
BL3	13.97	11.253	.686	.576	.907
BL4	14.43	9.733	.871	.799	.889
Cronbach's Alpha:.926					

B2B 品牌满意的 4 个问项的 Cronbachα 值为 0.897,远大于 0.5 的一般标准,且 4 个问项的 CITC 和 SMC 值均高于 0.5,表明该量表具有很高的信度,具体检验结果如表 4.23 所示。

表 4.23 B2B 品牌满意信度检验结果

	项已删除的刻度均值	项已删除的刻度方差	校正的项总计相关性	多相关性的平方	项已删除的 Cronbach's Alpha 值
BS1	17.87	4.808	.698	.515	.893
BS2	17.96	4.258	.867	.795	.833
BS3	18.04	4.151	.711	.515	.896
BS4	17.99	4.217	.835	.763	.844
Cronbach's Alpha:.897					

B2B 品牌人情的 5 个问项的 Cronbachα 值为 0.832,大于 0.5 的一般标准,但其中"BR4:我们与 Y 公司合作是互利双赢的"的 CITC 和 SMC 值都没有达到标准,且去除后,Cronbachα 值显著提高,故作删除处理。其他 4 个问项的 CITC 和 SMC 值均高于 0.5,表明该量表具有较高的信度,具体检验结果如表 4.24 所示。

表 4.24 B2B 品牌人情信度检验结果

	项已删除的刻度均值	项已删除的刻度方差	校正的项总计相关性	多相关性的平方	项已删除的 Cronbach's Alpha 值
BR1	18.75	15.025	.742	.611	.766
BR2	19.11	14.245	.828	.996	.739

续表

	项已删除的刻度均值	项已删除的刻度方差	校正的项总计相关性	多相关性的平方	项已删除的 Cronbach's Alpha 值
BR3	18.94	16.243	.644	.504	.795
BR4	18.62	20.872	.374	.338	.908
BR5	19.11	14.219	.829	.996	.738
Cronbach's Alpha:.832					

B2B 品牌形象的 5 个问项的 Cronbachα 值为 0.850,大于 0.5 的一般标准。但是,其中“BI4:Y 公司让我感到安全和放心”的 CITC 值大于 0.5,而 SMC 值没有达到标准,去除后,Cronbachα 值显著提高,故作删除处理。其他 4 个问项的 CITC 和 SMC 值均高于 0.5,表明该量表具有较高的信度,具体检验结果如表 4.25 所示。

表 4.25　B2B 品牌形象信度检验结果

	项已删除的刻度均值	项已删除的刻度方差	校正的项总计相关性	多相关性的平方	项已删除的 Cronbach's Alpha 值
BI1	22.66	7.147	.757	.868	.793
BI2	22.72	7.207	.728	.858	.801
BI3	22.66	7.706	.588	.557	.837
BI4	22.74	7.723	.519	.305	.857
BI5	22.66	7.037	.724	.718	.801
Cronbach's Alpha:.850					

B2B 市场绩效的 4 个问项的 Cronbachα 值为 0.844,远大于 0.5 的一般标准,且 4 个问项的 CITC 和 SMC 值均高于 0.5,表明该量表具有很高的信度,具体检验结果如表 4.26 所示。

表 4.26　B2B 品牌市场绩效信度检验结果

	项已删除的刻度均值	项已删除的刻度方差	校正的项总计相关性	多相关性的平方	项已删除的 Cronbach's Alpha 值
MARP1	12.93	12.456	.912	.861	.947
MARP2	13.01	12.701	.927	.880	.943
MARP3	13.06	12.772	.917	.842	.946
MARP4	13.07	13.157	.864	.759	.961
Cronbach's Alpha:.844					

B2B 品牌财务绩效的 5 个问项的 Cronbachα 值为 0.860,大于 0.5 的一般标准。

但是,其中“FINP2:与Y公司合作会使我们的边际效益增加”的CITC和SMC值都没有达到标准,且去除后,Cronbachα值显著提高,故作删除处理。“FINP3:与Y公司合作不会有财务上的风险”的CITC值虽大于0.5,但SMC仅为0.344,去除后Cronbach α值显著提高,故删除该问项。其他3个问项的CITC和SMC值均高于0.5,表明该量表具有较高的信度,具体检验结果如表4.27所示。

表4.27　B2B品牌财务绩效信度检验结果

	项已删除的刻度均值	项已删除的刻度方差	校正的项总计相关性	多相关性的平方	项已删除的Cronbach's Alpha值
FINP1	20.38	8.340	.835	.896	.787
FINP2	19.65	11.469	.340	.217	.902
FINP3	20.27	10.059	.542	.344	.863
FINP4	20.39	8.116	.859	.910	.779
FINP5	20.40	8.462	.837	.870	.787
Cronbach's Alpha:.860					

B2B品牌管理绩效的4个问项的Cronbachα值为0.870,大于0.5的一般标准。但是,其中“MNAP2:与Y公司合作很省事”的CITC值大于0.5,而SMC值没有达到标准,去除后,Cronbachα值显著提高,故作删除处理。其他3个问项的CITC和SMC值均高于0.5,表明该量表具有较高的信度,具体检验结果如表4.28所示。

表4.28　B2B品牌管理绩效信度检验结果

	项已删除的刻度均值	项已删除的刻度方差	校正的项总计相关性	多相关性的平方	项已删除的Cronbach's Alpha值
MANP1	15.90	5.223	.857	.867	.787
MANP2	16.17	5.350	.578	.365	.900
MANP3	16.01	5.169	.673	.504	.857
MANP4	15.93	5.296	.848	.867	.792
Cronbach's Alpha:.870					

4.2.2　问卷设计

通过预调查,本书对初始问卷进行了进一步修改,并最终确定了正式问卷的主体内容(详见附录)。

4.2.2.1　问卷结构

本书使用的正式问卷包括三个部分:

(1)问卷说明及作答提示。在问卷的最前面包括一个简短的说明性文字,说明本次调查的目的、性质和内容,对被调查者的个人信息及企业信息作出保密声明,以此增加被调查者对本次调查的信任感和参与度,进而增加问题回答的有效性。接下来,需要向被调查者说明问卷填写规则及注意事项,使其按照该说明即可独立完成问卷填答。被调查者只需要在符合其真实情况或认同的题项上打上"√"或画上"○"即可。问卷最后还提示被调查者重新审核一下问卷,做到准确无误。由于本书重点关注企业的战略性购买行为,因此在问卷前加入了一段说明:问卷中所谓"Y 公司"是指与贵公司有业务往来、具有代表性的一家供应商。Y 公司提供的商品(产品/服务 X)对贵公司的生产有重要影响。

(2)测量问项。这是问卷的主体部分,主要涉及 13 个变量的 49 个问项。详细内容不再赘言。根据现有文献来看,学者们普遍采用的是李克特(Likert)5 点或 7 点量表。李克特量表的优点是容易设计,使用范围比其他量表广,可以用来测量某些其他量表不能测量的多维"构念"或态度。通常情况下,李克特量表比同样长度的量表具有更高的信度。究竟采用几级量表,要依据实际情况而定。数量级别过多会导致被试混淆,或很难精确地分辨出不同数字代表的程度差异。若太少,则无法通过调查发现其中"细微"的差别。当采用的统计技术比较复杂时,应该使用 7 级或更高的数量尺度(康凯,2010)。综上,本书采用 7 级李克特量表。

(3)背景信息。这个部分要求被调查者就其背景信息进行回答。具体两个方面:一是被调查者本人的信息,如从业年限、岗位、性别等;二是被调查者所在企业信息,如企业规模、所处行业等。

4.2.2.2 正式问卷的风格定位

正式问卷使用 A4 纸统一打印。页面设置如页边距、行间距、对齐、字体及背景颜色等均经过了专业人士设计和审查,使得整个页面美观、醒目、专业且严谨。该调查问卷的右上角标有"NO:"字样,可以用于回收后对问卷进行统一编码,进而有利于后续统计分析工作。在每一个陈述问项后面,都标有 7 级李克特尺度,"1"代表"非常不同意","7"代表"非常同意"。随着数字增加,认同程度会逐渐加强。为了考察被调查者的回答认真程度,我们还在开始部分增加了"探测型"问题。被调查者若能如实回答问题且经常参加采购活动,则视为有效问卷;否则,将剔除该问卷。

第三节 抽样设计

4.3.1 抽样方法和调研对象

调查方式的选取与调查对象的特点高度相关。本书针对的是企业顾客进行调查,与个体消费者样本不同,企业顾客的样本数据较难获取。因此采取概率抽样(或者说随机抽样)比较困难。于是,我们采用了在实际科研中比较常用,并且比较适合B2B营销调研特点的非概率抽样方法——滚雪球抽样(Snowball sampling)和便利抽样(Convenience/Accidental sampling)。滚雪球抽样是用已经得到的个体来找到新个体的非概率抽样方法。滚雪球抽样常常用在个体很难得到的情况中。便利抽样也称偶遇抽样,它是随机选择那些离得很近、很容易得到的个体作为抽样对象的抽样方法。

既然本书定位为"B2B品牌资产本土化模型的构建与实证检验",那就需要将问卷调查的范围(抽样框)确定为全国范围内符合要求的企业。在B2B领域搜集数据很困难,已是不争的事实。但为了保证研究的信度和效度,本书依托导师的调研项目进行问卷发放。该工作环节非常关键,它决定了研究结论的可靠性,因此我们进行了严格控制,保证该环节工作的顺利开展。该调研项目涉及全国东北、西北、西南、华东、华中以及华南等地区的大、中、小型城市。为保证收集的数据具有较高的代表性,在问卷调查的地区选择上,我们首先以调查对象地域分布的均匀性为标准进行问卷调查,再次结合实地调查的可行性、调研力量及各城市产业发展水平,最终选取天津、北京、上海、成都、沈阳、哈尔滨、大庆、西安、广州、深圳、长春、济南、青岛等19个城市的企业作为本次调查的样本。

关于样本数量,不同学者有不同看法,学者们认为,大多数模型的验证需要至少100至200个样本(侯杰泰,2004)。但一般来说,样本数量越大越好。于是,我们共向上述城市派发了纸质问卷和电子问卷共计600份(具体的样本分布如表4.29所示),并由导师亲自督导,联系受访对象,努力提高有效问卷的回收率。

表4.29 各城市调查样本分布

城市	天津	上海	北京	武汉	广州	成都	西安	杭州	长春	郑州
样本数	100	50	50	30	30	30	30	30	30	30
城市	深圳	哈尔滨	济南	大庆	青岛	唐山	沧州	宁波	太原	总计
样本数	30	30	30	25	15	15	15	15	15	600

(资料来源:本书整理得出)

具体填答问卷的人员条件是:从事或参与本单位的产品采购决策的工作人员或管理人员,如高层管理人员、区域经理、采购经理、一线采购、项目经理、信息反馈人员和公司决策层相关人员等。在企业类型方面,涵盖国有企业、民营企业、三资企业等不同性质的企业群体,以及隶属于不同行业的企业单位,包括制造业、建筑业、IT业、化工业、交通运输、物流仓储、房地产、批发零售、电力、燃气给水的生产和供应等行业，具有比较好的代表性。另外在企业规模方面，我们选取企业的员工人数和销售额为测量指标。总体来说问卷样本具有较高的代表性，比较适合作有关于 B2B 品牌资产本土化模型构建方面的研究分析。

4.3.2　调研流程和样本回收

正式的问卷调查从 2011 年 5 月 30 号开始，到 2011 年 9 月 30 号截止，历时 4 个月。调查问卷通过 3 种方式送到调查对象手中，一是调研员亲自送达，督促调查对象当场回答，当场收回；二是委托熟人代为发放，调查问卷由调研员送到熟人手中，或者通过邮寄方式送达，调研员对他们就问卷调查的有关事项进行了事前说明和叮嘱；三是通过 Email 方式发送 word 版本调查问卷给调查对象，并通过电话作有关事项说明，然后让他们在网上填好后，通过 Email 返回。最终，通过印制纸质的问卷和邮寄电子版的问卷共计发放 600 份，其中纸质问卷 400 份，电子问卷 200 份。

从回收情况看，一共收回问卷 501 份，有效问卷 309 份，样本总量比较充足；其中纸质问卷 271 份，电子版的 38 份，总回收率为 83.5%，总有效率为 51.5%，表明总体回收率和有效率比较理想；纸质和电子问卷的回收有效率分别为 67.7% 和 19%，这说明纸质问卷是获取有效信息的主要形式，电子问卷回收结果不甚理想。本书对使用三种途径搜集上来的数据进行了方差分析，结果不存在显著差别。因此，我们合并了相关样本并进行统一编码、录入，总体样本的基本情况详见第五章的描述性统计结果。

第四节　统计分析方法及工具

本书使用的统计分析方法包括：描述性统计分析、信度检验、效度检验、探索性因子分析、结构方程模型检验等，采用的软件为 SPSS17.0 和 Lisrel8.70。

4.4.1　描述性统计分析

在数据分析的时候，一般首先要对数据进行描述性统计分析（Descriptive Analysis），以发现其内在的规律，再选择进一步分析的方法。描述性统计分析要对调查总体所有变量的有关数据做统计性描述，主要包括数据的频数分析、数据的集中趋势分析、数据离散程度分析、数据的分布以及一些基本的统计图形。

本书拟借助 SPSS17.0 统计软件提供的频数及百分比功能对企业顾客样本的基本背景信息（包括受访者信息及企业信息）进行统计，这些信息包括：企业规模、所在地区、经营领域、受访者工作年限等。通过这些基本信息特征的研究，可以确定本书所用样本分布的合理性、代表性以及应用于数据分析的可行性。

4.4.2 信度分析

信度(Reliability)即可靠性,它是指采用同样的方法对同一对象重复测量时所得结果的一致性程度。本书对信度的检验分为两个阶段:第一阶段是运用 SPSS17.0 软件计算目前最常用的信度系数克朗巴哈(Cronbach)α 系数,其公式为:

$$\alpha = \frac{kr}{1+(k-1)r} \tag{4.1}$$

k = 观测变量数

r = 观测变量相关系数的均值

从公式中可以看出,α 系数评价的是量表中各题项得分间的一致性,属于内在一致性系数。该方法适用于态度或意见式量表的信度分析。

第二阶段是运用 Lisrel8.70 统计软件计算测量模型中各观测变量的复相关平方(Squared Multiple Correlation, 简称 SMC),各阶因子的建构信度(Construct Reliability, 简称 CR)和平均方差抽取量(Average Variance Extracted, 简称 AVE)。

复相关平方(SMC)是有验证性因子分析计算出来单个观测变量的变异比率,可以作为单个观测变量的信度指标(Bollen,1989)。原则上,SMC 值大于 0.5 则认为该观测变量具有良好的信度,或者 SMC 的 t 检验在 0.05 的水平下显著,就可以认为该观测变量具有良好的信度(Bollen,1989)。

平均提取方差值,或称平均变抽取,是统计学中检验结构变量内部一致性的统计量,用来测量观测变量的总方差在其所对应的潜在变量方差中的比重,其计算公式如4.2,AVE 值越高,说明其对应的潜在变量的信度和收敛效度越高。一般来说,AVE 值必须大于 0.5 才可以接受(Bagozzi&Yi, 1988)。

$$AVE = \frac{\sum \lambda^2}{[\sum \lambda^2 + \sum \theta]} \tag{4.2}$$

λ = 观测变量在因子上的标准化载荷

θ = 观测变量的测量误差

组合信度(composite reliability, CR),又称建构信度,是用于评价归属潜在因子的一组潜在构建质变的内在一致性程度,其计算公式如 4.3。CR 数值越大则该因子的信度越高,也就是说,这组指标之间的相关性和内在一致性越高;CR 数值越小,则说明该因子的信度越低,即该组指标的内部一致性较差。一般来说,CR 值大于等于 0.5,就可以说该因子具有良好的信度,当然有些学者认为,该值必须大于等于 0.6 才可以被接受(Bagozzi&Yi, 1988)。

$$CR = \frac{(\sum \lambda)^2}{(\sum \lambda)^2 + \sum \theta} \tag{4.3}$$

λ = 观测变量在因子上的标准化载荷

θ = 观测变量的测量误差

4.4.3　效度分析

效度(Validity)即有效性,它是指测量工具或手段能够准确测出所需测量事物的程度。效度是指所测量到的结果反映所想要考察内容的程度,测量结果与要考察的内容越吻合,则效度越高;反之,则效度越低。本书在量表开发和预调查过程中,对测量的内容效度和建构效度进行了严格的把握。在量表开发时,我们尽量引用一些比较成熟的量表,并根据研究情境进行了适当修改;另外,本书还对企业内具有采购经验的人员进行了深度访谈,并参考国内外 B2B 营销专家的意见对量表的测项数量、提问方式、语言表述等作了认真修改,使之具有较高的内容效度。

在建构效度上,本书拟进行收敛效度(Convergent Validity)和判别效度(Discriminant Validity)检验。收敛效度是指测量模型的不同指标指向同一变量的程度,在测量相同变量的两个以上有效测项具有高度相关性则认为收敛效度较好,可以通过验证性因子分析(CFA)中因子载荷值来判断,也可以通过 AVE 值(>0.5)或不规范拟合指数(NNFI >0.9)来判断。判别效度是指不同变量测量的相互区别程度,可以通过 AVE 平方根大于该变量与其他各变量间相关系数来判断。

4.4.4　探索性因子分析

探索性因子分析法(Exploratory Factor Analysis,EFA)是一项用来找出多元观测变量的本质结构、并进行降维处理的统计分析方法。因而,本书将通过 EFA 萃取出几个核心因子,并将其与 B2B 品牌资产本土化模型中界定的因子进行对比,察观二者是否存在明显差异。进行探索性因子分析要注意,在进行因子分析之前,需要对各个变量进行 KMO(Kaiser-Meyer-Olkin)和巴特莱特球形检验(Bartlett test of sphericity),看其是否适合做因子分析。一般认为 KMO 值大于 0.7 就可以接受,若大于 0.8 则比较适合作因子分析,大于 0.9 表示非常适合。巴特莱特球形检验的标准为:若统计量的卡方近似值越大,越适合作探索性因子分析;统计量对应的概率值(P 值)应在给定的显著水平(一般小于 0.05),则认为适合作因子分析,反之则不适合。

本书将选择以特征根大于 1 为标准,进行方差最大正交 Varimax 旋转,再进行因子萃取。

4.4.5　结构方程分析

结构方程模型(Structural Equation Modeling,简称 SEM)是一种基于变量的协方差距阵来分析变量之间关系的统计方法,在心理学、社会学、经济学、行为科学等领域得到广泛应用,本书将采用结构方程模型检验构建的 CB2BE 模型是否成立。

结构方程模型是一种建立、估计和检验因果关系模型的方法。与传统的回归分析不同,结构方程分析能同时处理多个因变量,并可比较及评价不同的理论模型。结构方程模型允许自变量和因变量含有测量误差,变量可以用多个问项测量,传统的回归由于不能排除误差干扰而使结果出现偏差。在传统路径分析中,我们只估计每一个路径(变量间关系)的强弱。在结构方程分析中,除了上述参数的估计外,我们还可以计算不同模型对同一个样本数据的整体拟合程度,从而判断哪一个模型更接近数据所呈现的关系。

结构方程模型是验证性因子模型和(潜变量)因果模型的结合,所包含的因子模型部分称为测量模型(measurement model),其中的方程称为测量方程(measurement equation),描述了潜变量与指标之间的关系。结构方程模型包含的因果模型部分称为潜变量模型(latent variable model),也成为结构模型,其中的方程成为结构方程(structural equation),描述了潜变量之间的关系(侯杰泰, 2004)。

在 SEM 中,主要有两类变量,一是可观测变量(测量变量、显变量),分为外生可观测变量和内生可观测变量,用于反映相对应的各潜变量,在问卷中,表示为量表中的各个问项;二是潜变量,分为外生潜变量和内生潜变量,往往是不能直接观察的比较抽象的概念,外生潜变量作用于内生潜变量,潜变量是理论模型中欲研究的变量,或称为因子。

SEM 可以分为测量模型(外部模型)和结构模型(内部模型)两部分。测量模型用于检验观测变量和相应潜变量之间的关系,常用于验证性因子分析,做量表信度和效度检验。结构模型用于检验外生潜变量和内生潜变量之间的关系,也是对理论模型的检验。两个模型方程式表示为:

测量模型方程式:

$$y = \Lambda_y + \varepsilon \tag{4.4}$$

$$x = \Lambda_x + \delta \tag{4.5}$$

上式中,y 代表内生观测变量组成的向量,x 代表外生观测变量组成的向量;Λ_y 代表内生观测变量到内生潜变量之间的因子载荷矩阵,Λ_x 代表外生观测变量到外生潜变量之间的因子载荷矩阵:ε 代表内生观测变量的测量误差,δ 代表外生观测变量的测量误差。

结构模型方程式:

$$\eta = B\eta + \Gamma\xi + \zeta \tag{4.6}$$

表 4.30 模型的拟合指标

指标名称	指标描述	建议拟合值
χ^2/df(卡方/自由度)	考虑模型复杂度后的卡方值,该值越小,表示模型拟合度越高	$\chi^2/df<2$（一般来说,2－5都可接受）
RMSEA（root mean square error of approximation,近似误差均方根）	比较理论模型与饱和模型的差距,RMSEA值越小,模型拟合度越佳	RMSEA <.05
GFI(goodness-of-fit index,拟合度指数)	表示假设模型可以解释观察数据的方差与协方差的比例,考察模型的解释力	GFI >.90
AGFI(adjusted GFI,调整后拟合度指数)	类似于回归分析中的调整后可解释变异量,考虑模型复杂度后的GFI	AGFI >.90
NFI(normed fit index,正规拟合指数)	反映假设模型与一个观测变量间没有任何共变假设的独立模型的差异	NFI >.90
NNFI(non-normed fit index,非正规拟合指数)	考虑模型复杂度后的NFI指数	NNFI >.90
CFI（comparative-fit index,比较拟合指数）	假设模型与独立模型的非中央性差异	CFI >.95
IFI(incremental fit index,增量拟合指数)	用来处理NNFI波动以及样本大小对NFI的影响问题	IFI >.90
PNFI(parsimony NFI,简约规范拟合指数)	反映SEM假设模型的简约程度	PNFI >0.5
PGFI(parsimony GFI,简约优度拟合指数)	反映SEM假设模型的简约程度	PGFI >0.5

（资料来源:邱皓政,林碧芳.结构方程模型的原理与应用[M].北京:中国轻工业出版社,2009.）

在4.6式中,η代表内生潜变量构成的向量,ξ代表外生潜变量构成的向量,B代表内生潜变量之间的路径系数矩阵,Γ代表外生潜变量的路径系数矩阵,ζ代表结构方程的误差项构成的向量,反映了η在方程中未能被解释的部分。

模型假设:

1)测量方程误差项ε、δ的均值为零;

2)结构方程残差项ζ的均值为零;

3)误差项ε、δ与因子η、ξ之间不相关,ε与δ不相关。

4)残差项ζ与ξ、ε、δ之间不相关。

结构方程分析可以进行如下分析:(a)模型构建(model specification),包括指定观测变量(指标)与潜变量(因子)的关系以及各潜变量间的相互关系等;(b)模型拟合(model fitting),其目标是求参数使得模型隐含的协方差矩阵(即再生矩阵)与样本协方差矩阵"差距"最小;(c)模型评价(model assessment),包括检验参数与预设模型的关系是否合理以及模型的整体拟合指数,如 NNFI、CFI、RMSEA 等,以衡量模型的拟合程度(模型的拟合优度指标如表 4.30 所示);(d)模型修正(model modification),用样本数据去修正重组测量模型,再检查新模型的拟合指数。

第五章　CB2BE 模型检验与分析

在前面的章节中，我们完成了信息采集工作，共获得309份有效样本。在此基础上，本章旨在验证本书提出的B2B品牌资产本土化模型，即CB2BE模型。本章将要进行的模型检验和分析内容包括：样本的描述性统计分析、模型信度和效度检验、探索性因子分析、结构方程分析（验证性因子分析、模型拟合度分析、标准化路径分析）等。

第一节　样本特征描述

本书共得到有效问卷309份，样本的基本特征包括调查对象行业分布、组织性质、被调查组织规模（员工人数和企业销售额）、购买商品类型以及被调查者的人口统计因素（性别、年龄、学历以及从事采购年限等）。本书将上述特征概括为两个方面：组织特征和被调查者特征，并分别予以统计描述。

5.1.1　回收样本的城市分布

从样本的城市分布来看，基本覆盖了东北、华北、华南、华东、华中、西北、西南等各个区域内的“核心”城市（见表5.1）。样本分布的广泛性提高了研究结果的普适性，也提高了研究结果的“外部效度”。

表5.1　样本的城市分布

城市名称	问卷发放数	回收问卷数	问卷回收率	有效问卷数	问卷有效率
天津	100	91	91%	52	52%
上海	50	44	88%	21	42%
北京	50	40	80%	27	54%
武汉	30	27	90%	18	60%
广州	30	15	50%	12	40%
成都	30	24	80%	14	46.7%
西安	30	25	83.3%	16	53.3%
杭州	30	20	66.7%	12	40%
长春	30	27	90%	19	63.3%
郑州	30	25	83.3%	18	60%
深圳	30	26	86.7%	14	46.7%
哈尔滨	30	30	100%	19	63.3%

续表

城市名称	问卷发放数	回收问卷数	问卷回收率	有效问卷数	问卷有效率
济南	30	28	93.3%	14	46.7%
大庆	25	25	100%	15	60%
青岛	15	14	93.3%	11	73.3%
唐山	15	12	80%	7	46.7%
沧州	15	12	80%	10	66.7%
宁波	15	7	46.7%	5	33.3%
太原	15	9	60%	5	33.3%
总计	600	501	83.5%	309	51.5%

（资料来源：本书整理得出）

5.1.2 受访者所在组织特征

在回收的309份有效问卷中，46.3%的调查对象来自于制造业，这与制造企业采购行为最为频繁的事实非常吻合，也从一个侧面说明本书的样本构成比较合理。另外，批发与零售业、建筑业、租赁和商务服务业的受访样本比重也比较大，分别占到11%、10.7%和9.4%，采矿、化工、IT产业、电力燃气及水的生产与供应业、交通运输、仓储和邮政业、卫生、社会保障和社会福利业等比重则相对较少，具体频数及百分比如表5.2所示。

表5.2 受访者所在行业分布

		频数	百分比	有效百分比	累计百分比
有效值	制造业	143	46.3	46.3	46.3
	建筑业	33	10.7	10.7	57.0
	IT产业	12	3.9	3.9	60.9
	采矿业	9	2.9	2.9	63.8
	化工业	9	2.9	2.9	66.7
	批发和零售业	34	11.0	11.0	77.7
	电力、燃气及水的生产与供应业	13	4.2	4.2	81.9
	交通运输、仓储和邮政业	8	2.6	2.6	84.5
	卫生、社会保障和社会福利业	5	1.6	1.6	86.1
	租赁和商务服务业	29	9.4	9.4	95.5
	其他	14	4.5	4.5	100.0
	合计	309	100.0	100.0	

（资料来源：本书整理而成）

在获取的有效样本中，来自于国企（国有资产控股）、私营或民营企业的样本量最大，分别占到 27.1% 和 36.6%，政府或非盈利性单位的样本量比重最小，只有近 4.0%，与企业采购相比，政府或非盈利机构的购买频次或购买量相对较少，企业购买仍是产业市场中的主力军。被调查者所在组织性质的统计频数及百分比如表 5.3 所示。

表 5.3　受访者所在的组织性质

		频数	百分比	有效百分比	累计百分比
有效值	外商独资企业	65	21.0	21.2	21.2
	中外合资企业	34	11.0	11.1	32.3
	国企（国有资本控股）	83	26.9	27.1	59.4
	私营或民营企业	112	36.3	36.6	96.0
	政府或非赢利性单位	12	3.9	4.0	100.0
	合计	306	99.1	100.0	
缺失值		3	.9		
合计		309	100.0		

（资料来源：本书整理得出）

由表 5.4 可得知，在此次调查的样本中，人数少于 100 人的小型企业所占比重较小，占到 26.1%，而有 28.1% 的样本来自于 1000 人以上的较大企业，其他样本来自于 100 人以上 1000 人以下的中等规模企业。总体而言，各种类型企业数量分布均匀，比较具有代表性。

表 5.4　调查组织的员工人数

		频数	百分比	有效百分比	累计百分比
有效值	50 人以下	41	13.3	13.9	13.9
	50－99 人	36	11.7	12.2	26.1
	100－499 人	65	21.0	22.0	48.1
	500－1 000 人	66	21.4	22.4	70.5
	1 000 人以上	87	28.1	29.5	100.0
	合计	295	95.5	100.0	
缺失值		14	4.5		
合计		309	100.0		

（资料来源：本书整理得出）

从表5.5可以看到,此次问卷调查的企业中,32.1%的企业平均年销售额都在10 000万元以上,组织规模较大;销售额低于100万的企业只占18.7%,其他企业的平均销售额都在100万-2500万之间。

表5.5　调查组织的平均年销售额

		频数	百分比	有效百分比	累计百分比
有效值	50万以下	27	8.7	9.0	9.0
	50-99万	29	9.4	9.7	18.7
	100-249万	25	8.1	8.4	27.1
	250-499万	30	9.7	10.0	37.1
	500-999万	31	10.0	10.1	47.2
	1000-2499万	27	8.7	9.0	56.2
	2500-10000万	35	11.3	11.7	67.9
	10000万元以上	96	31.1	32.1	100.0
	合计	300	97.0	100.0	
缺失值		9	3.0		
合计		309	100.0		

(资料来源:本书得出)

从表5.6我们可以看出,本书调查单位采购的商品类型分布较平均,其中原材料、轻型设备、重型设备、商务服务和加工材料稍多一些,组合部件以及易耗品略少一些,还有6.8%的单位采购了其他商品。这符合战略性购买的产品特征。

表5.6　调查企业采购的主要产品

		频数	百分比	有效百分比	累计百分比
有效值	重型设备	42	13.6	13.8	13.8
	轻型设备	53	17.2	17.4	31.2
	组合部件	26	8.4	8.5	39.7
	加工材料	37	12.0	12.1	51.8
	易耗品	25	8.1	8.2	60.0
	原材料	54	17.5	17.7	77.7
	商务服务	47	15.2	15.4	93.1
	其他	21	6.8	6.9	100.0
	合计	305	98.8	100.0	

续表

		频数	百分比	有效百分比	累计百分比
缺失值		4	1.2		
合计		309	100.0		

（资料来源：本书整理得出）

5.1.3　受访者人口统计特征

从受访者的性别结构来看，男性采购者占绝对多数，309 份有效样本中只有 48 人为女性，只占总样本的 15.5%。这与相对理性的采购工作性质高度相关，也与现实的产业状况基本吻合，说明本样本具有一定的代表性。

表 5.7　受访者的性别构成

		频数	百分比	有效百分比	累计百分比
有效值	男	261	84.5	84.5	84.5
	女	48	15.5	15.5	15.5
	合计	309	100.0	100.0	

（资料来源：本书得出）

由表 5.8 可以看出，本次接受调查的被调查者 80% 集中在 25 - 44 岁年龄段，而 45 岁以上和 25 岁以下的受访者较少。这表明，25 - 44 岁属于社会的中坚力量，在企业间购买行为中也扮演最为重要的角色。

表 5.8　受访者的年龄结构

		频数	百分比	有效百分比	累计百分比
有效值	25 岁以下	23	7.4	7.4	7.4
	25 - 34 岁	121	39.2	39.2	46.6
	35 - 44 岁	133	43.1	43.1	89.7
	45 - 54 岁	24	7.8	7.8	97.5
	55 岁及以上	8	2.5	2.5	100.0
	合计	309	100.0	100.0	

（资料来源：本书整理得出）

从表 5.9 可以看出，从事采购工作的被调查者，绝大部分是大学专科及以上学历

(占91.9%),且大部分都有大学本科及以上学历(占60%以上),学历水平比较高。

表 5.9 受访者的教育程度

		频数	百分比	有效百分比	累计百分比
有效值	大学本科及其以上(或相当学历)	187	60.5	60.5	60.5
	大学专科(或相当学历)	97	31.4	31.4	91.9
	中专	12	3.9	3.9	95.8
	高中	9	2.9	2.9	98.7
	初中及以下	4	1.3	1.3	100.0
	合计	309	100.0	100.0	

(资料来源:本书整理得出)

从被调查者拥有的采购工作经验来看,大部分人(90%以上)都有1年以上的采购工作经验,其中拥有10年以上经验的老员工更是占到了近23%。因此,由此调查数据得出的结论应该更加具有说服力。

表 5.10 调查者从事采购工作的年限

		频数	百分比	有效百分比	累计百分比
有效值	少于1年	23	7.4	7.5	7.5
	1-4年	151	48.9	49.4	56.9
	5-9年	64	20.7	20.9	77.8
	10-14年	49	15.9	16.0	93.8
	15年以上	19	6.1	6.2	100.0
	合计	306	99.0	100.0	
缺失值		3	1.0		
合计		309	100.0		

(资料来源:本书整理得出)

第二节 CB2BE 测量模型的信度及效度分析

5.2.1 Cronbach α 系数检验

本书在预调查的基础上,对量表进行了删减,删除了CITC和SMC值低于下限标准的问项,并运用修改后的量表开展了正式调查。最终量表的Cronbach α信度检验结果如表 5.11 所示。

表 5.11 正式量表各变量的 Cronbach α 信度检验结果

潜变量	名称代码	问项数	Cronbachα 值	标准化的 Cronbach α 值
产品形象	PROI	3	0.857	0.858
服务形象	SEVI	4	0.889	0.888
人员形象	STAI	4	0.851	0.849
网络形象	NETI	4	0.885	0.887
社会形象	SOCI	4	0.903	0.904
使用者形象	USEI	4	0.873	0.873
公司形象	BI	4	0.857	0.857
品牌忠诚	BL	4	0.926	0.925
品牌满意	BS	4	0.897	0.900
品牌人情	BR	4	0.908	0.907
市场绩效	MARP	4	0.962	0.962
财务绩效	FINP	3	0.973	0.974
管理绩效	MANP	3	0.900	0.909

（资料来源：本书计算得出）

5.2.2 探索性因子分析

接下来，本书将对企业顾客样本数据进行探索性因子分析（EFA），以检验 CB2BE 模型中各初级维度界定的有效性，即划分的维度能否与数据相拟合。在进行探索性因子分析之前，首先需要做 KMO 和巴特莱特（Bartlett）球体检验，进而验证现有量表是否适合做 CFA。从最终结果来看，KMO = 0.727，并且 Bartlett's 球形检验显著（$p < 0.000$），说明该量表适合做 CFA，结果详见表 5.12。

表 5.12 KMO 和 Bartlett 的检验

取样足够度的 Kaiser-Meyer-Olkin 度量。		.727
Bartlett 的球形度检验	近似卡方	15 313.885
	df	1 176
	Sig.	.000

（资料来源：本书计算得出）

为了防止同源偏差的出现，我们将回收的 309 份有效问卷中的所有问项同时纳入到探索性因子分析的结构中来，结果显示，问卷中的首因子方差贡献率为 11.94%，在可接受范围内。同时，本书采用主成分因子分析法检验量表的效度，以特征根值1为标准来截取数据,并采用方差最大化正交旋转,结果显示,所有问项清晰地载荷为13个因子,累计方差贡献率为79.823%,详细结果参见表5.13。

表5.13 主成分分析结果

成份	初始特征值			提取平方和载入			旋转平方和载入		
	合计	方差的 %	累积 %	合计	方差的 %	累积 %	合计	方差的 %	累积 %
1	5.849	11.936	11.936	5.849	11.936	11.936	3.629	7.406	7.406
2	4.935	10.072	22.008	4.935	10.072	22.008	3.310	6.756	14.162
3	3.776	7.706	29.714	3.776	7.706	29.714	3.183	6.497	20.659
4	3.387	6.912	36.625	3.387	6.912	36.625	3.163	6.455	27.113
5	3.160	6.450	43.075	3.160	6.450	43.075	3.147	6.423	33.537
6	2.936	5.992	49.067	2.936	5.992	49.067	3.115	6.357	39.894
7	2.782	5.678	54.745	2.782	5.678	54.745	3.035	6.193	46.087
8	2.398	4.895	59.640	2.398	4.895	59.640	2.976	6.073	52.159
9	2.338	4.772	64.412	2.338	4.772	64.412	2.873	5.863	58.022
10	2.123	4.332	68.744	2.123	4.332	68.744	2.870	5.857	63.879
11	1.890	3.858	72.602	1.890	3.858	72.602	2.853	5.823	69.702
12	1.822	3.719	76.321	1.822	3.719	76.321	2.551	5.206	74.908
13	1.716	3.502	79.823	1.716	3.502	79.823	2.408	4.915	79.823
14	.981	2.003	81.826						
15	.840	1.715	83.540						
16	.724	1.478	85.018						
17	.621	1.267	86.285						
18	.569	1.160	87.445						
19	.535	1.093	88.538						
20	.505	1.030	89.568						
21	.494	1.008	90.576						
22	.448	.914	91.490						
23	.386	.788	92.278						
24	.367	.750	93.028						
25	.353	.720	93.747						
26	.328	.670	94.417						
27	.295	.602	95.019						
28	.291	.594	95.613						
29	.249	.509	96.122						
30	.246	.503	96.624						
31	.196	.400	97.024						
32	.177	.360	97.385						
33	.167	.341	97.726						
34	.126	.257	97.983						
35	.122	.250	98.233						
36	.113	.232	98.465						
37	.109	.223	98.688						
38	.102	.208	98.896						

续表

成份	初始特征值			提取平方和载入			旋转平方和载入		
	合计	方差的 %	累积 %	合计	方差的 %	累积 %	合计	方差的 %	累积 %
39	.085	.174	99.070						
40	.073	.148	99.218						
41	.063	.129	99.347						
42	.059	.121	99.468						
43	.057	.117	99.585						
44	.054	.110	99.696						
45	.051	.104	99.799						
46	.044	.090	99.889						
47	.032	.065	99.954						
48	.021	.043	99.997						
49	.002	.003	100.000						

提取方法：主成份分析。

（资料来源：本书计算得出）

总体而言，萃取的因子与本书预设的因子基本吻合，只有“NETI4：Y 公司经常和我们讨论合作关系的进展”出现跨因子载荷的情况，并且在两个因子上的载荷都小于 0.5，经过分析，该问项确实存在双重语义，故作删除处理。除此以外，各变量相关问题的因子载荷均大于 0.5，原有变量信息丢失较少，因子结构比较理想。因此，可以判断问卷存在会聚有效性，详细结果参见表 5.14。

表 5.14 旋转成份矩阵[a]

	成份												
	1	2	3	4	5	6	7	8	9	10	11	12	13
X 产品价格合理	.054	-.028	.017	.038	.063	.086	.078	.096	.030	-.030	-.092	.839	-.013
X 产品性价比很高	.019	-.029	-.021	.113	-.042	.022	.018	.113	-.023	.035	.047	.887	-.004
X 产品的品质始终如一	.100	-.019	.044	.012	-.027	.190	-.033	.082	-.046	.026	.069	.811	-.020
Y 公司能准时地提供所承诺的服务	.192	-.030	.054	-.051	.019	.901	-.023	.051	.019	.015	-.027	.097	-.025
产品 X 总是能够送到最需要的地方	.203	-.019	.024	-.046	.001	.914	-.041	.065	-.010	-.003	-.012	.107	-.023
Y 公司的配送很可靠	.101	-.029	.002	-.061	.014	.785	.054	-.026	-.001	-.011	-.017	.057	.030
Y 公司提供的产品信息很充分	.093	.102	.016	-.129	-.025	.740	.046	.246	.011	-.062	.077	.109	.013
Y 公司的工作人员总是愿意帮助我们	.071	-.051	-.025	-.055	.027	.044	.044	.026	-.058	-.047	.896	.029	-.037
Y 公司的工作人员随叫随到	.083	-.052	-.038	-.074	-.016	.034	.058	.017	-.069	-.025	.908	.015	-.028
我们信任 Y 公司的员工	.044	.028	.052	-.010	-.018	-.099	-.015	-.054	-.045	.008	.745	.068	-.047
Y 公司的服务人员态度友好	.003	.015	.114	-.073	-.058	.046	-.034	.079	-.053	-.029	.734	-.130	.043
Y 公司是业界领袖	.002	.106	-.013	.148	.011	.043	.837	.030	.059	.101	.003	-.028	.054
Y 公司的关系网很大	-.065	.136	.102	-.038	.144	-.017	.838	.036	-.042	.015	.021	-.018	.079
Y 公司经常和我们讨论合作关系的进展	-.028	.114	.005	.123	.058	.045	.418	.014	.087	.076	.231	-.035	.409
Y 公司愿意持续地改善与我们的伙伴关系	-.044	.134	.099	-.020	.096	-.026	.854	.037	-.024	.010	-.006	-.009	.065
Y 公司对于当地社区很关注	-.025	.082	.036	.074	.885	.053	.113	-.014	.068	.170	-.012	.004	.010
Y 公司很顾及采购者的利益	-.026	.074	.040	.073	.887	-.029	.097	.002	.086	.092	-.034	.020	.015
Y 公司积极参与各种企业公益活动	.021	.066	-.018	.089	.843	.005	.065	-.002	.034	.067	.007	.029	.135
Y 公司拥有良好的商业道德	-.012	.045	-.024	.070	.839	-.014	.033	.014	5.632E-5	.017	-.034	-.080	.066
Y 公司现有客户的企业规模很大	.032	-7.186E-6	-.003	-.015	.028	-.037	-.003	.933	-.005	-.010	-.008	-.005	.025

续表

	成份												
	1	2	3	4	5	6	7	8	9	10	11	12	13
Y 公司与业界龙头企业有业务往来	.041	.013	.003	.018	.023	-.060	-.009	.937	.007	.011	-.004	.009	.017
Y 公司现有客户业绩优良	-.055	-.007	-.038	.072	.008	.204	.096	.774	-.067	-.065	-.040	.081	.007
Y 公司现有客户拥有良好的管理实践	-.084	.021	.028	-.021	-.069	.248	.042	.709	-.053	.016	.141	.193	-.081
我们会与 Y 公司继续合作	.032	.914	.082	.029	.050	.006	.108	.032	-.005	.068	.006	-.053	-.020
我们会为 Y 公司的产品/服务支付更高价格	.017	.938	.039	.076	.065	.011	.136	.005	-.026	.049	-.035	-.044	-.018
我们会向那些尚未做出购买决策的企业推荐 Y 公司	-.034	.755	.038	.225	.067	-.010	.165	-.008	.083	.003	-.061	.037	.104
即使存在其他品牌,Y 公司仍是我们的首选	-.009	.911	.025	.126	.097	.005	.107	-.002	-.003	.004	.030	-.046	-.005
我们决定从 Y 公司购买产品/服务是明智的	-.017	.089	.037	.808	.099	-.062	.032	.046	-.006	.113	-.043	.012	.051
与 Y 公司合作让我们感觉很好	.003	.072	.039	.911	.099	-.071	.069	.026	-.004	.058	-.095	-.004	.046
Y 公司总是能够达到我们的期望	-.056	.175	-.020	.804	.036	-.053	.065	-.022	-.031	.022	-.006	.088	.062
我们对于与 Y 公司的合作很满意	-.033	.078	.050	.897	.072	-.083	.043	.001	-.008	.005	-.078	.038	.033
与 Y 公司合作是出于朋友关系	.000	.007	.856	-.006	.005	.047	.039	-.014	-.015	-.042	.097	.033	.049
我们与该品牌的私人关系很好	-.005	.063	.931	.057	-.017	.000	.006	-.006	.056	-.021	.038	.022	-.004
不与 Y 公司合作会有损对方面子	.022	.039	.788	.000	.052	.041	.125	.012	-.042	-.059	-.055	.051	.021
我们与 Y 公司有长期的业务往来	-.004	.062	.933	.055	-.015	-.008	.006	-.007	.054	-.020	.038	.026	-.002
我们相信 Y 公司是有能力的	.013	-.020	-.063	.028	.098	-.003	.041	-.074	-.028	.863	.010	-.061	.050
我们感觉到 Y 公司是可信的	-.009	-.024	-.065	.010	.107	.013	.082	-.051	-.029	.849	-.038	-.051	.097
Y 公司从来没有让我们失望	.069	.088	-.041	.076	.037	-.009	.038	.020	-.042	.640	.026	.086	.141

续表

	成份												
	1	2	3	4	5	6	7	8	9	10	11	12	13
我们感觉到Y公司是诚实的	.102	.073	.021	.078	.078	-.051	.031	.053	-.024	.830	-.087	.089	.067
与Y公司合作可以获取更多顾客	.932	.019	-.012	-.024	.019	.142	-.037	-.018	.025	.058	.042	.048	.071
与Y公司合作会让消费者更信任我们的品牌	.941	.001	-.012	-.011	-.012	.120	-.048	-.013	.053	.065	.062	.070	.047
与Y公司合作会改善我们的产品/企业形象	.934	-.015	-.019	-.037	-.002	.161	-.013	-.035	.001	.032	.065	.049	.042
与Y公司合作会让增强消费者对我们企业品牌的认知	.901	.002	.056	-.038	-.048	.156	-.042	.016	-.029	.036	.052	.084	.014
与Y公司合作会使我们的销售额增长	.008	.007	.025	-.036	.062	.022	.022	-.010	.965	-.026	-.090	-.044	.046
与Y公司合作会增加我们的投资回报率	.031	.012	.012	.005	.056	.013	.023	-.041	.969	-.035	-.072	-.059	.055
与Y公司合作会增加我们的利润	.009	.021	.010	-.019	.065	-.020	.036	-.056	.954	-.067	-.079	-.048	.048
与Y公司合作会帮助我们改善运营效率	.069	-.040	.042	.068	.076	.015	.109	-.014	.042	.161	.012	.004	.917
与Y公司合作让我们减少了许多技术难题	.029	.123	-.022	.081	.059	-.056	.030	.029	.046	.088	-.069	.042	.840
与Y公司合作让我们的销售支持力度更大	.070	-.042	.054	.046	.098	.044	.069	-.033	.061	.122	-.013	-.006	.935

提取方法：主成分分析法。旋转法：具有 Kaiser 标准化的正交旋转法。

a. 旋转在 7 次迭代后收敛。

（资料来源：本研究计算得出）

5.2.3　验证性因子分析(CFA)

为了进一步评价构念的聚合效度和判别效度,我们还采用了验证性因子分析(CFA)进行检验。验证性因子分析可以被视为结构方程模型(SEM)中的测量模型检验。在一个 SEM 模型中,如果仅涉及测量模型的检验,而没有结构模型的概念,即是验证性因子分析。在此种模型中,SEM 所处理的仅仅是测量变量与潜在变量的关系(邱皓政,林碧芳,2009)。

由于本书涉猎的构念和问项较多,为此我们将构念分为三组,分别对三个子模型涉及的 13 个潜变量及 48 个测量指标进行验证性因子分析。输出标准化路径结果如图 5.1 至图 5.3 所示。该值代表共同因素对测量变项的影响,一般来说,其值超过 0.70,则表示模型适配度良好,该值若低于 0.5 则需考虑修正(考虑其与其他构念结合)或删除。

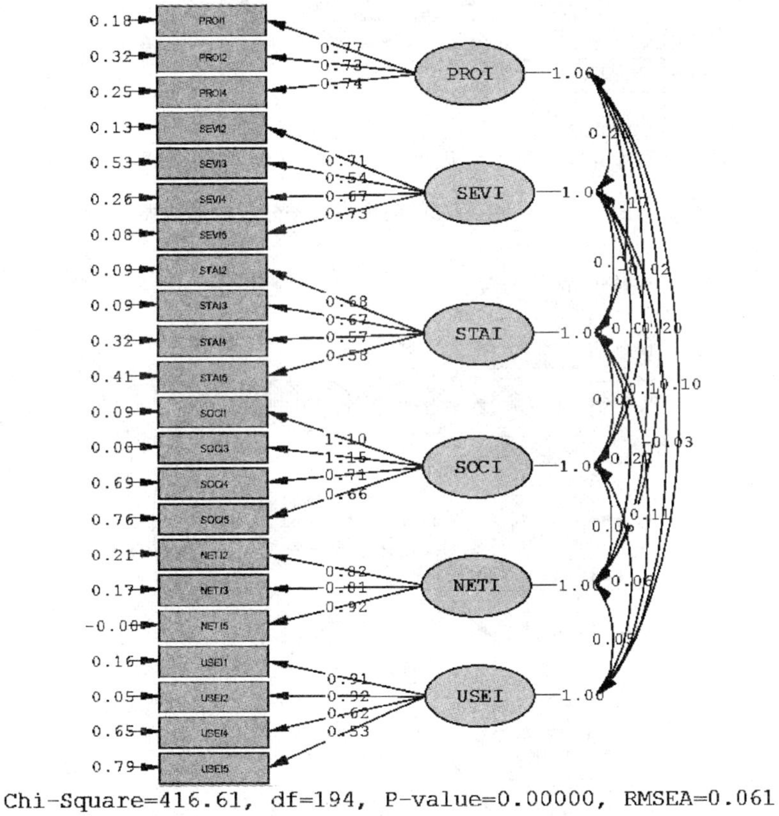

图 5.1　测量模型一的验证性因子分析数据结果

(资料来源:本书实证得出,下同)

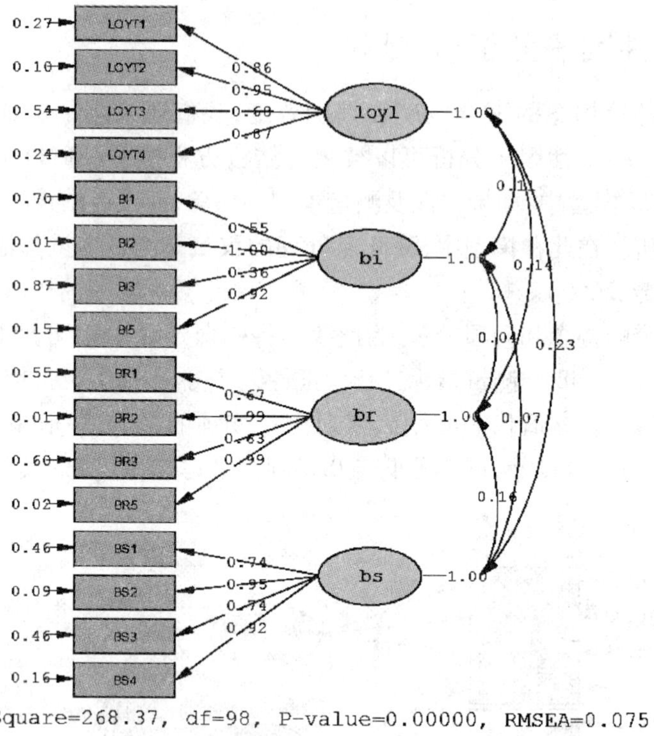

图 5.2　测量模型二的验证性因子分析数据结果

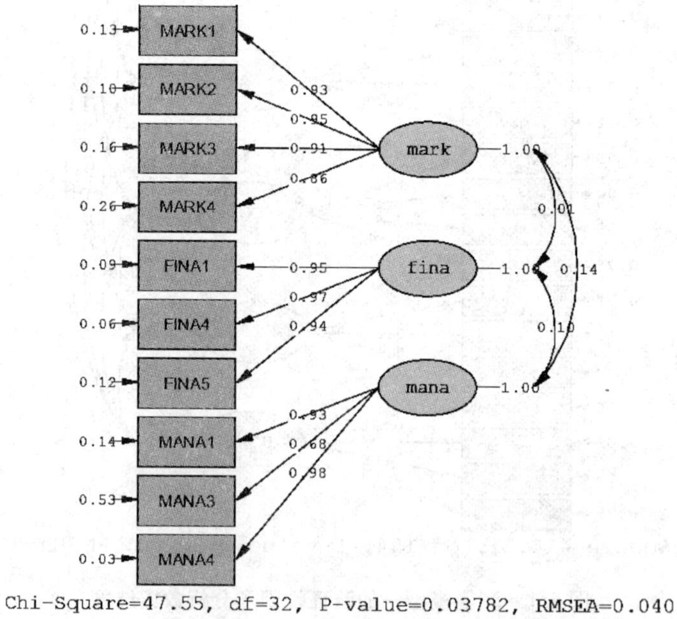

图 5.3　测量模型三的验证性因子分析数据结果

模型一检测了 B2B 品牌形象(公司形象)线索测量模型的因子结构,从 6 个因子的载荷情况看,所有问项和因子的载荷都是显著的。模型二检验了 B2B 品牌资产来源测量模型的拟合情况,统计结果表明拟合程度较好,多数问项的因子载荷在统计上都是显著的,但 BI3 问项"Y 公司从来没有让我们失望"的载荷系数偏低,说明该模型仍然有改良空间,后文将对其进一步修正。模型三检验了 B2B 品牌资产溢出价值测量模型的拟合情况,统计结果表明拟合程度较好。以上情况表明构念测量具有较高的聚合效度。测量模型的整体拟合优度检验结果如表 5.15 所示。

表 5.15　测量模型的拟合优度指标

指标名称	模型一检验结果	模型二检验结果	模型三检验结果	建议拟合值
χ^2/df	2.15	2.73	1.47	$\chi^2/df<2$
RMSEA	0.061	0.075	0.040	0 < RMSEA < 1
GFI	0.93	0.89	0.92	GFI > .90
AGFI	0.91	0.88	0.90	AGFI > .90
NFI	0.92	0.91	0.93	NFI > .90
NNFI	0.94	0.92	0.94	NNFI > .90
CFI	0.95	0.94	0.95	CFI > .95
IFI	0.95	0.93	0.95	IFI > .90
PNFI	0.77	0.56	0.76	PNFI > 0.5
PGFI	0.68	0.52	0.65	PGFI > 0.5

(资料来源:本书实证得出)

从 CFA 的输出结果来看,BI3 问项在"公司形象"的载荷系数较小(0.36),在其他因子的修正指数(MI)也不高,说明其不属于"公司形象"也不属于其他因子,故作删除处理,不纳入到结构方程模型之中。删除该问项后,模型二得到了进一步修正,修正后模型拟合情况如表 5.16 所示。

表 5.16　修正后的模型拟合情况

指标名称	模型二检验结果	模型二修正结果	建议拟合值
χ^2/df	2.73	2.54	$\chi^2/df<2$
RMSEA	0.075	0.071	0 < RMSEA < 1
GFI	0.89	0.89	GFI > .90
AGFI	0.88	0.89	AGFI > .90
NFI	0.91	0.93	NFI > .90

续表

指标名称	模型二检验结果	模型二修正结果	建议拟合值
NNFI	0.92	0.92	NNFI > .90
CFI	0.94	0.95	CFI > .95
IFI	0.93	0.93	IFI > .90
PNFI	0.56	0.58	PNFI > 0.5
PGFI	0.52	0.56	PGFI > 0.5

(资料来源:本书实证得出)

总体而言,模型二经过修正后,多项拟合指标得到了改善,如χ^2/df、RMSEA、PNFI、PGFI 等,也有个别指标仍然未能达到较高水平,如 GFI、AGFI 等,但比较接近建议值,因此可以接受。

需要特殊说明的是,从 CFA 的输出结果来看,有些问项虽然没有大于 0.7,例如 SEVI3,STAI4,STAI5,BI1 等的载荷系数刚刚达到预设要求(>0.5),但考虑到问项数量有限,故作保留处理,并纳入到后续的结构模型检验中。

5.2.4 判别效度分析

构念的判别效度可以从问项和构念两个层面来评价。从问项层面来看,每个问项在其对应的构念上的因子载荷均大于在其他构念上的载荷,这就可以说明问项具有很高的判别效度。统计输出结果(MI 值)显示,各问项不存在在其他构念上载荷系数大于对应构念载荷系数的情况。从构念层面来看,每个构念与其他构念的相关系数的平方均小于该构念的平均提取方差(AVE),就表明构念有很高的判别效度。表 5.17、表 5.18 和表 5.19 给出了研究模型中各潜变量的得分均值、标准差、AVE 值的平方根(对角线)及各变量的相关系数。由此可见,各潜变量的 AVE 值的平方根大于该变量与其他各变量间的相关系数,从而证明了该模型具有良好的判别效度。另外,所有构念的 AVE 值都处于 0.653 至 0.771 之间,均大于 0.5 的门槛值,也说明本书使用的量表具有良好效度。

表 5.17 B2B 品牌形象线索模型描述性统计与判别效度检验

变量名称	均值	标准差	CR	PROI	SEVI	STAI	NETI	SOCI	USEI
PROI(产品形象)	4.25	1.24	0.86	.849					
SEVI(服务形象)	5.16	1.45	0.89	.416	.811				
STAI(人员形象)	4.87	.84	0.85	.134	.437	.849			
NETI(网络形象)	4.72	.87	0.88	.077	.586	.298	.878		
SOCI(社会形象)	5.01	1.05	0.90	.113	.277	. 347	.407	.858	

续表

变量名称	均值	标准差	CR	PROI	SEVI	STAI	NETI	SOCI	USEI
USEI(使用者形象)	4.34	0.85	0.87	.026	.178	.359	.526	.589	.817

（资料来源：本书实证得出）

表 5.18　B2B 品牌资产来源模型描述性统计与判别效度检验

变量名称	均值	标准差	CR	BI	BR	BS	LOYL
BI(公司形象)	4.43	1.72	0.85	.816			
BR(品牌人情)	4.06	.88	0.92	.204	.824		
BS(品牌满意)	4.98	1.25	0.90	.372	.215	.849	
LOYL(品牌忠诚)	5.24	.81	0.91	.557	.065	.494	.877

（资料来源：本书实证得出）

表 5.19　B2B 品牌溢出价值模型描述性统计与判别效度检验

变量名称	均值	标准差	CR	MARP	FINP	MANP
MARP(市场绩效)	4.13	.74	0.96	.879		
FINP(财务绩效)	4.17	1.25	0.97	.425	.851	
MANP(管理绩效)	4.62	.82	0.91	.033	.356	.808

（资料来源：本书实证得出）

在验证性检验阶段，研究构念测量效度的评价指标除了因子载荷、平均提取方差(AVE)以外，还可以通过组合信度（CR）加以衡量。结果显示，所有的 CR 值均大于 0.6。综上所述，本书中构念的信度和效度测量都比较满意。

第三节　CB2BE 结构模型检验

信度和效度检验显示结构方程的测量模型，即外部模型是可信和可靠的，接下来本节将重点分析结构模型(内部模型)，主要考察潜变量之间的路径系数是否能够通过显著性检验。我们将对构成 CB2BE 模型的三个子模型及全模型做结构模型检验。

5.3.1　B2B 品牌形象(公司形象)线索模型检验

5.3.1.1　B2B 品牌形象线索模型的拟合度检验

拟合优度指标反映了结构模型整体的可接受程度。依据企业样本，本书得出的 B2B 品牌形象(公司形象)前因模型拟合优度指数如表 5.20 所示。

表 5.20　B2B 品牌形象线索模型的拟合指标

指标名称	检验结果	建议拟合值
χ^2/df	2.15	$\chi^2/df<2$
RMSEA	0.061	0 < RMSEA < 1
GFI	0.88	GFI > .90
AGFI	0.91	AGFI > .90
NFI	0.90	NFI > .90
NNFI	0.94	NNFI > .90
CFI	0.95	CFI > .95
IFI	0.95	IFI > .90
PNFI	0.77	PNFI > 0.5
PGFI	0.68	PGFI > 0.5

（资料来源:本书实证得出）

拟合度数据分析显示,该模型的拟合度比较理想。但其中$\chi^2/df=2.15$,没有达到趋近于 1 的理想值。χ^2/df 表示样本协方差矩阵 S（Sample Covariance Matrix）和估计协方差矩阵 E（Reproduced/fitted Covariance Matrix）的相似性程度。从现有研究成果来看,一般认为该值小于 5 都可以表示模型与数据的拟合标准尚可(温忠麟;侯杰泰,2004;孟庆茂,侯杰泰,2001;侯杰泰,成子娟,1999);另外,GFI = 0.88 略低于 0.9,但在可接受范围内。其他指标都能满足预设要求。

5.3.1.2　B2B 品牌形象(公司形象)线索模型的路径系数检验

接下来,本书对结构模型的路径系数关系假设进行验证。LISREL8.70 软件的输出数据给出了结构模型中各条路径关系的标准化系数和 T 值检验,详见图 5.4 和表 5.21。

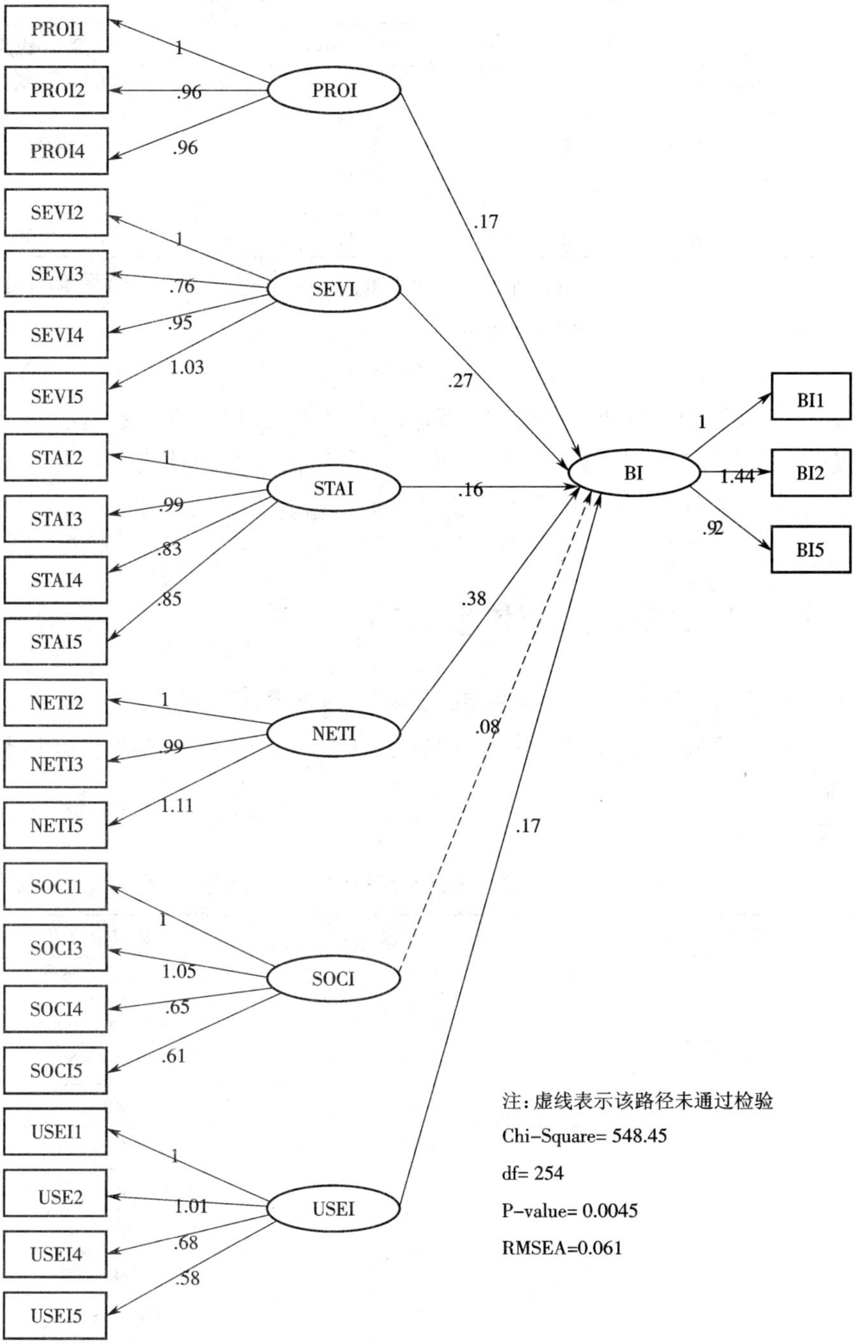

图 5.4　B2B 品牌形象（公司形象）线索模型的路径图

（资料来源：本书实证得出）

表 5.21 B2B 品牌形象(公司形象)线索结构模型检验结果

研究假设	路径关系	路径系数估计值	标准化路径系数	T 值	显著度	检验结果
H1	PROI→BI	0.10	0.17	2.39	*	支持
H2	SEVI→BI	0.17	0.27	3.70	* * *	支持
H3	STAI→BI	0.10	0.16	2.25	*	支持
H4	NETI→BI	0.20	0.38	5.01	* * *	支持
H5	SOCI→BI	0.06	0.08	0.97	n. s.	拒绝
H6	USEI→BI	0.08	0.17	2.51	*	支持

(资料来源:本书实证得出;注:n. s. 表示在 0.05 水平上不显著;* 表示在 0.05 水平上显著;* * 表示在 0.01 水平上显著;* * * 表示在 0.001 水平上显著。)

从图 5.4 及表 5.21 可知,本书针对 B2B 品牌形象(公司形象)线索模型提出的 6 条研究假设有 5 条得到了数据支持,但“研究假设 5:供应商的社会形象与公司形象之间存在正相关关系(SOCI→BI)”未能通过数据检验。有关结论将在第六章做详细解读。

5.3.2 B2B 品牌资产来源模型检验

5.3.2.1 B2B 品牌资产来源模型的整体拟合度检验

依据 309 份企业样本,本书得出的 B2B 品牌资产来源模型拟合优度指数如表 5.22 所示。

表 5.22 B2B 品牌资产来源模型的拟合指标

指标名称	检验结果	建议拟合值
χ^2/df	2.76	$\chi^2/df<2$
RMSEA	0.076	0 < RMSEA < 1
GFI	0.91	GFI > .90
AGFI	0.87	AGFI > .90
NFI	0.94	NFI > .90
NNFI	0.95	NNFI > .90
CFI	0.95	CFI > .95
IFI	0.95	IFI > .90
PNFI	0.74	PNFI > 0.5
PGFI	0.64	PGFI > 0.5

(资料来源:本书实证得出)

拟合度数据分析显示，该模型的拟合度比较理想。但其中 $\chi^2/df=2.76$，没有达到趋近于 1 的理想值。从现有研究成果来看，一般认为该值 <5 都可以表示模型与数据的拟合标准尚可（温忠麟；侯杰泰，2004；孟庆茂，侯杰泰，2001；侯杰泰，成子娟，1999）；另外，AGFI＝0.87 略低于 0.9，但在可接受范围。其他指标均能满足预设要求。

5.3.2.2　B2B 品牌资产来源模型的路径系数检验

接下来，本书对结构模型的路径系数关系假设进行验证。LISREL8.70 软件的输出数据给出了结构模型中各条路径关系的标准化系数和 T 值检验，详见图 5.5 和表 5.23。

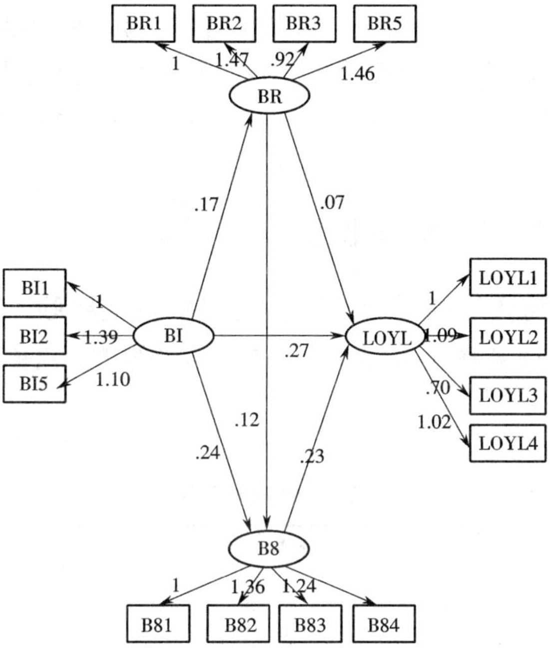

注：虚线表示该路径未通过检验，Chi-Square=232.33,df=84,P-value=0.0045,RMSEA=0.076

图 5.5　B2B 品牌资产来源模型的路径图

（资料来源：本书实证得出）

表 5.23 B2B 品牌资产累积模型的检验结果

研究假设	路径关系	路径系数估计值	标准化路径系数	T 值	显著度	检验结果
H7	BI→BR	0.31	0.17	2.30	*	支持
H8	BR→BS	0.08	0.12	1.98	*	支持
H9	BR→LOYL	0.08	0.07	1.24	n.s.	拒绝
H10	BI→BS	0.30	0.24	2.97	* *	支持
H11	BI→LOYL	0.50	0.27	3.16	* *	支持
H12	BS→LOYL	0.22	0.23	2.92	* *	支持

(资料来源:本书实证得出;注:n.s. 表示在 0.05 水平上不显著;* 表示在 0.05 水平上显著;* * 表示在 0.01 水平上显著;* * * 表示在 0.001 水平上显著。)

从图 5.5 及表 5.23 可知,本书针对 B2B 品牌资产累积模型提出的 6 条研究假设有 5 条得到了数据支持,但"研究假设 9:企业间品牌人情与企业顾客的品牌忠诚之间存在正相关关系(BR→LOYL)"未能通过数据检验。有关结论将在第六章做详细解读。

5.3.3 B2B 品牌资产溢出价值模型检验

5.3.3.1 B2B 品牌资产溢出价模型的整体拟合度检验

依据 309 份有效企业样本,本书得出了 B2B 品牌资产溢出价值模型的拟合优度指数,如表 5.24 所示。

表 5.24 B2B 品牌资产溢出价值模型的拟合指标

指标名称	检验结果	建议拟合值
χ^2/df	1.70	$\chi^2/df<2$
RMSEA	0.071	0 < RMSEA < 1
GFI	0.87	GFI > .90
AGFI	0.86	AGFI > .90
NFI	0.95	NFI > .90
NNFI	0.95	NNFI > .90
CFI	0.96	CFI > .95
IFI	0.96	IFI > .90
PNFI	0.77	PNFI > 0.5
PGFI	0.61	PGFI > 0.5

(资料来源:本书实证得出)

拟合度数据分析显示,该模型的拟合度比较理想。但其中$\chi^2/df=1.70$,没有达到趋近于 1 的理想值,但满足小于 2 的建议拟合值;另外,GFI = 0.87,AGFI = 0.86 略低于 0.9,但在可接受范围内。其他指标均能满足预设要求。

5.3.3.2　B2B 品牌资产溢出价值模型的路径系数检验

接下来,本书对结构模型的路径系数关系假设进行验证。LISREL8.70 软件的输出数据给出了结构模型中各条路径关系的标准化系数和 T 值检验,详见图 5.6 和表 5.25。

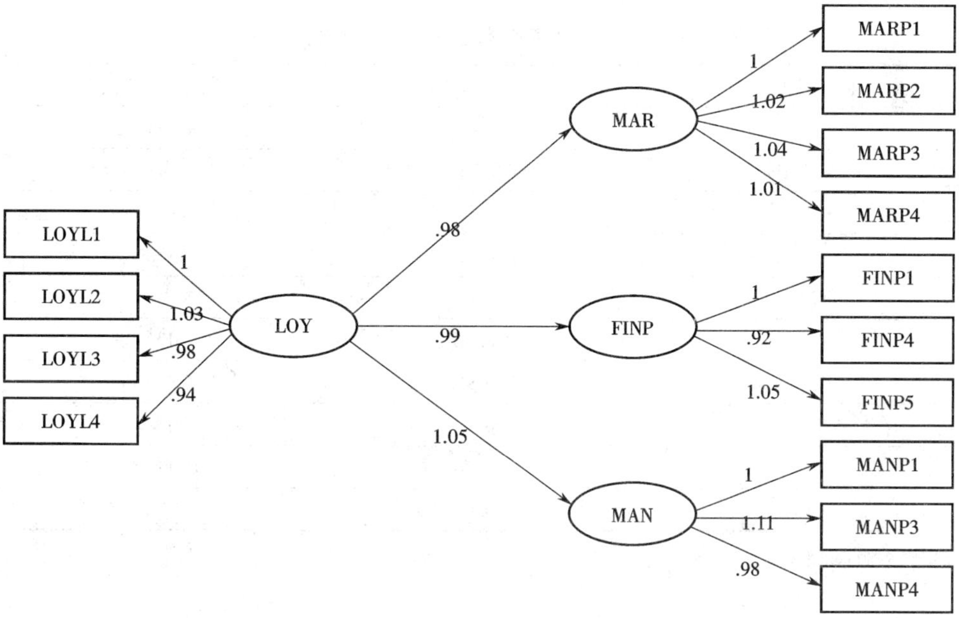

图 5.6　B2B 品牌资产溢出价值模的路径图(估计值)

(资料来源:本书实证得出)

表 5.25　B2B 品牌资产溢出价值结构模型检验结果

研究假设	路径关系	路径系数估计值	标准化路径系数	T 值	显著度	检验结果
H13	LOYL→MARP	0.90	0.98	10.72	* * *	支持
H14	LOYL→FINP	0.92	0.99	13.18	* * *	支持
H15	LOYL→MANP	0.95	1.05	12.14	* * *	支持

(资料来源:本书实证得出;注:n. s. 表示在 0.05 水平上不显著;* 表示在 0.05 水平上显著;* * 表示在 0.01 水平上显著;* * * 表示在 0.001 水平上显著。)

从图5.6及表5.25可知,本书针对B2B品牌资产溢出价值模型提出的3条研究假设都得到了数据支持。有关结论将在第六章做详细解读。

5.3.4 B2B品牌资产本土化全模型检验

5.3.4.1 B2B品牌资产本土化全模型的整体拟合度检验

前文分别对构成B2B品牌资产本土化模型的三个子模块进行了结构模型检验。最后,本书将对全模型进行结构模型检验。表5.26给出了B2B品牌资产本土化全模型的拟合优度指数。

表5.26 B2B品牌资产本土化全模型的拟合指标

指标名称	检验结果	建议拟合值
χ^2/df	2.48	$\chi^2/df<2$
RMSEA	0.069	0 < RMSEA < 1
GFI	0.86	GFI > .90
AGFI	0.83	AGFI > .90
NFI	0.92	NFI > .90
NNFI	0.96	NNFI > .90
CFI	0.97	CFI > .95
IFI	0.97	IFI > .90
PNFI	0.76	PNFI > 0.5
PGFI	0.67	PGFI > 0.5

(资料来源:本书实证得出)

全模型拟合度分析数据显示,B2B品牌资产本土化模型的拟合度比较理想。但其中$\chi^2/df=2.48$,没有达到趋近于1的理想值,但仍然可以接受;另外,GFI = 0.86,AGFI = 0.83略低于0.9,但在可接受范围。其他指标均能满足预设要求。

5.3.4.2 B2B品牌资产本土化全模型的路径系数检验

接下来,本书将三个子模块整合为完整的全模型。LISREL8.70软件的输出数据给出了结构模型中各条路径关系的标准化系数和检验结果(*表示在0.05水平上显著;**表示在0.01水平上显著;***表示在0.001水平上显著),详见图5.8。相关结论将在第六章做详细解读。

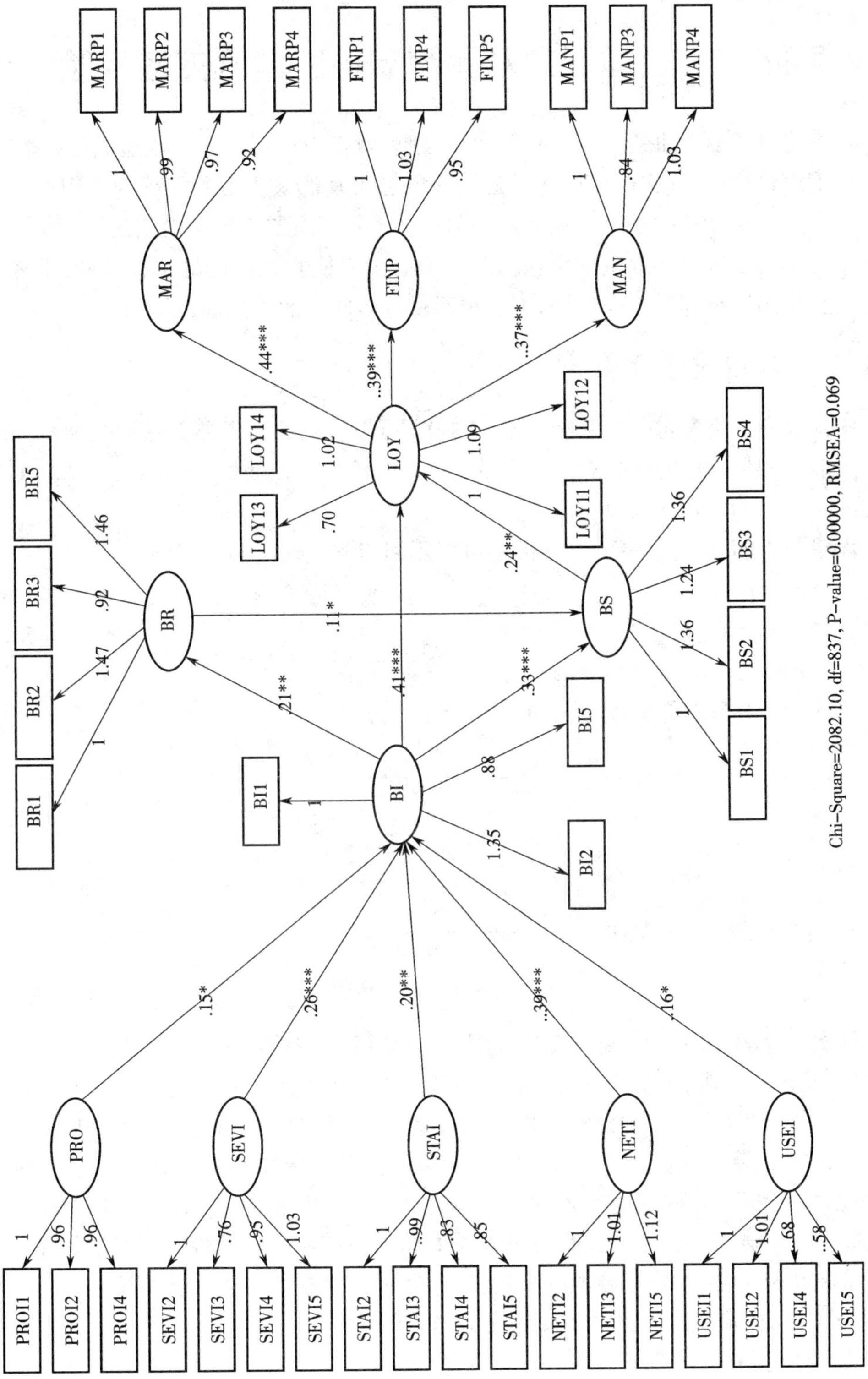

Chi-Square=2082.10, df=837, P-value=0.00000, RMSEA=0.069

图 5.8 B2B 品牌资产本土化模型的路径系数图

第四节　公司形象及品牌忠诚的中介效应检验

本书将B2B品牌形象(公司形象)和品牌忠诚作为连接三个子模型的"关键"变量。依据理论推演,前文已经论述了公司形象对于其他来源形象的统领作用以及品牌忠诚在行为与绩效关系中扮演的重要角色。本章第三节对于全模型的检验也初步验证了这两个变量中介效应的存在。但为了进一步检验其具体的中介效应,即发挥完全中介作用还是部分中介作用,本节将通过分步回归的方式加以检验。

5.4.1　中介效应简介

中介效应是指变量间的影响关系($X \to Y$)不是直接的因果链关系而是通过一个或一个以上变量(M)的间接影响产生的,此时称M为中介变量,而X通过M对Y产生的间接影响称为中介效应。

以最简单的三变量为例,中介关系可以用回归方程表示如下:

$$Y = cx + e_1 \tag{5.1}$$

$$M = ax + e_2 \tag{5.2}$$

$$Y = c'x + bM + e_3 \tag{5.3}$$

上述3个方程对应的模型图如5.7所示:

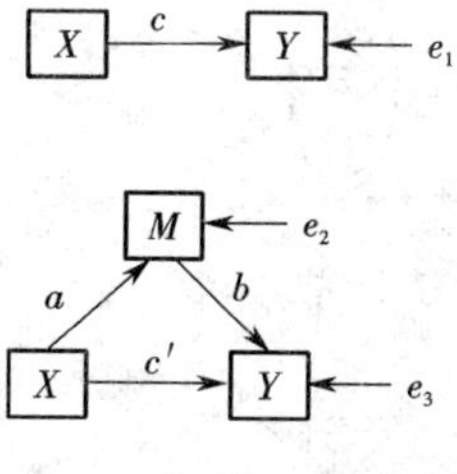

图5.7　中介效应示意图

依次检验法(causual steps)是检验中介效应的比较传统的方法(Baron&Kenny,1986)。从理论上讲,依次检验法就是分别检验上述5.1、5.2、5.3三个方程中的回归系数。具体过程如下:首先检验方程5.1,如果c显著(H_0:c=0被拒绝),则继续检验方程5.2,如果c不显著(说明x对y无影响),则停止中介效应检验;在c显著性检验通过后,则继续检验方程5.2,如果a显著(H_0:a=0被拒绝),则继续检验方程5.3;如果a不显著,则停止检验;在方程5.1和5.2都通过显著性检验后,检验方程5.3,检验b的显著性,若b显著(H_0:b=0被拒绝),则说明中介效应显著。此时检验c′,若c′显著,则说明是不完全中介效应;若不显著,则说明是完全中介效应,x对y的作用完全通过M来实现。

本书所有回归方程中方差膨胀因子 VIF 值均小于 2，表明回归不存在共线性问题。另外，我们对所有测量模型的变量进行了标准化处理，并逐步检验对应的中介效应研究假设。

5.4.2 公司形象在 B2B 品牌形象线索与 B2B 品牌资产其他来源关系中的中介效应

本书根据 Baron 和 Kenny(1986)和温忠麟等人(2004)提出的中介效应检验程序，参考高维和等(2009)学者的 4 步做法：首先检验自变量影响中介变量，即 B2B 品牌形象线索变量与 B2B 品牌形象(公司形象)之间的关系是否显著；其次，检验中介变量影响因变量，即公司形象与 B2B 品牌资产其他来源之间的关系是否显著；再次，自变量影响因变量，即 B2B 品牌资产其他来源与 B2B 品牌形象线索之间的关系是否显著；最后，控制中介变量后自变量对因变量的影响不显著，则为完全中介作用，否则为部分中介作用。

由于社会形象对品牌资产其他来源变量的影响没有通过检验(与结构方程得出结果相同)，因此我们在此不作考虑。如表 5.27，由方程 1、2、3、4 可知，公司形象在产品形象、服务形象以及使用者形象对品牌人情的影响中起到了完全中介作用；在人员形象和网络形象对品牌人情的影响中起到了部分中介作用。因此假设 16a 得到了部分支持。由方程 1、5、6、7 可知，公司形象在产品形象、服务形象以及使用者形象对品牌满意的影响中起到了完全中介作用；在人员形象和网络形象对品牌满意的影响中起到了部分中介作用。因此假设 16b 得到了部分支持。由方程 1、8、9、10 可知，公司形象在产品形象、服务形象、人员形象、网络形象以及使用者形象对品牌忠诚的影响中起到了完全中介作用。因此假设 16c 得到了部分支持。

表 5.27 公司形象的中介效应检验结果

	方程 1	方程 2	方程 3	方程 4	方程 5	方程 6	方程 7
	公司形象	品牌人情	品牌人情	品牌人情	品牌满意	品牌满意	品牌满意
公司形象		.132 *		.128 *	.183 * *		.177 * *
产品形象	.107 *		.105 *	.085(n. s)		.143 *	.071(n. s)
服务形象	.204 * * *		.184 * *	.073(n. s)		.114 *	.098(n. s)
人员形象	.113 *		.135 *	.129 *		.187 * *	.178 * *
社会形象	.016 (n. s)		.051(n. s)	.052(n. s)		.046(n. s)	.088(n. s)
网络形象	.282 * * *		.140 *	.124 *		.144 *	.123 *
使用者形象	.172 * *		.156 *	.066(n. s)		.124 *	.093(n. s)
F	17.413 * * *	5.482 *	3.042 * *	2.722 * *	10.650 * *	5.364 * * *	4.817 * * *

续表

	方程 8	方程 9	方程 10				
	品牌忠诚	品牌忠诚	品牌忠诚				
公司形象	.265 * * *		.255 * * *				
产品形象		.133 *	.060(n. s)				
服务形象		.126 *	.046(n. s)				
人员形象		.155 *	.027(n. s)				
社会形象		.025(n. s)	.021(n. s)				
网络形象		.182 * *	.110(n. s)				
使用者形象		.142 *	.046(n. s)				
F	23.256 * * *	5.033 * * *	4.104 * * *				

(资料来源:本书实证得出;注:* * * 表示显著水平为 0.001,* * 表示显著水平为 0.01,* 表示显著水平为 0.05,n. s 表示在 0.05 水平不显著;上表系数为标准化系数)

5.4.3 品牌忠诚在 B2B 品牌资产来源与 B2B 品牌绩效关系中的中介效应

与上文的操作过程类似,我们检验了品牌忠诚在 B2B 品牌资产来源与 B2B 品牌绩效关系中的中介效应。同样,由于品牌人情对品牌绩效变量的影响没有通过检验(与结构方程得出结果相同),因此我们在此也不作考虑。

如表 5.28,由方程 1、2、3、4 可知,品牌忠诚在公司形象、品牌满意对 B2B 品牌市场绩效的影响中起到了完全中介作用;因此假设 17a 得到了支持。由方程 1、5、6、7 可知,品牌忠诚在公司形象、品牌满意对 B2B 品牌财务绩效的影响中起到了完全中介作用;因此假设 17b 得到了支持。品牌忠诚在公司形象、品牌满意对 B2B 品牌管理绩效的影响中起到了部分中介作用。因此假设 17c 得到了部分支持。

表 5.28 品牌忠诚的中介效应检验结果

	方程 1	方程 2	方程 3	方程 4	方程 5	方程 6	方程 7
	品牌忠诚	市场绩效	市场绩效	市场绩效	财务绩效	财务绩效	财务绩效
品牌忠诚		.149 * *		134 * *	.133 *		.120 *
品牌人情	.100(n. s)		.044(n. s)	.039 (n. s)		.010(n. s)	.008(n. s)
公司形象	.218 * * *		.124 *	.110(n. s)		.157 *	.052(n. s)
品牌满意	.186 * *		.121 *	.053(n. s)		.124 *	.027(n. s)
F	13.691 * * *	3.754 *	3.348 * *	3.448 * *	3.344 * * *	3.347 * *	3.287 * *

续表

	方程 8	方程 9	方程 10				
	管理绩效	管理绩效	管理绩效				
品牌忠诚	.270 * * *		.229 * * *				
品牌人情		-.004(n.s)	-.001(n.s)				
公司形象		.256 * * *	.123 *				
品牌满意		.118 *	.112 *				
F	13.506 * * *	10.049 * * *	7.581 * * *				

（资料来源：本书实证得出；注：* * * 表示显著水平为 0.001，* * 表示显著水平为 0.01，* 表示显著水平为 0.05，n.s 表示在 0.05 水平不显著；上表系数为标准化系数）

综上所述，本书针对 B2B 品牌形象（公司形象）和品牌忠诚的中介效应提出的 6 条研究假设都得到了数据支持或部分支持，如表 5.29 所示。有关结论将在第六章做详细解读。

表 5.29　有关公司形象和品牌忠诚中介效应的假设检验结果

研究假设	内容	检验结果
H16a	B2B 品牌形象（公司形象）在 B2B 品牌形象来源与 B2B 品牌人情的关系中具有中介作用	部分支持
H16b	B2B 品牌形象（公司形象）在 B2B 品牌形象来源与 B2B 品牌满意的关系中具有中介作用	部分支持
H16c	B2B 品牌形象（公司形象）在 B2B 品牌形象来源与 B2B 品牌忠诚的关系中具有中介作用	部分支持
H17a	品牌忠诚在 B2B 品牌资产与 B2B 品牌市场绩效关系具有中介作用	支持
H17b	品牌忠诚在 B2B 品牌资产与 B2B 品牌财务绩效关系具有中介作用	支持
H17c	品牌忠诚在 B2B 品牌资产与 B2B 品牌管理绩效关系具有中介作用	部分支持

（资料来源：本书实证得出）

第六章　研究结论与启示

行文至此,主要研究任务基本完成。本章将对前文的实证研究结果进行归纳总结,并进行分析和讨论,据此得出本书的研究结论,给出管理启示。最后总结本书的理论贡献和实践意义,并指出研究局限及未来研究方向。

第一节　研究结论

本书以“企业顾客感知形象”为切入点,基于“态度—行为”的研究范式、整合营销研究方法以及品牌价值链条理论,将品牌资产研究的两个重要视角——认知视角与关系视角统和在一个研究框架中,构建了中国本土化 B2B 品牌资产模型(CB2BE),并将该模型拆分为 B2B 品牌形象(公司形象)线索模型、B2B 品牌资产来源模型以及 B2B 品牌资产溢出价值模型等三个子模型加以研究。CB2BE 模型共涉及 13 个潜变量,通过文献回顾、访谈、网络民族志等质化研究方法,本书对各变量之间的关系进行了梳理,提出了 17 条研究假设,并以中国民族 B2B 企业内的采购人员为调查对象,收集了 309 份有效样本,最后对相关假设进行了实证检验。其中,15 条假设得到了数据支持,2 条假设未能通过检验。基于实证研究结果,本节将对主要的研究结论加以总结,并尝试给出合理化解释。

6.1.1　基于 B2B 品牌形象线索模型的主要研究结论

6.1.1.1　有形产品和无形服务都正向影响着企业顾客对于供应商公司形象的感知,但无形服务更加重要

任何品牌资产的累积都需要企业的营销努力。在企业资源有限的假设下,企业的营销努力需要“有的放矢”。这就需要考量不同提升路径对于 B2B 品牌形象提升效果的影响。本书的研究结论从企业顾客感知形象的视角,为供应商品牌形象提升路径赋予了权重,也为供应商开展营销活动提供了抓手。

在信息经济背景下,顾客获取信息的途径越发多样,信息量越加饱满。了解顾客如何从市场中选择适合自己的合作伙伴(选择依据或标准),如何处理各种营销信息(哪种信息的影响力更大)都十分必要。本书在此做出一些尝试。

在中国的产业环境下,与产品(路径系数为 0.15,$P<0.05$)或服务(路径系数为

0.26, $P<0.001$)本身功能或所带来的利益特征相对应的品牌特性仍是非常重要的功能诉求。但从有形产品和无形服务的路径系数来看,企业顾客更看重"服务"的作用($0.15<0.26$)。另外,人员形象对于公司形象的影响较大(路径系数为 0.20, $P<0.01$),进一步深化了服务以及整体方案(而非产品本身)是企业顾客关键诉求点的重要认识。因此,在 B2B 营销领域建立服务导向非常重要。

网络形象在众多形象感知中作用力最大(路径系数为 0.39, $P<0.001$),这可以看出企业网络是供应商重要的战略性资产之一,其对供应商公司形象的改善和提升作用非常显著。网络形象对于供应商公司形象的改善可以从几个方面加以解读。首先,企业网络有助于供应商"战略能力"的提升,进而影响公司形象的能力维度;其次,供应商的网络地位是供应商综合实力的反映,庞大的网络资源背后蕴藏着巨大的社会资本,因此对于供应商网络地位的感知也会影响公司形象的能力维度;再次,供应商的网络行为(影响或响应策略)可以左右企业顾客对于其善意的感知与评判,进而影响公司形象的"声誉"维度。总之,上述结论提醒供应商要把网络作为企业获取竞争优势的重要途径来看待。

6.1.1.2　B2B 情境下的理性企业顾客也有参照群体,但参考内容与 B2C 有别

企业顾客很看重产品、服务等传统的功能特征,但也会有自己的"参照集",某供应商的客户群都包括哪些？这些客户的规模如何？是否具有榜样的力量？也在很大程度上影响着企业顾客的购买决策。

因此,使用者形象不仅在 B2C 市场中存在,在 B2B 市场中同样存在。使用者形象(B2B 领域的参照群体)对于供应商品牌形象感知有直接影响(路径系数为 0.16, $P<0.05$)。但二者的参照群体和参考内容有别,个体消费者会将某个明星或偶像作为参考对象,会从某些"一致性"购买行为中获得"羡慕"、"尊重"等心理价值,参考内容是产品或服务的外部信息(如款式、档次等),而企业顾客则将业界的领军或榜样企业作为自己的参照系,在参考采购商品的内容信息(如技术参数、性能)过程中,获取的是功能价值和经济价值。

6.1.1.3　社会形象对于供应商品牌形象感知的影响没有得到支持

一般来说,企业的社会责任形象(CSR)会对公司形象感知起到正向影响,即 CSR 形象越好,公司形象感知越好。但遗憾的是在本书中,社会形象对于供应商品牌形象感知的影响没有通过数据检验。这可以从以下几个方面加以解读。首先,企业承担社会责任是企业进行社会资本投资的一种方式,但这种投资与顾客反应(回报)之间存在一条"边界"(Sen&Bhattacharya,2001)。也就是说,企业承担社会责任的目的与顾客对这种目的的理解之间可能存在偏差。这种偏差在 B2B 情境下体现得更为明

显。

与个体消费者比起来,企业顾客更加了解企业社会责任行为背后的原因或其初衷,若企业顾客将供应商的社会责任行为作"利己归因(企业行为主要是为了谋求自身利益)"而非"利他归因"(企业行为是为了社会利益),则该社会责任行为就会被看做出于功利目的的"走秀",而与社会责任形象背道而驰。在中国的产业背景下,随着一系列生产安全事件的出现,消费者难免会对企业社会责任行为的动因产生怀疑,而深谙企业运作基本规则并身为消费者的购买中心成员,对供应商的社会责任形象产生认同偏差也就可以理解了。

6.1.2 基于 B2B 品牌资产来源模型的主要研究结论

本书将品牌形象和品牌人情同时考虑在 CB2BE 模型中,将品牌形象作为累积 B2B 品牌资产的"真情路径",与"人情路径",即品牌人情相对应,探求由"熟人社会"向"陌生人社会"转型的时代背景下,不同路径对于累积 B2B 品牌资产的贡献情况以及真情与人情路径之间的相互关系。具体结论如下:

6.1.2.1 B2B 品牌形象对于品牌忠诚有直接和间接影响

虽然品牌形象对于企业的影响引起了学界的广泛关注,但基本上都停留在对于个体消费者影响的层面上。品牌形象会累积品牌资产,这在 B2C 领域已经得到印证,但在相对理性的企业间交易领域,品牌形象是否仍然是累积品牌资产的重要驱动因素,很少有研究涉及。归根结底,这是由企业间购买"群体"和"理性"决策的假设使然。虽然相对于个体消费者,企业间购买更加理性,但并非不存在"非理性"的情感成分(Selnes&Gonhaug,2000)。从本质上说,企业间购买决策也是通过个人决策实现的,现有研究忽视或轻视 B2B 情境下非理性行为的研究实为一种缺憾。本书的结果显示,供应商品牌形象在 B2B 情境下会发生作用,它是累积 B2B 品牌资产的重要前置因素。品牌形象,作为实现 B2B 品牌资产的"真情路径",与"人情路径"一同构成了通向品牌忠诚的双重通道,并且较之人情路径,品牌形象的作用机制更为直接(直接作用于品牌忠诚,路径系数为 0.41,$P<0.001$),也更加"顺畅"(也可以通过品牌满意间接作用于品牌忠诚)。品牌满意对于品牌忠诚影响的路径系数为 0.33($P<0.001$)。

现有研究多针对企业间关系视角展开,忽视了感知视角的关注,似乎感知更多地存在于个体决策的消费者身上,来到群体(购买中心)中的顾客就失去了感知这种天生的本能,这是有悖现实的。只有将两种视角整合在一个框架下,B2B 品牌资产的来源才更加丰富而且更加清晰。本书的研究结论也进一步印证了这一点。过硬的产品、合理的价格、完善的服务、优秀的人员、强大的网络才是供应商获取企业顾客"青眯”和“倾情”的法宝。

6.1.2.2 品牌人情没有直达品牌忠诚的直接路径

从模型二的实证结果来看，品牌人情对品牌忠诚的影响不显著（路径系数为0.07，$P>0.05$），品牌人情没有直达品牌忠诚的直接路径。但品牌人情对于品牌满意的影响是显著的（路径系数为0.11，$P<0.05$），而品牌满意对品牌忠诚有直接影响（路径系数为0.24，$P<0.01$）。这说明，品牌人情需要经过品牌满意的传导间接对品牌忠诚起作用。

研究结果表明：中国人的人情观多带有功利的色彩，没有情感上的满意作支撑，它很难直接导致行为上的忠诚。我们在研究过程中发现，在几种品牌都能满足企业顾客基本物质需求的情况下，或者在现有供应商产品或服务偶尔出现“瑕疵”的情况下，企业顾客还是会选择与现有伙伴持续合作，即存在行为上的忠诚。究其原因，企业顾客可能由于转化成本较高而选择持续合作，但也可能出于企业间“人情”和“面子”的考虑，采购商试图将自己塑造成一个“有人情味”的合作伙伴。作为礼尚往来，它同样期待供应商能够努力改进自己的产品和服务，并期望可以享受到由“忠诚”带来的好处，如价格折扣、跟踪服务或其他补救措施等。若自己的“忍耐”没有换得预期的利益，企业顾客就会产生失落感，进而导致不满情绪的上升。当可选择的合作伙伴增多时，转向其他合作者便成为其首选。

除此以外，还有一个重要原因导致品牌人情没有直达的忠诚路径，那就是“安全”。品牌是一种风险减压机制，这种风险既包括了功能风险也包括社会风险。企业战略性购买品通常价值昂贵或关系到企业下一步生产的关键环节。如果采购的商品无法满足要求，将导致企业巨大的经济损失甚至会造成安全事故，如丰田事件。因此，没有人愿意迫于人情而丢掉了自己的信用甚至“乌纱帽”，也没有人敢以生产安全和消费者权益为代价来换取所谓的“人情资本”。

总之，中国文化背景下的企业间关系并非没有“情感因素”，只是这种情感因素多与理性因素夹杂在一起。我们不能否认品牌人情的作用，但也不能夸大其作用。中国情境下的“关系”不是放之四海皆准的规则。随着中国市场经济的逐步完善和法律制度的逐步健全，法律和制度规范将会起到更加重要的作用。而在企业间商业运作过程中，运作透明化（招标公开化、价格透明化）使得“关系隐形化”趋势越发明显，人情的地位可能会逐渐被弱化。

6.1.2.3 B2B品牌形象对品牌人情有正面影响

“人情”和“真情”似乎是两条没有交叉的B2B品牌资产获取路径，但现实是，品牌真情对于品牌人情有一定影响（路径系数为0.21，$P<0.01$）。这可以从组织担保和个人担保之间的关系加以理解。品牌人情是建立在人际间或个人层面的“信任”

机制,而品牌真情是建立在企业或组织层面的"信任"机制。无论其产生的时序如何,二者都具有很强的互补关系。

在中国,传统理论认为,与拥有高信任文化特征的西方社会相比,中国社会是低信任度社会,信任只存在于血缘关系的家人或亲戚,对于家族之外的人员缺乏信任。中国式的信任更加趋近于"信用"之意。而一般来说,"信用"是一种人格特征,代表正直、可信、可靠。在商务领域表示个人声誉的评价(Kiong&Lee,1998)。信用通常存在于个人当中,与个人的行为有关,需要努力实践诺言,履行双方约定,才会让对方相信你是有信用的。它不是建立在合约之上,而是建立在过去实现诺言与完成义务的名声上(Wang et al.,2008)。于是,建立在过去人际交往过程中受到人情法则而非契约法则规定的品牌人情代表了个人层面的"德行"与"能力"。

品牌真情,即建立在组织"德行"与"能力"基础上的公司形象则更加强调企业层面的"声誉",它建立在合约的制定和履行的基础上。从代理理论来讲,组织内成员作为组织的代理人与顾客进行交流互动,其行为特征体现了组织的经营能力和经营理念。来自于具有良好形象的供应商企业内的员工,其报恩能力和意向都会因为其组织特征而被认为得以强化。因此,组织信用与个人信用一道,构成了维系供应商品牌资产的重要砝码。

6.1.3 基于 B2B 品牌资产溢出价值模型的主要研究结论

从 20 世纪 90 年代开始,大多数学者都认同从顾客视角来定义品牌资产,并强调顾客在品牌资产形成过程中的"源头作用"。基于顾客视角的品牌资产理论认为,忠诚的顾客行为会转化为企业市场占有率、利润的提高和和资本累计等品牌绩效。但这是针对品牌主体,即品牌拥有者而言的,具体到 B2B 情境,供应商品牌能否给企业顾客也带来这些价值尚有待求证。

现有研究大多站在品牌主体,即供应商的角度探讨品牌的价值,很少有研究关注品牌给交易等式的另一端带来了何种绩效(或价值)。这与营销学长期沿用的 B2C 理念高度相关。在 B2C 领域,交易的另一端是个体,品牌对于其价值更多地体现在心理和个人效用方面,因此现有研究大多停留在"忠诚"层面;而 B2B 交易的另一方仍然是企业,其交易的目的是为了再次交易,他们关注的焦点不是个人需要的满足,而是企业价值的实现。因此,关注供应商品牌给企业顾客带来了何种价值,即供应商品牌的溢出价值非常必要。本书基于企业顾客感知视角,将 B2B 品牌资产的核心驱动因素——品牌忠诚向客户端进行了延伸,得出了如下结论,即忠诚的企业顾客可以得到市场、财务和管理价值。

6.1.3.1 品牌忠诚对于企业顾客的财务绩效有直接影响

本书实证结果显示:忠诚的企业顾客会得到财务绩效的提升(路径系数为 0.39,

$P<0.001$)。供应商品牌对企业顾客财务绩效的辐射效应主要表现在为其带来稳定的现金流。企业是以营利为目的的实体,企业采取的一切营销行动归根结底是为了获取利润,而利润是收益和成本的差值,因此,企业顾客能否获取利润取决于收益和成本的比较。忠诚的企业顾客可以从“德才兼备”的供应商那里获得稳定的原料供给,减少了更换供应商所带来的缺货成本、搜寻成本、谈判成本以及适应成本。转换成本的降低客观上增加了企业顾客的盈利水平。

6.1.3.2 品牌忠诚对于企业顾客的市场绩效有直接影响

忠诚的的企业顾客会得到市场绩效的提升(路径系数为0.44,$P<0.001$)。强势的供应商品牌会帮助企业顾客获得更多的潜在市场或维持现有市场。例如,在市场中拥有良好形象的英特尔(Intel)处理器与戴尔(DELL)的持续合作对消费者产生了双重吸引。许多消费者因为购买戴尔而知道英特尔,也有许多顾客因为信赖英特尔而选择戴尔。相反,若某奶制品生产企业不选择与“利乐”包装合作,就可能因为消费者的不安全感知而被漠视。总之,强势品牌的“引源”功能是非常强大的,持续合作的联合品牌的“双核动力”会比任何单一品牌对顾客的吸引力更大。

6.1.3.3 品牌忠诚对于企业顾客的管理绩效有直接影响

忠诚的企业顾客会得到财务价值的提升(路径系数为0.37,$P<0.001$)。这是因为,忠诚于某供应商品牌可以帮助企业顾客实现管理目标。供应商可以为其客户提供技术支持、减轻营销压力、降低市场风险、节约交易成本。于是,管理者愿意为那些产品和服务优于竞争对手的供应商支付4% -6%的溢价(Woodside&Vyas,1986)。作为回报,供应商也会为忠诚的客户提供个性化的问题解决方案、联合促销、优先供应承诺等附加服务,从而有助于提升顾客企业的运营效率。

李桂华和卢宏亮(2010)认为,财务绩效和顾客绩效作为维系企业间交易关系的因素而起到基础性作用,而管理绩效作为驱动顾客—品牌间“超越”交易关系的因素而起到“催化剂”的作用。也就是说,为企业顾客带来财务或客源收益是供应商品牌“份内”的事情,企业顾客不会为此感到超出预期的喜悦。只有让其看到供应商为价值的转移和交付所采取的专用性投资行为,企业顾客才会认为其忠诚行为是值得的,有回报的,并且这种回报会大于转向其他合作者所获取的利益。

6.1.4 基于CB2BE全模型的主要研究结论

6.1.4.1 公司形象和品牌忠诚是B2B企业应该关注的核心变量

正如Keller(2008)所言,B2B企业的品牌主要涉及公司品牌,因此从公司品牌视角理解和规划品牌战略对于B2B企业来说至关重要。本书再次证明了公司形象而非产品形象在企业间营销过程中的核心作用。另外,忠诚在连接品牌资产与品牌溢出价值之间关系的中介作用非常显著,买卖双方都应该注重持续性合作关系的建立。总之,供应商与企业客户互为价值链条上的战略合作伙伴,就如一条绳上的两只蚂蚱,联动则“共赢”,逆动则“同输”。供应商要与企业客户企业结成牢靠的价值联盟,实现价值互动,以期协同成长。

6.1.4.2 B2B 品牌资产是一个时序累积的结果

B2B 品牌资产的累积始于良好形象的塑造,经历人情资产、品牌满意和忠诚的提升过程后,最终达到企业顾客资产提升的目的。品牌形象会累积品牌资产,这在 B2C 领域已经得到印证。本书在相对理性的企业间营销领域,再次证明了品牌形象仍然是累积品牌资产的重要驱动因素。因此,塑造良好的品牌形象是任何旨在实施品牌战略的 B2B 企业首先需要关注的领域;其次,将良好的形象感知转化为品牌人情、品牌满意和品牌忠诚是供应商品牌资产累积的第二个阶段;最后,不要停留在忠诚层面,它不是 B2B 品牌资产追求的终极目标,忠诚只有转化为客户企业的顾客资产,才最终实现了 B2B 品牌的价值。

第二节 管理启示

综合以上研究结论,本书得出如下管理启示:

6.2.1 供应商应该从产品营销阶段步入方案营销阶段

从影响供应商公司品牌形象的众多因素来看,除了传统的产品和服务因素以外,人员、网络等因素也是企业顾客考虑的重点。这从一个侧面表明,企业顾客不再仅仅需要质优价廉、服务周到的产品,还需要专业的人员、广阔的网络来提供一系列的客户解决方案。企业顾客更愿意与“全能型、专业性、一站式”供应商合作。“卖产品不如卖解决方案”——能为客户量身定制各种解决方案的供应商会在未来的 B2B 营销领域获得先机。

当然,B2B 购买是一种相对理性的决策行为,某个供应商要想在众多的“方案提供者”中脱颖而出,就要有效地展示出其专业性。因此,其品牌一定要突出技术含量。例如,在本行业专业期刊上发表文章或出版专著,与大专院校或科研院所联合或聘请行业专家,举办专业性的学术研讨会等,都是实现供应商专业化的有效途径。

6.2.2 为企业顾客寻找样板,开展有效的“榜样”营销

总体而言,企业顾客是比较理性的,他们需要参照群体辅助其开展购买决策。为降低购买风险,企业顾客在购买之前总是喜欢寻觅产业内同行业还有哪些企业购买

了同一个供应商的产品和服务。若供应商此时能够将其客户群(特别是有实力的大客户)做样板展示,则有助于达成交易,获得新市场。因此,要建立 B2B 品牌,供应商首先应该拥有几个标志性的样板工程。一般来说,在业界知名的大企业是该样板工程的最佳人选,但与他们的合作条件会相对苛刻,甚至会挤压供应商的利润空间,短期内供应商可能无利可图。但是即便如此,与大客户建立合作关系从长期看来仍然有必要。其"示范"或"榜样"作用会带来更多的模仿型顾客,后期持续不断的订单会弥补短期的关系投入和利润损失。由于 B2B 市场中企业数量有限,企业间熟识度较高,频繁的商务沟通及通畅的信息传递可以为榜样营销的开展提供必要条件,而不必像 B2C 营销过程中投入大量费用雇佣代言人和进行广告传播。

6.2.3 开展常态的顾客关系营销——为企业顾客的忠诚行为买单

不可否认,在 B2B 营销中,关系的作用非常重要。但这里的关系不是被庸俗化了的"拉关系、走后门、灰色交易(市场经济不发达的表现)",而是现代营销理念指导下的规范化的运作行为。常态化的关系营销旨在建立、加强和维持与顾客企业及其他利益相关者之间的关系,以此实现各方利益的满足。这个过程是通过各方建立信任机制,提升顾客及利益方满意度和承诺水平来实现的。为此,供应商需要设身处地地为相关方,特别是顾客企业考虑,提供优质的产品和服务,为他们创造价值的同时给予更多的"奖励",使他们与企业之间建立超越交易层次的情感关系,并让其切身感受到忠诚的回报。这种回报包括:产品或服务的优先供给、价格折扣、结算优惠、人力培训支持计划、技术转让、联合促销、分担研发成本等。

当然,建立良好的企业形象还需要其他利益方的支持,如政府、行业协会、科研院所、媒体以及内部员工。与他们建立良好关系,会获得更多的支持和帮助,如优惠的政策支持、产业信息引导、技术及研发帮扶、正面报道以及员工的敬业工作等,进而为树立优秀的公司形象打下基础。

6.2.4 为利益相关者撑起一把公司"伞"——实施公司品牌战略

研究结果表明,公司品牌战略在企业间营销过程中具有无可替代的作用。塑造公司品牌需要应用整合营销的理念传播良好的企业形象。从 B2B 营销特点来看,人员沟通和展会是传统的营销传播手段。因此,要获得 B2B 品牌资产,首先需要内部员工真正理解和实践企业的品牌战略。作为企业重要的利益相关者之一,员工是供应商的品牌大使,只有员工认识并深刻理解了公司品牌的定位及原因(为何如此定位),能够在企业各种制度的激励下投入热情,积极实施公司的品牌战略并将其内化到日常工作中,树立"每一位员工都是企业的品牌,每一个员工都要成为名牌"的理念,公司形象"伞"才能起到庇护公司产品和公司活动的目的。因此,在开展外部营销之前需要首先开展内部营销。其次,在B2B领域开展展会营销非常必要。每年在全球各地举办的展会活动层出不穷。由于工业品展会的专业性特点会吸引大批业内人士参展,可以为B2B企业之间相互交流提供一个平台。供应商可以利用有限的展览时间集中展出自己的核心产品或技术,传播和提升企业的品牌形象。据统计,在美国展销会上接触一个潜在客户的成本是160美元,这一成本已远远低于广告之类的传播方式(周志民,2008)。

除此以外,随着科技的进步,互联网时代的到来,供应商传播公司形象的途径和手段日趋多元化。例如在电视以及各种新媒体上登出具有某种情感诉求的B2B广告(英特尔、甲骨文),将企业顾客采购中心成员或新闻媒体带到供应商厂区实地参观考察,为各种赛事提供赞助(禧玛诺赞助国际自行车赛),利用电子工具(邮件、网络、电子交易平台、微博)与企业顾客直接交流等,这些都是传播供应商品牌形象的有效途径。

当然,将公司品牌作为B2B企业营销的着力点并不是全面否定产品品牌战略。各工业企业究竟采用哪种品牌战略要依照其自身的经营特点和资源禀赋而定。

6.2.5 利用强势品牌开展跨位营销,扩大供应链影响

一般而言,B2B企业多生产能源、原材料、零部件或提供后台保障服务等,很少与终端顾客直接接触,或者说,不能在终端产品显现出来。既然如此,在后台做着默默贡献的B2B企业很可能在同质化竞争压力下处于弱势地位,即企业顾客会在产品/服务质量差别不大的情况下有更多的选择权,因为这并不会被终端消费者所知晓。因此,如何扩大供应商在供应链中的影响力度(权力),提高其在终端消费者中的知名度,则是供应商需要认真思考的问题。本书结论显示,供应商品牌会对企业顾客的市场绩效和财务绩效产生影响。那么,要想让企业顾客重视自己,则供应商必须在价值链条中占有一席之地——或者对终端产品性能起关键作用,或者有助于终端产品实现差异化。能否起到功能性的关键作用主要是由产品性质决定的,而能否帮助终端产品获取差异化则是营销努力可以实现的。如果某供应商品牌可以展现出在终端消费品市场上强大的感召力,则具备了与企业顾客谈判的资质,因为终端产品中缺乏某个品牌部件(要素),消费者可能拒绝购买。

终端消费者的"拉力"给予供应商以强大的支持。反过来,供应商就可以跨过下游企业,直接将品牌形象传播给消费者,提高消费者对于该成分品牌的认知度和忠诚度,通过引导和教育工作,使产业链产生"反"作用,加大消费品对工业品的反向拉力,并利用这种拉力实现由成分品牌向主品牌的转型(卢宏亮等, 2015)。目前,许多国际知名品牌都实行了这种策略,如特氟龙、利乐、英特尔、APP亚洲纸浆、禧玛诺等。

本书认为，所谓“跨位”还有一层含义，即不仅限于生产部件，还可以尝试生产终端产品。这种市场跨位类似于多元化战略。目前，许多 B2B 企业都将其目标市场做了前向延展，更多地触及消费品市场，例如博世（Bosch）不仅生产各种工业用精密仪器，还生产家用电器；类似的还有 GE。

6.2.6　从顾客导向出发实施联合营销

“顾客导向”是营销管理理论中的一个重要理念。如何将这种理念落实在具体的营销实践中是一个值得思考的问题。本书从“企业顾客感知”视角审视了供应商品牌溢出价值的有关尝试正是“顾客导向”理念在企业间营销中的具体运用。既然企业顾客的品牌忠诚会影响其市场绩效，那么供应商就应该对“顾客的顾客”负责。在具体的营销策略上，供应商可以主动与下游（原材料或零部件应用）企业开展联合营销，与企业顾客一道服务终端顾客。例如英特尔 INSIDE、微软视窗（WINDOWS）系统一直与电脑整机生产厂商联合行动。当然，上文所述的“跨位”营销并不是忽视或架空下游企业，恰恰相反，它有助于分担下游厂商的销售成本，促进企业顾客的产品销售。例如，消费者可能会因为某饮品使用了利乐包装而更加青睐这种饮品。

第三节　理论贡献与研究不足

针对开篇时提出的拟解决的关键问题，本书从理论和实证层面对 B2B 品牌资产的来源和溢出价值进行了阐释和验证。本节将归纳本书的理论贡献，并指出研究过程中存在的缺憾以及未来的研究思路。

6.3.1　理论贡献

在现有的可供参考的文献中，有关 B2C 品牌及品牌资产的研究并不鲜见，但针对 B2B 情境下品牌以及品牌价值来源的研究还比较匮乏。从西方理论界的研究脉络可知，B2B 品牌日益受到关注，也有一些研究成果问世。相比之下，针对中国产业背景展开的本土化 B2B 品牌资产研究还不存在。因此，本书在中国转型经济背景下，从企业顾客感知形象视角出发，将品牌资产研究的两个重要视角——认知与关系统和在一个研究框架中，构建了适合中国情境的 B2B 品牌资产本土化模型（CB2BE 模型），理清了 B2B 品牌资产的来源路径及其溢出价值。通过搜集来自中国企业的 309 份有效样本，实证检验了 B2B 品牌资产实现的双重路径——“真情”与“人情”在品牌资产累积过程中的作用机制，并验证了供应商品牌带给企业顾客的溢出价值。这对于本土企业增强塑造品牌信心，理解品牌的价值创造过程，掌握品牌开发的有用工具都具有一定的参考价值和实践意义。本书的主要研究贡献包括如下几个方面：

6.3.1.1 通过质化和量化相结合的研究方法构建模型

B2C 的有关文献将公司形象与产品形象、服务形象、使用者形象等影响因素等同视之,认为这些都是品牌形象的构成维度。但 B2B 领域却不同,B2B 品牌形象更多地是指公司形象,换句话说,公司形象是 B2B 品牌形象的“同义语”或“代名词”。因此,将几个影响因素平行对待,在 B2B 情境下是不适合的。本书将企业形象作为因变量,将产品形象、服务形象、人员形象、使用者形象等 6 个因素作为影响企业形象感知的前置因素加以研究,通过网络民族志、访谈等质化研究构建了 B2B 品牌形象感知线索模型,并通过实证研究证明了该模型各变量之间关系的存在。质化与量化相结合为理论模型的构建和解读提供了更加全面的技术支持,也使得研究结论更加可信。通过质化研究,我们发现了在 B2B 这一理性决策范畴内的感性因素,丰富了 B2B 品牌形象感知的理论体系,强化了公司形象在 B2B 营销中的重要地位。同时,有关本土化 B2B 品牌方面的质化和量化研究极大地弥补了国内该领域的研究不足。

6.3.1.2 基于中国文化背景构建了本土化的 CB2BE 模型

当下,中国处于转型阶段的市场不仅为我们研究企业间营销问题提供了良好的现实背景,也为构建本土化的企业间营销理论提供了难得机遇。与此形成鲜明对比的是,理论界较缺少有概括力的模型来解释这一时期 B2B 品牌资产的路径来源、品牌的价值创造过程及其溢出价值,因此对产业界缺乏理论指导。本书在此做了补足工作。

6.3.1.3 基于整合视角对品牌主体与客体、关系范式与认知范式进行了研究

从现有研究来看,关系视角作为 B2B 营销的“基本范式”已经受到足够重视。相比之下,在消费者市场中颇为流行的认知视角研究在 B2B 营销理论中明显不足,更鲜有研究将二者结合在一起。本书试图将二者结合起来加以研究。基于顾客的品牌资产是企业价值的重要源泉,但学界尚未对于品牌资产的来源达成一致。“关系论”学者(如 Blackston,1992;Fournier,1992;刘人怀,姚作为,2005;周志民,2007;)认为,良好的品牌关系质量(高信任度、满意度和承诺水平)是品牌资产的来源,而有些“认识论”学者(如凯勒及阿克等)则从认知视角提出,良好的品牌形象和品牌知识才是品牌资产的基础。实际上,各种观点并没有本质上的互斥,甚至还存在互补,二者都是从某一角度对品牌资产的来源进行诠释,若将两个视角整合在一起,对于 B2B 品牌资产来源的认识会更加立体和全面。于是,本书将“真情”和“人情”路径整合在一起构建了 B2B 品牌资产来源模型,拓展了现有研究思路。

6.3.2　研究不足

本书基于中国的产业背景构建了B2B品牌资产来源及其溢出价值模型，梳理了相关文献，并通过质化和量化方法对研究假设进行了验证，得出了一些有意义的结论。但作为一项探索性工作，前人可资借鉴的成果较少，模型涉猎较广，再加上国内B2B品牌发育不够成熟以及研究者自身在能力方面的不足导致了本书在如下方面尚存在缺憾，以期待在未来研究中得以改进或加强。

6.3.2.1　研究样本不够充分

B2B营销需要使用企业样本，相对于数量充足的消费者市场，企业样本的搜集工作实在困难，这在理论界已经形成共识。在本书研究过程中，我们依托某调研项目，利用可以利用的一切人脉资源，并在专业调研公司的帮助下共获取309份有效样本。从总量上看，达到了超过问项5倍的底线要求，但相对于庞大的理论而言，现有样本数量难说充分。另外，本书由于人力、物力和财力所限，样本覆盖了北京、天津、广州、哈尔滨、成都、西安、武汉等城市，虽然这些城市经济发达，产业集中程度高，为企业样本的获取提供了便利。但中小城市及乡镇企业样本较少的现实仍使得本书在样本覆盖范围方面存在局限，并给数据结果的分析带来了一定的不确定性。中小城市或乡镇聚集着一批“小微企业”，他们的运营方式（如决策模式）及品牌观念可能与大型企业存在显著差异，加入这些样本可能更加符合中国转型经济的特点。

6.3.2.2　一般意义上的研究可能掩盖不同行业的差别

本书初衷是构建一个具有普适价值的中国本土化B2B品牌资产模型。正如Aaker（1996）所言，品牌形象是否会随着产品种类或者行业的不同而有所不同，这在本书中未作提及。根据维度的思想，一个具体事物本身包括了该类事物的所有维度，只不过表现出来的是各个维度不同浓度的配置（例如罗纪宁，2001；黄胜兵，2002；龙成志，2009）。因此从总体上说，这并不妨碍一般意义上B2B品牌资产模型的研究。但不同行业，如服务性B2B企业与一般的工业企业在品牌形象以及品牌资产方面的差异需要在未来研究中重点关注，若跨行业研究仍然得出相同或类似的结论，那么本书的理论模型将具有更好的外部效度。

6.3.2.2　在变量选取方面尚待加强

本书基于企业顾客感知品牌形象视角提出了中国本土化的B2B品牌资产模型。该模型是在借鉴已有文献和现实网络评价基础上形成的。因此在变量选取方面，我们依照中国的现实背景对有些现有文献提及的变量，如“品牌认知”进行了取舍鉴别。囿于模型较大，不可能面面俱到，因此很难将有些学者，特别是西方学者提出的有些变量，例如Dowling&Staelin（1994）、Hutton（1997）、Persson（2010）等提及的“品牌熟识度(brand familiarity)”纳入到模型中来。但不可否认,中国的B2B市场是动态发展着的,现在没有考虑的变量不代表未来不需要考虑。另外,B2B品牌资产的累积可能还存在其他影响因素,本书只是基于感知形象视角,作出了“真情”与“人情”两条路径的梳理,在今后的研究中应探索从多个视角展开研究。

6.3.3 未来研究展望

针对以上局限,本书未来需要在如下方面加以完善。

首先,样本数量越大,则准确度会越高,进而结果的说服力会更强。在未来的研究中,应通过各种渠道扩大样本数量及样本选取范围,从而更加全面、客观地认识转型时期中国B2B企业的品牌现状及品牌资产累积过程,丰富现有研究,并为理论界提供源自中国的特色理论及经验证据。

其次,本书通过问卷收集到的数据进行了实证检验,这是目前比较通行的研究方法。但从国内外营销学发展的趋势来看,设计精巧的试验法会成为未来一段时间内流行的方法。在B2B品牌资产研究领域,许多学者也作出了尝试。他们通过联合分析(conjoint analysis)试验验证了B2B品牌资产的存在。这种方法适用于测量购买者的利益感知,可以帮助品牌主体改进营销计划,加强与客户之间的利益沟通。因此在未来研究中,我们拟在试验设计方面加大投入,期待获得更加准确的研究结果。

再次,在搜集B2B品牌形象线索方面,我们会持续关注中国产业界的发展动态,及时搜集影响供应商公司形象的来源线索,包括网络评论、中文文献资料、产业报告、企业内部信息等,进一步理清影响公司形象的前置因素。依据最新资料,重新审查各前置变量的问项设计,使得各变量的内涵更加饱满。

再次,在针对该模型的后期研究中,我们拟加入“企业规模”、“性质”、“成分显现度”、“购买类型(新购、修正重购以及直接重购等)”等背景型变量,并针对上述因素进行差异性分析以验证是否只有某些行业、规模较大的企业或所购商品容易在终端产品中显现的企业更加重视品牌化,并为我国B2B品牌管理提出营销建议。

参考文献

中文参考文献

[1] 艾尔·巴比著. 社会研究方法(第10版). 北京:中国金融出版社,2004

[2] 戴维斯著,刘莹,李哲译. 品牌资产管理:赢得客户忠诚度与利润的有效途径. 北京:中国财经出版社,2006

[3] [英] 多米尼克·威尔逊. 万晓, 汤小华译,组织营销. 北京:机械工业出版社,2001

[4] 丁兴良. 工业品营销学. 北京:北京师范大学出版社,2010

[5] 范秀成,罗海成. 基于顾客感知价值的服务企业竞争力探析. 南开管理评论,2003,Vol. (6):41~46

[6] 高维和,陈信康,江晓东. 声誉、心理契约与企业间关系:基于在华外资企业采购视角的研究. 管理世界,2009,Vol.(8):102~112

[7] 郭毅,候丽敏,李耀东. 组织间营销. 北京:电子工业出版社,2001

[8] 何佳讯. 品牌关系质量本土化模型的建立与验证. 华东师范大学学报(哲学社会科学版),2006,Vol.38(3):100~106

[9] 何佳讯,秦翕嫣. 企业市场品牌资产理论与实证研究评析. 外国经济与管理,2008,Vol. 30(3):43~51.

[10] 何佳讯,卢泰宏. 中国文化背景中的消费者-品牌关系:理论建构与实证研究. 商业经济与管理,2007,Vol.193(11):41~49.

[11] 何孝德. 轿车品牌形象的因素结构研究:[博士学位论文]. 上海:复旦大学,2006

[12] 侯杰泰,成子娟. 结构方程模型的应用及分析策略. 心理学探新,1999,Vol. 19(1):54~59

[13] 候杰泰,温忠麟,成子娟著. 结构方程模型及其应用. 北京:教育科学出版社,2004

[14] 黄光国. 儒家关系主义:文化反思与典范重建. 北京:北京大学出版社,2006

[15] 黄胜兵. 品牌个性维度的本土化研究:[博士学位论文]. 广州:中山大学,2002

[16] 黄中伟,王宇露. 位置嵌入、社会资本与海外子公司的东道国网络学习——基于123家跨国公司在华子公司的实证. 中国工业经济,2008,Vol.249(12):

145 ~ 154

[17] 金立印. 企业社会责任运动测评指标体系实证研究——消费者视角. 中国工业经济,2006,Vol. 219(6):114 ~ 120

[18] [美] V. 卡斯特利 · 兰根,本森 · P. 夏皮罗,小罗兰 · T. 莫里亚蒂. 企业营销战略——案例、概念与应用. 李新春译. 辽宁:东北财经大学出版社,2000

[19] 凯勒著. 卢泰宏,吴水龙译. 战略品牌管理(第三版). 北京:中国人民大学出版社,2009

[20] 康凯. 网络银行顾客感知服务质量与顾客保留关系的实证研究——基于个人和企业顾客两个层次:[博士学位论文]. 天津:南开大学,2010

[21] 科特勒,弗沃德. 要素品牌战略:B2B2C 的差异化竞争之道. 上海:复旦大学出版社,2010

[22] [美]雷 · 赖特(ray wright)著. 胡左浩,杨志林等译. 组织间营销. 北京:中国人民大学出版社,2006

[23] [荷]里克 · 莱兹博斯(Rik Riezebos),巴斯 · 齐斯特,格特 · 库兹特拉等著,李家强译. 品牌管理. 北京:机械工业出版社,2003

[24] 李桂华,卢宏亮. 供应商品牌溢出价值、品牌关系质量与采购商重复购买意向:基于采购商视角. 南开管理评论,2010,Vol. 13(4):71 ~ 82

[25] 李桂华,卢宏亮,刘峰. 中国企业的购买决策"谁"说的算——对 WIND-WEBSTER 模型的修正及检验. 中国软科学,2010,Vol. (7):125 ~ 133

[26] 李桂华,卢宏亮,李剑文. 中国式信任与企业购买决策——基于普遍信任与特殊信任的二维视角. 软科学,2011,Vol. 25(1):102 ~ 109.

[27] 李桂华,黄磊,卢宏亮. 代工专用性投资、竞争优先权与自有品牌战略. 南开管理评论, 2013,Vol. 16(6):28 ~ 37

[28] 李桂华,黄磊,卢宏亮. 要素品牌化研究进展述评. 外国经济与管理,2014,Vol. 36(6):42 ~ 50 + 80

[29] 李桂华. 企业间营销理论与实务. 北京:清华大学出版社,2005

[30] 李洪道. 工业品营销:赢在信任. 北京:机械工业出版社,2009

[31] 刘人怀,姚作为. 关系质量研究述评. 外国经济与管理,2005,Vol. 27(1):27 ~ 33

[32] 刘鑫,姜含春. 中国 B2B 企业品牌化研究. 中国集体经济,2010,Vol. (5):73 ~ 74

[33] 龙成志. 消费品品牌形象的绩效路径研究:[博士学位论文]. 广州:华南理工大学,2009

[34] 楼尊. 关心顾客的顾客:B2B 企业的成分品牌化战略. 黑龙江对外经贸,2009,

Vol. (2):107 ~ 108,113

[35] 卢东,寇燕. 基于消费者视角的企业社会责任综合解析. 软科学,2009,Vol. 23(3):99 ~ 103

[36] 卢宏亮,李桂华. 转型经济背景下 B2B 品牌资产的来源路径:真情 Vs. 人情. 山西财经大学学报,2013,Vol. 35(02):83 ~ 94

[37] 卢宏亮. B2B 品牌社区 C2C 互动质量、利益感知及品牌关系质量. 山西财经大学学报, 2013,Vol. 35(8):84 ~ 92

[38] 卢宏亮,李桂华. 购买中心与采购绩效关系:组织氛围与跨部门知识转移. 贵州财经大学学报,2013,Vol. 163(2):47 ~ 54

[39] 卢宏亮,王艳芝. 基于顾客视角的 B2B 品牌资产影响因素研究. 天津商业大学学报,2013 ,Vol. 33(3):52 ~ 59

[40] 卢宏亮,田国双. 基于品牌关联视角的 B2B 品牌投资决策研究. 山西财经大学学报,2014,Vol. 36(02):83 ~ 92

[41] 卢宏亮,李桂华. 基于 B2B2C 视角的 B2B 品牌资产影响因素研究. 当代财经,2014,Vol. 355(6):75 ~ 86

[42] 卢宏亮,李桂华,黄磊. 消费者知识与成分品牌溢出效应——基于品牌功能视角. 山西财经大学学报,2015,Vol. 37 (08):42 ~ 51

[43] 卢荣,王宇露. 工业品品牌资产培育的传导模型与策略. 市场营销导刊,2008,Vol. (5):26 ~ 29

[44] 卢泰宏,周志民. 基于品牌关系的品牌理论:研究模型及展望. 商业经济与管理,2003,Vol. (2):4 ~ 9

[45] 卢泰宏. 品牌资产评估的模型与方法. 中山大学学报(社会科学版),2002,Vol. 42(3):88 ~ 96.

[46] 罗长海. 关于形象五层含义的哲学思考. 社会科学辑刊, 2002(3):19 ~ 24.

[47] 罗兰 · 拉斯特, 凯瑟琳 · 莱蒙, 达斯 · 纳拉杨达斯著, 汪涛译. 顾客资产管理. 北京:北京大学出版社,2005

[48] 罗纪宁. 消费者气质 - - 行为模式研究:消费心理藏象论初探:[博士学位论文]. 广州:中山大学,2003

[49] 罗家德,叶勇助. 中国人的信任游戏. 北京:社会科学文献出版社,2007

[50] 罗子明. 品牌形象的构成及其测量. 北京工商大学学报(社会科学版),2001 ,Vol. 16(4):19 ~ 22

[51] 孟庆茂,侯杰泰. 协方差结构模型与多层线性模型原理及应用. 北京师范大学心理计量与统计分析研究室,2001

[52] Miles, M. B, Huberman, A. M. 著,张芬芬译,卢晖临校. 质性资料的分析:方

法与实践(第二版本).重庆:重庆大学出版社,2008

[53] 马宝龙,李飞,王高. 产品伤害危机对品牌绩效的影响研究——基于随机模型方法的实证研究. 2009 年中国营销科学学术年会暨博士生论坛论文集, 天津:南开大学 850 ~ 857.

[54] 马鸿佳,董保宝,葛宝山. 高科技企业网络能力、信息获取与企业绩效关系实证研究. 科学学研究,2010,Vol. 28(1):127 ~ 132

[55] 秦启文,周永康. 形象学导论. 北京:社会科学文献出版社,2004

[56] 任胜钢. 企业网络能力结构的测评及其对企业创新绩效的影响机制研究. 南开管理评,2010,Vol. 13(1):69 ~ 80

[57] 任胜钢,孟宇,王龙伟. 企业网络能力的结构测度与实证研究. 管理学报,2011,Vol. 8(4):531 ~ 538

[58] 王海忠,赵平. 公司品牌形象对经销商关系导向的影响机制. 中国工业经济,2008,Vol. (3):93 ~ 100

[59] 王毅. 基于顾客视角的 BtoB 品牌成长影响因素及其作用机制研究:[博士学位论文]. 济南:山东大学,2006

[60] 王永贵. 服务质量、顾客满意与顾客价值的关系剖析——基于电信产业的整合框架. 武汉理工大学学报(社会科学版),2002,Vol. 15(6):579 ~ 587

[61] 汪旭辉,陆奇斌. 店铺形象维度对顾客满意度的影响机制研究——基于大型综合超市的实证. 营销科学学报,2007,Vol. (3):54 ~ 66

[62] 吴水龙,卢泰宏,胡左浩. 公司品牌对产品评价影响的实证研究——基于顾客认同的调节效应. 营销科学学报,2010,Vol. 6(3):92 ~ 107

[63] 吴水龙,卢泰宏,蒋廉雄. 公司品牌研究述评. 外国经济与管理,2009,Vol. 31(3):30 ~ 37

[64] 邢小强,仝允桓. 网络能力:概念,结构和影响因素分析. 科学学研究,2006,Vol. (24): 558 ~ 563

[65] 阎志军. B2B 品牌:推行意义与基本策略. 江苏商论,2008,Vol. (1):62 ~ 63

[66] 于亚丽. 工业品营销战略研究. 上海管理科学,2007,Vol. (5):8 ~ 10

[67] 余明阳,刘春章. 基于索洛模型的品牌声誉形成机制研究. 工业工程与管理,2009,Vol. 14(4):127 ~ 131

[68] 温忠麟,候杰泰. 结构方程模型检验:拟合指数与卡方准则. 心理学报,2004,Vol. 36(2):186 ~ 194

[69] 张春河,方芳. 产品形象形成线索理论的研究. 中国时代经济出版社,2007

[70] 张新安,厉杰,马源. 中国人的面子观与身份消费行为:人际影响敏感度的中介作用. 营销科学学报,2011,Vol. 6(4):14 ~ 28

[71] 张新安,田澎. 顾客满意与顾客忠诚之间关系的实证研究. 管理科学学报,2007,Vol. (4):66~76

[72] 赵文. 工业品品牌资产的构建维度研究:[博士学位论文]. 上海:华东师范大学,2007

[73] 周军,胡正明. 工业品营销中品牌核心价值模式分析. 工业论坛,2004,Vol. 10(5):55~56

[74] 周雪梅,柴俊武. 品牌形象研究综述与工业品品牌形象动因模型构建. 管理学家(学术版),2008,Vol. (4):351~364

[75] 周志民. 品牌关系研究述评. 外国经济与管理,2007,Vol. 29(4):46~54

[76] 周志民. 品牌管理. 天津:南开大学出版社,2008

[77] 朱宝荣. 心理哲学. 上海:复旦大学出版社,2004

外文参考文献

[1] Aaker D A. Managing brand equity: capitalizing on the value of a brand name. New York:The Free Press,1991

[2] Abdul-Muhmin, Alhassan G. Instrumental and interpersonal determinants of relationship satisfaction and commitment in industrial markets. Journal of Business Research,2005,58 (5):619 -628

[3] Åberg D A. Theoretical models and praxis of total communications. International Public Relations Review,1990,13(2):13~16

[4] Ahuja G. The duality of collaboration: inducements and opportunities in the formation of inter-firm linkage. Strategic Management Journal,2000,(21):317~343

[5] Alexander N S,Bick G,Abratt R and Bendixen N. Impact of branding and product augmentation on decision making in the B2B marketing. South African Journal of Business Management,2009,40(1),1~20

[6] Ambler T,Bhattacharya C B,Edell J,Keller K L,Lemon K N. Mittal. V. relating brand and customer perspectives on marketing management. Journal of Service Research,2002,5 (1):13~25

[7] Anderson J C,Håkansson H,Johanson J. Dyadic business relationships within a business network context. Journal of Marketing,1994,58(4):1~15

[8] Anderson P F,Chambers T M. A reward/measurement model of organizational buying behavior. Journal of Marketing,1985,49(spring):7~23

[9] Anderson E,Sullivan M W. The antecedents and consequences of customer satisfaction for firms. Marketing Science,1993,12(2):125~143

[10] Andreassen T W,Lindestad B. Customer loyalty and complex services-the Impact

of corporate image on quality, customer satisfaction and loyalty for customers with varying degrees of service expertise. International Journal of Service Industry Management,1998,9(1):7~23

[11] Aspara J,Tikkanen H. Significance of corporate brand for business-to-business companies. The Marketing Review,2008,8(1):43~60

[12] Assael H. Consumer and marketing action. 3rd ed. Boston:Kent Publishing Company,1987

[13] Bagozzi R P,Yi Y. On the evaluation of structural equation models. Academic Marketing Science,1988,16:74~94

[14] Ballantyne D,Aitken R. Branding in B2B markets: insights from the service-dominant logic of marketing. Journal of Business & Industrial Marketing,2007,22(6):363~371

[15] Balmer J M T. Corporate branding and connoisseurship. Journal of General Management, 1995,21 (1):22~46

[16] Barich H,Kotler P. A framework for marketing image management. Sloan Management Review,1991,32(2):94~104

[17] Barney J B. Resource-based theories of competitive advantage: a ten-year retrospective on the resource based view. Journal of management,2001(27):643~650

[18] Baron R M,Kenny D A,The moderator mediator variable distinction in social psychological research: Conceptual strategic and statistical considerations. Journal of Personality and Social Psychology,1986,51(6):1173~1182

[19] Baumgarth C. Integrated model of marketing quality (MARKET-Q) in the B-to-B sector. Journal of Business Market Management,2008,2 (1):41~57

[20] Baumgarth C. "Living the Brand": brand orientation in the business-to-business sector. European Journal of Marketing,2010,44(5):653~671

[21] Beatty S E, Kahle L R. Alternative hierarchies of consumer the attitude-behavior relationship: the impact of brand commitment and habit. Journal of Academy of Marketing Science,1988,16(Summer):1~10

[22] Bendixen M,Bukasa K A,and Abratt R. Brand equity in the business-to-business market. Industrial Marketing Management,2004,33(5):371~380

[23] Bennett R,Härtel C E,McColl-Kennedy J. R. Experience as a moderator of involvement and satisfaction on brand loyalty in a business-to-business setting. Industrial Marketing Management,2005,34:97~107

[24] Beverland M, Napoli J, Lindgreen A. Industrial global brand leadership. Industrial Marketing Management, 2007, 36: 1082 ~ 1093

[25] Bhattacharya C B, Rao H, Glynn M A. Understanding the bond of identification: an investigation of its correlates among art museum members. Journal of Marketing, 1995, 59 (4): 46 ~ 57

[26] Biehal G J, Shenin D L. Managing the brand in a corporate advertising environment: A decision-making framework for brand managers. Journal of Advertising, 1998, 27(2): 99 ~ 110

[27] Biel A L. How brand image drivers brand equity. Journal of Advertising Research, 1993, 6(11 - 12): 6 ~ 12

[28] Bitner M J, Bernard B H, Mohr L A. Critical service encounters: the employee's viewpoint. Journal of Marketing, 1994, 58(4): 95 ~ 106

[29] Bitner M J, Hubbert A R. Encounter satisfaction versus overall satisfaction versus quality: the customers' voice. In: Rust R T, Oliver R L, Eds. Service Quality: New Directions In Theory and Practice. California: Sage, 1994

[30] Blackston M A. Brand with an attitude: a suitable case for treatment. Journal of the Market Research Society, 1992, 34(3): 231 ~ 241

[31] Blombäck A, Axelsson B. The role of corporate brand image in the selection of new subcontractors. Journal of Business & Industrial Marketing, 2007, (22) 6: 418 ~ 430

[32] Blombäck A. Supplier brand image: a catalyst for choice [dissertation]. Jonkoping: Jonkoping International Business School, 2005

[33] Bollen K A. Structural equations with latent variables. New York: Wiley, 1989

[34] Brito C, Roseira C. Towards a multi-dimensional approach to supply management: a comparative case study. Journal of Business and Industrial Marketing, 2007, 22 (1): 72 ~ 79

[35] Brock Smith J, Barclay D W. The effects of organizational differences and trust on the effectiveness of selling partner relationships. Journal of Marketing, 1997, 61 (1): 3 ~ 21

[36] Broniarczyk S M, Hoyer W D, McAlister L. Consumers' perceptions of the assortment offered in a grocery category: the impact of item reduction. Journal of Marketing Research, 1998, 35(2): 166 ~ 176

[37] Brown T J. Corporate associations in marketing: antecedents and consequences. Corporate Reputation Review, 1998, 1(3): 215 ~ 233

[38] Brown B P, Bellenger D N, Johnston, W J. The implications of business-to-business and consumer market differences for B2B Branding strategy. Journal of Business Market Management, 2007, 11 (3):209 ~ 229

[39] Brown T J, Dacin P A. The company and the product: corporate associations and consumer product responses. Journal of Marketing, 1997, 61 (January):68 ~ 84

[40] Burt R S. Structural holes: the social structure of competition. Ma: Harvard University Press, 1992

[41] Cannon J P, Christian Homburg. Buyer-supplier relationships and customer firm costs. Journal of Marketing, 2001, 65(1):29 ~ 43

[42] Carlson R O, The nature of corporate images in the corporation and its publics. New York: John Wiley & Sons, Inc, 1963. 24 ~ 47

[43] Carpenter B N. Relational competence, In: Perlman D, Jones W H (Eds), Advances in personal relationships. London: Jessica Kingsley Publishers, 1993. 1 ~ 28

[44] Chang H. Integrating the role of sales agent into the branding model in the insurance industry. Journal of American Academy of Business, 2006, 8(2):278 ~ 285

[45] Chaudhuri A, Holbrook M B. The chain of effects from brand trust and brand affect to brand performance: the role of brand loyalty. Journal of Marketing, 2001, 65 (2):81 ~ 93

[46] Conway T, Swift, J S. International relationship marketing: the importance of psychic distance. European Journal of Marketing, 2000, 34, 1391 ~ 1414

[47] Cretu A E, Brodie R J. The influence of brand image and company reputation where manufacturers market to small firms: A customer value perspective. Industrial Marketing Management, 2007, (36):230 ~ 240

[48] Cronin J J, Taylor S A. Measuring service quality: a reexamination and extension. Journal of Marketing, 1992, 56(3):55 ~ 68

[49] Dacin P A, Brown T J. Corporate identity and corporate associations: a framework of future research. Corporate Reputation Review, 2002, 5(2/3):254 ~ 263

[50] Davis S M. The power of the brand . Strategy and Leadership, 2000, 28 (4):4 ~ 9

[51] Davies G, Chun R, da Silva, Rui V, Roper, S. A corporate character scale to assess employee and customer views of organization reputation. Corporate Reputation Review, 2004, 7(2):125 ~ 146

[52] Davis D F, Golicic S L, Marquardt A J. Branding a B2B service: Does a brand differentiate a logistics service provider?. Industrial Marketing Management, 2008,

37(2):218 ~227

[53] Davies A,Hobday M. The business of projects: managing innovation in complex products and systems. Cambridge: Cambridge University Press,2005

[54] Davies H A, Leung T K P, Luk S T K and Wong Y H. The benefits of 'Guanxi': an exploration of the value of relationships in developing the Chinese market. Industrial Marketing Management,1995,(24) :207 ~214

[55] De Chernatony L,McDonald M. Creating powerful brands in consumer, service and industrial markets. Butterworth Heinemann,1998

[56] De Chernatony L,Segal-Horn S. The criteria for successful services brands. European Journal of Marketing,2003,37(7/8):1095 ~1118

[57] Dobree J,Page A S. Unleashing the power of service brands in the 1990s. Management Decision,1990,28 (6):14 ~28

[58] Doney P M,Cannon J P. An examination of the nature of trust in buyer-seller relationships. Journal of Marketing,1997,61(April):35 ~51

[59] Dowling G R. Creating corporate reputations: identity, images and performance. New York:Oxford University Press Inc,2001

[60] Duncan T. IMC, Using advertising and promotion to build brands. McGraw-Hill Companies,Inc,2002

[61] Easton A. Corporate style versus corporate image. Journal of Marketing Research, 1966,3(5):168 ~174

[62] Ehrenberg A S C,Uncles M D,Goodhardt G J. Understanding brand performance measures: using dirichlet benchmarks. Journal of Business Research, 2004, 57 (12):1307 ~1325

[63] Engel J F,Blackwell R D,Miniard P W. Consumer behavior. Chicago IL: The Dryen Press,1990. 215

[64] Enis B M. An analytical approach to the concept of image. California Management Review,1967,9(summer):51 ~58

[65] Erevelles S,Leavitt,C. A comparison of current models of consumer satisfaction/ dissatisfaction. Journal of Consumer Satisfaction Dissatisfaction and Complaining Behavior,1992,(5):104 ~114

[66] Farquhar P H. Managing Brand Equity. Marketing Research,1989,1(3):24 ~33

[67] Fiegenbaum A,Thomas,H. Strategic groups as reference groups: theory, modeling and empirical examination of industry and competitive strategy. Strategic Management Journal, 1995,16 (6):461 ~476

[68] Fill C. Marketing communications - contexts, contents and strategies. Europe: Prentice Hall,1999

[69] Fill C. Marketing communications-contexts, strategies and applications. 3 ed. Harlow, Financial Times,Europe: Prentice Hall,2002

[70] Fombrun C J,Shanley M. What's in a name? reputation building and corporate strategy. Academy of Management Journal,1990,33(2):233 ~ 258

[71] Fontana A, Frey J H. The interview: from structured questions to negotiated text, In Denizen N K,Lincoln Y. S,Eds. Cooecting Interpreting Qualitative Materials, London:Sage,2003

[72] Ford D,Berthon P,Brown S, Gadde,L E,Häkansson H,Naudé P,Ritter T. & Snehota,I. The business marketing course - managing in complex networks. England: John Wiley & Sons Ltd,2002

[73] Fournier S, A consumer-brand relationship framework for strategic brand management. University of Florida,1994

[74] Gadde L E,Häkansson H. Professional purchasing. London: Routledge,1993

[75] Gassenheimer J B,Manolis C. The influence of product customization and supplier selection on future intentions: The mediating effects of salesperson and organizational trust. Journal of Managerial Issues,2001,13(4),418 -435

[76] Gilliland D I,Johnston W J. Toward a model of business-to-business marketing communications effects. Industrial Marketing Management,1997,26 (1):15 ~29

[77] Glynn M S,Motion J,Brodie R J. Sources of brand benefits in manufacturer-reseller B2B relationships. Journal of Business & Industrial Marketing,2007,22 (6): 400 ~409

[78] Gordon G L,Calantone R J,di Benedetto C A. Brand equity in the business-to-business sector. Journal of Product & Brand Management,1993,2(3):4 ~16

[79] Grönroos C. The relationship marketing process: communication,interaction, dialogue, value. Journal of Business and Industrial Marketing, 2004,19(2):99 ~ 113

[80] Grönroos C. A service quality model and its marketing implications. European Journal of Marketing,1984,18(4):36 ~44

[81] Hagius L R,Charlotte H M. Characteristic, beneficial, and image attributes in consumer judgments of similarity and preference. Journal of Consumer Research, 1993,20:100 ~110

[82] Hague P,Jackson P. The power of industrial brands: an effective route to competi-

tive advantage. London:McGraw-Hill,1994

[83] Håkansson H,Johansson J,Wootz B. Influence tactics in buyer-seller processes. Industrial Marketing Management,1977,5(6):319 ~ 332

[84] Hall R. The strategic analysis of intangible resources. Strategic Management Journal, 1992,(13):135 ~ 144

[85] Han S L,Sung H S. Industrial brand value and relationship performance in business markets — A general structural equation model. Industrial Marketing Management,2008,(37):807 ~ 818

[86] Hardy K G. Whatever happened to image? . The Business Quarterly,1970, 35 (Winter):70 ~ 76

[87] Hawkins D I,Best R J,Coney K A. Consumer behavior: building marketing strategy,9th ed. New York:McGraw-Hill,2004

[88] Heide J B,Weiss A M. Vendor consideration and switching behavior for buyers in high-technology markets. Journal of Marketing,1995,59 (3):30 ~ 43

[89] Heilman C M,Bowman D,Wright G P. The evolution of brand preferences and choice behaviors of consumers new to a market. Journal of Marketing Research, 2000,37 (5):139 ~ 155

[90] Hill R W,Hiller T J. Organization buying behavior. London: Macmillan,1977.

[91] Ho D Y. On the concept of face. American Journal of Sociology,1976,81(4): 867 ~ 884

[92] Hoeffler S,Keller K L. The marketing advantage of strong brands. Brand Management,2003,10(6):421 ~ 445

[93] Holsti O R. Content analysis for the social sciences and humanities. DonMills: Addison-Wesley Publishing Company,1969

[94] Humphreys M A,Williams M R. Exploring the relative effects of salesperson interpersonal process attributes and technical product attributes on customer satisfaction. Journal of Personal Selling&Sales Management,1996,XVI (3):47 ~ 57

[95] Hunter L M,Kasouf C J,et al. A classification of business-to-business buying decisions: risk importance and probability as a framework for E-business benefits. Industrial Marketing Management,2004,33 (2):145 ~ 154

[96] Hutt M D,Speh T W. Business marketing management: a strategic review of industrial and organizational markets,5th ed. ,TX:Dryden Press, Fort Worth,1995

[97] Hutton J G. A study of brand equity in an organizational-buying context. Journal of Product & Brand Management,1997,6(6):428 ~ 439

[98] Hwang K K. Face and favor: the Chinese power game. American Journal of Sociology,1987,92(4):944 ~974

[99] Jackson D W Jr,Keith J E,Burdick R K. The relative importance of various promotional elements in different industrial purchase situations. Journal of Advertising,1987,16 (4): 25 -33

[100] Jap S D. The strategic role of the salesforce in developing customer satisfaction across the relationship lifecycle. Journal of Personal Selling and Sales Management,2000,11 (2):95 ~108

[101] Johnston W J,Bonoma T V. The buying center: structure and interaction agents. Journal of Marketing,1981,45 (3):143 -156

[102] Jones M A,Suh J. Transaction-specific satisfaction and overall satisfaction: an empirical analysis. Journal of Services Marketing,2000,14 (2):147 ~159

[103] Jöreskog K G,Sörbom D. LISREL 8: Structural equation modeling with the SIMPLIS command language. Chicago,IL: Scientific Software International,1993

[104] Kale P,Dyer J H, Singh H. Alliance capability, stock market response, and long-term alliance success: the role of the alliance function. Strategic Management Journal,2002,23: 747 ~767

[105] Kapferer J N. Strategic brand management. New York:The Free Press,1992

[106] Kapferer J N,Laurent G. Consumer brand sensitivity: a key to measuring and managing brand equity. In: Leuthesser L,ed. Defining, Measuring and Managing Brand Equity, MA: Marketing Science Institute,Cambridge. 1988

[107] Kaplan R S,Norton D P, The balanced scorecard - measures that drive performance. Harvard Business Review,1992,(1 ~2):71 ~79

[108] Keller K L. Conceptualizing, measuring, and managing customer-based brand equity. Journal of Marketing,1993,57:1 ~22

[109] Keller K L. Strategic brand management: Building, measuring, and managing brand equity. Upper Saddle River,New Jersey:Prentice Hall. 1998.

[110] Keller K L. Strategic brand management: Building,measuring,and managing brand equity,3rd Ed. New Jersey:Pearson Prentice Hall,2008. 12 ~14

[111] Keller K L. Brand Synthesis: The Multi-Dimensionality of Brand Knowledge. Journal of Consumer Research, 2003,29 (4):595 ~600

[112] Keller K L,Aaker D A. The effects of sequential introduction of brand extensions. Journal of Marketing Research,1992,29 (2):35 ~50

[113] Keller K L,Lehmann D. How do brands create value?. Marketing Management,

2003,12(3):26~31

[114] Kim J, Reid D A,Plank R E,Dahlstrom R,Examining the role of brand equity in business markets: A model research propositions and managerial implications. Journal of Business-to-Business Marketing,1998,5(3):65~90

[115] Kiong T C,Lee Y P. Guanxi bases, Xinyong and Chinese business networks. The British Journal of Sociology,1998,49(1):75~96

[116] Kotler P,Pfoertsch W. B2B Brand Management. Berlin:Springer,2006. 1~10

[117] Kozinets R V. The field behind the screen: using netnography for marketing research in online communities. Journal of marketing research,2002,39(1):61~72

[118] Krishnan H S. Characteristics of memory associations: A consumer-based brand equity perspective. International Journal of Research in Marketing,1996,13:389~405

[119] Kuhn K S L,Albert F,Pope N K. An application of keller's brand equity model in a B2B context. Qualitative Market Research: An International Journal,2008,11(1):40~58

[120] Kumar A, Motwani J. A methodology for assessing time-based competitive advantage of manufacturing firms. International Journal of Operations and Production Management,1995,15(2):36~53

[121] Lachance M J,Beaudoin P,Robitaille J. Adolescents brand sensitivity in apparel: influence of three socialization agents. International Journal of Consumer Studies,2003,27 (1):47~57

[122] Lai C S,Chiu C J,Yang C F,Pai D C. The effects of corporate social responsibility on brand performance: the mediating effect of industrial brand equity and corporate reputation. Journal of Business Ethics,2010,(95):457~469

[123] Lambkin M C,Muzellec L. Leveraging brand equity in business-to-business mergers and acquisitions. Industrial marketing management,2010,(39):1234~1239

[124] Lamons B. The case for B2B branding: pull away from the business to business pack. Thomson Higher Education,2005

[125] Langer J, What consumers wish brand managers know?. Journal of Advertising Research,1997,37(6):60~65

[126] Lassar W M, Mittal B, Sharma A. Measuring customer-based brand equity. Journal of Consumer Marketing,1995,12 (4):11~19

[127] Lee J,Park S Y, Baek I, Lee C S, The impact of the brand management system on brand performance in B-B and B-C environments. Industrial Marketing Management,2008,37(7):848 ~ 855

[128] Levitt T. Communications and industrial selling. Journal of Marketing,1967,31(6):15 ~ 21

[129] Leung T K P,Chan R K K. Face, favour and positioning – a Chinese power game. European Journal of Marketing,2003,37 (19):1575 ~ 1598

[130] Leung T K P, Wong Y H,Tam J L M. Adaptation and the relationship building process in the People's Republic of China (PRC). Journal of International Consumer Marketing,1995,8 (2):7 ~ 26

[131] Leung T K P, Wong Y H, Wong S. A study of Hong Kong businessmen's perceptions of the role 'GUANXI' in the People's Republic of China (PRC). Journal of Business Ethics, 1996,15 (7):749 ~ 758

[132] Leung T K P,Lai K,Chan R Y K,Wong Y H. The roles of xinyong and guanxi in Chinese relationship marketing. European Journal of Marketing,2005,39(5/6): 528 ~ 565

[133] Lilien G A. Descriptive model of the trade show budgeting decision process. Industrial Marketing Management,1983,12 (1):25 ~ 29

[134] Lord K R,Gupta,P B. Response of buying-center participants to B2B product placements. Journal of Business & Industrial Marketing,2010,25(3):188 ~ 195

[135] Low J,Blois K. The evolution of generic brands in industrial markets: the challenges to owners of brand equity. Industrial Marketing Management,2002,31(5):385 ~ 392

[136] Low G S,Lamb Jr,C W,The measurement and dimensionality of brand associations . Journal of Product and Brand Management,2000,9 (6):350 ~ 368

[137] Luo Y. Guanxi and performance of foreign-invested enterprises in China: An empirical inquiry. Management International Review,1997,37 (1):51 ~ 69

[138] Luo Y. Building trust in cross-cultural collaborations: toward a contingency perspective. Journal of Management,2002,28 (5):669 ~ 694

[139] Luo Y,Chen Y. Does guanxi influence firm performance?. Asia Pacific Journal of Management,1997,14:1 ~ 16

[140] Lynch J,de Chernatony L. The power of emotion: brand communication in business-to-business markets. Brand Management,2004,(11)5:403 ~ 419

[141] Mackenzie S B, Spreng R A,How does motivation moderate the impact of central

and peripheral processing of brand attitudes and intentions? . Journal of Consumer Research, 1992,(18):519 ~529

[142] Maignan I O C,Ferrel G T M,Hult. Corporate citizenship: cultural antecedents and business benefits. Journal of Academy of Marketing Science,1999,27(4): 455 ~469

[143] Martilla J A. Word-of-mouth communication in the industrial adoption process. Journal of Marketing Research,1971,8 (2):173 ~178

[144] Martineau P. Sharper focus for the corporate image. Harvard Business Review, 1958,36(11,12):49 ~58

[145] Massini S,Lewin A. Y and Greve H R. Innovators and imitators: organizational reference groups and adoption of organizational routines. Research Policy,2005, 34 (10):1550 ~1569

[146] McQuiston D H. Successful branding of a commodity product: the case of RAEX LASER steel. Industrial Marketing Management,2004,33(4):345 ~354

[147] McQuiston D H. Novelty, complexity, and importance as causal determinants of industrial buyer behavior. Journal of Marketing,1989,53 (2):66 ~79

[148] Michell P,King J, Reast J. Brand values related to industrial products. Industrial Marketing Management,2001,30 (5),415 ~425

[149] Midgley D F. Patterns of interpersonal information seeking for the purchase of a symbolic product. Journal of Marketing Research,1983,20 (1):74 –83

[150] Minett S. B2B marketing: A radically different approach for business-to-business marketers. London:Pearson,2002

[151] Miniard P W, Sirdeshmukh D, Innis D E. Peripheral persuasion and brand choice. Journal of Consumer Research,1992,(19):226 ~235

[152] Mitchell V W. Organizational risk perception and reduction: A literature review. British Journal of Management,1995,6 (2):115 –133

[153] Mittal B, Lassar W M. Why do customers switch? The dynamics of satisfaction versus loyalty. Journal of Services Marketing,1998,12(3):177 ~194

[154] Morris M H, Pitt L F, Honeycutt Jr E D. Business-to-Business marketing – a strategic approach. 3'd ed. Sage Publications,2001

[155] Mudambi S. Branding importance in business-to-business markets: three buyer clusters. Industrial Marketing Management,2002,31 (6):525 ~533

[156] Mudambi S M,Doyle P,Wong V. An exploration of branding in industrial markets. Industrial Marketing Management,1997,26 (5):433 ~446

[157] O'Hara B S. Evaluating the effectiveness of trade shows: a personal selling perspective. Journal of Personal Selling & Sales Management, 1993, 13 (3):67 -77
[158] Oliver R L. Satisfaction: a behavioral perspective on the customer. New York: The McGraw-Hill Company, Inc., 1997
[159] Oliver R L. Whence consumer loyalty?. Journal of Marketing, 1999, 63:33 ~44
[160] Parasuraman A. The relative importance of industrial promotion tools. Industrial Marketing Management, 1981, 10 (2):277 -281
[161] Park C W, Bemard J J, Deborah J M. Strategic brand concept-image management. Journal of Marketing, 1986, 50 (October):621 ~635
[162] Patti C H. Buyer information sources in the capital equipment industry. Industrial Marketing Management, 1977, 6 (August):259 -264
[163] Patti C. H., Hartley S W, Kennedy S L. Business to business advertising - a marketing management approach. Chicago:NTC Business Books, 1991
[164] Persson N, An exploratory investigation of the elements of B2B brand image and its relationship to price premium. Industrial Marketing Management, 2010, (39):1269 -1277
[165] Petty R E, Cacioppo J T. Communication and persuasion: central and peripheral routes to attitude change. New York:Springer-Verlag, 1986
[166] Pickton D, Broderick A. Integrated marketing communications. Harlow: Pearson Education Ltd, 2001
[167] Pokorny G. Building brand equity and customer loyalty. Electric Perspectives, 1995, (12)4:51 ~64
[168] Powell W W, Koput K W, Smith - Doerr L. Interorganizational collaboration and the locus of innovation: networks of learning in biotechnology. Administrative Science Quarterly, 1996, 41(1):116 ~145
[169] Qualls W, Puto C P. Organizational climate and decision framing: an integrated approach to analyzing industrial buying decisions. Journal of Marketing Research, 1989, 26 (2): 179 -192
[170] Rao V R, McLaughlin E W. Modeling the decision to add new products by channel intermediaries. Journal of Marketing, 1989, 53(4):80 ~88
[171] Rauyruen P R, Miller K E, Groth M. B2B service: linking service loyalty and brand equity. Journal of Service Marketing, 2009, 23(3):175 ~186
[172] Roberts J, Merrilees B. Multiple roles of brands in business-to-business services. Journal of Business & Industrial Marketing, 2007, 22(6):410 ~417

[173] Robinson P J, Faris C W, Wind Y. Industrial buying and creative marketing. Boston: Allyn and Bacon, 1967

[174] Robson C. Real world reasarch: A resource for social scientist and practioner-researcers. Oxford: Blackwell, 1993

[175] Rust R T, Lemon K N, Zeithaml V A. Return on marketing: using customer equity to focus marketing strategy. Journal of Marketing, 2004, 68(1): 109 - 127

[176] Rust R T, Zeithaml V A, Lemon K N. Customer-centered brand management. Harvard Business Review, 2004, 82(9): 110 - 118

[177] Sawhney M. Going beyond the product: defining, designing and delivering customer solutions. In: Lusch R F, Vargo S, eds. The Service-Dominant Logic of Marketing: Dialog, Debate, and Directions, New York: M. E. Sharpe, 2006. 365 ~ 380

[178] Schouten J W, McAlexander J H. Subcultures of consumption. Journal of Consumer Research, 1995, 22 (1): 43 - 61

[179] Schultz D E. Measuring the value of the corporate brand. Ch 13 In: Kitchen P K, Schultz D E. Raising the corporate umbrella: corporate communications in the 21'st century. New York: Palgrave, 2001

[180] Selnes F, Gonhaug K. Effects of supplier reliability and benevolence in business marketing. Journal of Business Research, 2000, 49(3): 259 ~ 271

[181] Sen Sankar, C B, Bhattacharya. Does doing good always lead to doing better? Consumer reactions to corporate social responsibility. Journal of marketing Research, 2001, (38): 225 - 243

[182] Sherlock P. Rethinking business to business marketing. New York: The Free Press, 1991

[183] Shipley D, Howard P. Brand-naming industrial products. Industrial Marketing Management, 1993, 22 (1): 59 ~ 66

[184] Shocker A, Rajendra S, Ruekert R. Challenges and opportunities facing brand management: an introduction to the special issue. Journal of Marketing Research, 1994, (31): 149 ~ 158

[185] Silverman S N, Sprott D E, Pascal V J. Relating consumer-based sources of brand equity to market outcomes. Advances in Consumer Research, 1999, 26(1): 352 ~ 358

[186] Sirdeshmukh D, Singh J, Sabol B. Consumer trust, value, and loyalty in relational exchanges. Journal of Marketing, 2002, 66(1): 15 ~ 37

[187] Szymanski D M, Henard D H. Customer satisfaction: A meta-analysis of the empirical evidence. Journal of the Academy of Marketing Science, 2001, 29(1): 16 ~ 35

[188] Taylor S A, Geluch K, Goodwin S. The importance of brand equity to customer loyalty. The Journal of Product and Brand Management, 2004, 13(4/5), 217 ~ 227

[189] Thompson K E, Knox S D, Mitchell H G. Business to business brand attributes in a changing purchasing environment. Irish Marketing Review, 1998, 10(3): 25 ~ 32

[190] Turley L W, Kelley S W. A comparison of advertising content: business to business versus consumer services. Journal of Advertising, 1997, 26 (4): 39 – 48

[191] Valla J P. The concept of risk in industrial buying behavior, paper presented at "Workshop on organizational buying behavior". European Institute for Advanced Studies in Management, 1982

[192] van Riel C B M. Principles of corporate communications. London: Prentice Hall, 1995

[193] van Riel C B M, Balmer J T. Corporate identity: the concept, its measurement and management. European Journal of Marketing, 1997, 31(5/6): 340 ~ 355

[194] van Riel A C R, Pahud de Mortanges C, Streukens S. Marketing antecedents of industrial brand equity: An empirical investigation in specialty chemicals. Industrial Marketing Management, 2005, 34(8): 841 ~ 847

[195] Vargo S L, Lusch RF. Evolving to a new dominant logic in marketing. Journal of Marketing, 2004, 68(1): 1 ~ 17

[196] Wang Y J A, Kandampully H P, et al. The role of brand equity and corporate reputation in CRM: a Chinese study. Corporate Reputation Review, 2006, 9(3): 179 ~ 197

[197] Wang C L, Siu N Y M, Barnes B R, The significance of trust and Renqing in the long-term orientation of Chinese business-to-business relationships. Industrial Marketing Management, 2008, 37(7): 919 ~ 824

[198] Webster F E Jr. Understanding the relationships among brands, consumers and resellers. Journal of the Academy of Marketing Science, 2000, 28(1): 17 ~ 23

[199] Webster F E. Jr. Informal communication in industrial markets. Journal of Marketing Research, 1970, 7 (2): 186 – 189

[200] Webster F E Jr, Keller K L. Academic papers: a roadmap for branding in indus-

trial markets. Journal of Brand Management,2004,11(5):388 ~402
[201] Webster F E, Wind Y. Organizational buying behavior. Englewood Cliffs: Prentice Hall,1972
[202] Wiedmann K P. Measuring brand equity for organizing brand management in the energy sector: a research proposal and first empirical hint. Brand Management, 2004,(12):124 ~139
[203] Williams M R. The influence of salepersons' customer orientation on buyer-seller relationship development. Journal of Business and Industrial Marketing,1998,13 (3):271 ~287.
[204] Williams R J, Barrett J D. Corporate philanthropy, criminal activity, and firm reputation: Is there a link. Journal of Business Ethics,2000(26):341 ~350
[205] Wilson D F. Why divide consumer and organizational buyer behavior? European Journal of Marketing,2000,34(7):780 - 796
[206] Wind Y, Thomas R J. Conceptual and methodological issues in organizational buying behavior. European Journal of Marketing,1980,14 (5/6):239 ~263
[207] Woodside A G, Vyas N. Industrial purchasing strategies. Lexington: Lexington Books, MA,1987
[208] Yang M M. Gifts, favors, banquets the art of social relationships in China. New York: Cornell University Press,1994
[209] Yoo B, Donthu N. Developing and validating a multidimensional consumer-based brand equity scale. Journal of Business Research,2001,52 (1):1 ~14

附　　录

调查问卷

各位企业界朋友:

非常感谢您抽出宝贵时间,参与本次关于供应商品牌形象与品牌资产及品牌绩效关系研究的问卷调查。本问卷纯属学术研究,您只需要填写出对于每句话的认同程度即可,不涉及任何商业机密。请您在回答问题前仔细阅读说明,为我们提供真实的信息。我们保证本次调查的所有数据资料只是用于博士论文写作和课题研究,并郑重承诺将对所有信息严格保密。

感谢您的参与和支持!

南开大学 市场营销系

问卷中所谓"Y 公司"是指与贵公司有业务往来、具有代表性的一家供应商。Y 公司提供的商品(产品/服务 X)对贵公司的生产有重要影响。

请回忆您与供应商的交往过程,认真领会下边每一句话,根据您对每句话的认同程度,将相应的数字编号涂为红色(或打勾)。1 - 完全不同意,2 - 比较不同意,3 - 有点不同意,4 - 中立,5 - 有点同意,6 - 比较同意,7 - 完全同意。

序号	问　项	完全不同意						完全同意
1	我愿意如实地回答本问卷	1	2	3	4	5	6	7
2	我经常参与企业的购买活动	1	2	3	4	5	6	7

供应商产品形象感知

问　题	完全不同意						完全同意
X 产品价格合理	1	2	3	4	5	6	7
X 产品性价比很高	1	2	3	4	5	6	7
X 产品的品质始终如一	1	2	3	4	5	6	7

供应商服务形象感知

问　题	完全不同意				完全同意		
Y 公司能准时地提供所承诺的服务	1	2	3	4	5	6	7
产品 X 总是能够送到最需要的地方	1	2	3	4	5	6	7
Y 公司的配送很可靠	1	2	3	4	5	6	7
Y 公司提供的产品信息很充分	1	2	3	4	5	6	7

供应商人员形象感知

问　题	完全不同意				完全同意		
Y 公司的工作人员总是愿意帮助我们	1	2	3	4	5	6	7
Y 公司的工作人员随叫随到	1	2	3	4	5	6	7
我们信任 Y 公司的员工	1	2	3	4	5	6	7
Y 公司的服务人员态度友好	1	2	3	4	5	6	7

供应商网络形象感知

问　题	完全不同意				完全同意		
Y 公司是业界领袖	1	2	3	4	5	6	7
Y 公司的关系网很大	1	2	3	4	5	6	7
Y 公司经常和我们讨论合作关系的进展	1	2	3	4	5	6	7
Y 公司愿意持续地改善与我们的伙伴关系	1	2	3	4	5	6	7

供应商社会形象感知

问　题	完全不同意				完全同意		
Y 公司对于当地社区很关注	1	2	3	4	5	6	7
Y 公司很顾及采购者的利益	1	2	3	4	5	6	7
Y 公司积极参与各种企业公益活动	1	2	3	4	5	6	7
Y 公司拥有良好的商业道德	1	2	3	4	5	6	7

供应商使用者形象感知

问　题	完全不同意				完全同意		
Y 公司现有客户的企业规模很大	1	2	3	4	5	6	7
Y 公司与业界龙头企业有业务往来	1	2	3	4	5	6	7
Y 公司现有客户业绩优良	1	2	3	4	5	6	7

续表

问 题	完全不同意						完全同意
Y 公司现有客户拥有良好的管理实践	1	2	3	4	5	6	7

B2B 品牌忠诚

问 题	完全不同意						完全同意
我们会与 Y 公司继续合作	1	2	3	4	5	6	7
我们会为 Y 公司的产品/服务支付更高价格	1	2	3	4	5	6	7
我们会向那些尚未做出购买决策的企业推荐 Y 公司	1	2	3	4	5	6	7
即使存在其他品牌,Y 公司仍是我们的首选	1	2	3	4	5	6	7

B2B 品牌满意

问 题	完全不同意						完全同意
我们决定从 Y 公司购买产品/服务是明智的	1	2	3	4	5	6	7
与 Y 公司合作让我们感觉很好	1	2	3	4	5	6	7
Y 公司总是能够达到我们的期望	1	2	3	4	5	6	7
我们对于与 Y 公司的合作很满意	1	2	3	4	5	6	7

B2B 品牌人情

问 题	完全不同意						完全同意
与 Y 公司合作是出于朋友关系	1	2	3	4	5	6	7
我们与该品牌的私人关系很好	1	2	3	4	5	6	7
不与 Y 公司合作会有损对方面子	1	2	3	4	5	6	7
我们与 Y 公司有长期的业务往来	1	2	3	4	5	6	7

B2B 品牌形象

问 题	完全不同意						完全同意
我们相信 Y 公司是有能力的	1	2	3	4	5	6	7
我们感觉到 Y 公司是可信的	1	2	3	4	5	6	7
Y 公司从来没有让我们失望	1	2	3	4	5	6	7
我们感觉到 Y 公司是诚实的	1	2	3	4	5	6	7

B2B 品牌的市场绩效

问　题	完全不同意				完全同意		
与 Y 公司合作可以获取更多顾客	1	2	3	4	5	6	7
与 Y 公司合作会让消费者更信任我们的品牌	1	2	3	4	5	6	7
与 Y 公司合作会改善我们的产品/企业形象	1	2	3	4	5	6	7
与 Y 公司合作会增强消费者对我们企业品牌的认知	1	2	3	4	5	6	7

B2B 品牌的财务绩效

问　题	完全不同意				完全同意		
与 Y 公司合作会使我们的销售额增长	1	2	3	4	5	6	7
与 Y 公司合作会增加我们的投资回报率	1	2	3	4	5	6	7
与 Y 公司合作会增加我们的利润	1	2	3	4	5	6	7

B2B 品牌的管理绩效

问　题	完全不同意				完全同意		
与 Y 公司合作会帮助我们改善运营效率	1	2	3	4	5	6	7
与 Y 公司合作让我们减少了许多技术难题	1	2	3	4	5	6	7
与 Y 公司合作让我们的销售支持力度更大	1	2	3	4	5	6	7

请填写以下背景资料，我们将为您严格保密：

1. 贵企业所属行业类别：

○制造业　○建筑业　○IT 产业　○采矿业　○化工业　○批发和零售业
○电力、燃气及水的生产与供应业　○交通运输、仓储和邮政业
○卫生、社会保障和社会福利业　○租赁和商务服务业　○其它

2. 贵企业的性质：

○外商独资企业　○中外合资企业　○国企（国有资本控股）
○私营或民营企业　○政府或非盈利性单位

3. 贵企业员工人数：

○ 50 人以下　○50－99 人　○100－499 人　○500－1000 人
○1000 人以上

4. 贵企业年均销售额（营业额）约为：

○50 万以下　○50－99 万元　○100－249 万元　○250－499 万元
○500－999 万元　○1000－2499 万元　○2500－10000 万元

○10000 万元以上

5. 贵企业采购的主要产品：

○重型设备　○轻型设备　○组合部件　○加工材料　○易耗品　○原材料

○商务服务　○其它

6. 您本人情况：

您的性别是：○男　　　○女

您的年龄是：

○25 岁以下　○25 – 34 岁　○35 – 44 岁　○45 – 54 岁　○55 岁及以上

您所受的教育程度是：

○大学本科及其以上（或相当学力）　○大学专科（或相当学力）

○中专　　　○高中　　　○初中及其下

您在从事采购工作的年限：

○少于 1 年　○1 – 4 年　○5 – 9 年　○10 – 14 年　○15 年以上

您现在的职务是：______

感谢您的支持与合作！

后　　记

谨以此书感谢培育和帮助过我的母校、恩师和同学。“渤海之滨，白河之津，巍巍我南开精神”，感谢南开，你让我开拓了视野，增长了学识，三年磨砺，不虚此行。

感谢我的授业导师李桂华教授！一日为师，终身为父。没有您的悉心点拨，愚钝的我很难有学业上的点滴进步；没有您的物质支持和精神鼓励，我又怎能顺利地度过青灯黄卷的求索生活；您不仅把我带入知识的圣殿，还传授给我豁达、开放、包容的人生哲学，这种境界永远如明灯指引我前行。

感谢我的同门师兄、师姐、师弟、师妹，愿大家一切顺利！

感谢国家自然科学基金委和南开大学出版社的大力支持！

谨以此书献给我的妻子徐媛媛女士，能“执子之手，与子偕老”，今生无憾！

谨以此书献给我的儿子卢俊祎，爸爸爱你！愿你快快乐乐，茁壮成长！

谨以此书献给我已经过世的老父亲，您操劳一生却没有得到儿子的任何回报。今天，儿子完成了您的心愿——“读到头”，安息吧，爸爸！

谨以此书献给我最为真爱的妈妈，您对我付出的一切，岂能用一句感谢表达。想起您的辛勤付出，儿已潸然泪下。您虽读不懂我的书，但可以读懂我的人生！

卢宏亮

二零一六年六月